시몽동, 개체화 이론의 이해

시몽동, 개체화 이론의 이해

발행일 초판 1쇄 2017년 8월 20일 | **지은이** 황수영
펴낸이 유재건 | **펴낸곳** (주)그린비출판사 | **신고번호** 제2017-000094호
주소 서울시 마포구 와우산로 180, 4층 | **전화** 02-702-2717 | **이메일** editor@greenbee.co.kr

ISBN 978-89-7682-268-0 93100

이 도서의 국립중앙도서관 출판시도서목록(CIP)은 서지정보유통지원시스템 홈페이지(http://seoji.nl.go.kr)와
국가자료 공동목록시스템(http://www.nl.go.kr/kolisnet)에서 이용하실 수 있습니다.(CIP제어번호: CIP2017020209)

시몽동, 개체화 이론의 이해

황수영 지음

일러두기

1 본문에서 『형태와 정보 개념에 비추어 본 개체화』(황수영 옮김, 그린비, 2017)에서 전개된 시몽
동의 주장을 요약하여 설명하는 대목에서 책제목 없이 쪽수만을 표시했으며, 같은 맥락에서 여
러 개의 인용이 있을 경우 쪽수는 최종 인용에 표시했다. 이때 쪽수는 번역본의 쪽수가 아니라
번역본의 본문 측면에 표기된 원서의 쪽수를 기준으로 하였다. 원서의 쪽수 표시는 단어나 문
장 끝에 괄호 없이 작은 글씨로 표시하였다.
2 이 책 2부의 작품분석에서 각 장과 절은 시몽동 책의 순서와 일치하도록 구성하였다. 다만, 대
체로 큰 장에 해당하는 제목들(목차에 제시된 제목들)은 원전을 그대로 따랐으나 그 외의 소제
목은 내용에 맞게 변형하여 사용한 곳도 많다.
3 이 책을 구성할 때 저자가 이미 발표한 다음의 글 중에서 일부를 수정하여 수록하였다.
  * 「시몽동의 철학 읽기」, 『경희대 대학원보』, vol. 214, 2016. 5. 2
  * 「시몽동의 생성의 존재론에서 물질과 생명의 연속성과 불연속성」, 『철학연구』 111집,
    2015.12
  * 「시몽동의 관계의 존재론에서 정신적, 집단적 개체화: 미술교육에 새롭게 접근하기 위한 시
    도」, 『미술교육논총』(한국미술교육학회), 31권 제1호, 2017. 3. 30
4 단행본·전집·정기간행물 등은 겹낫표(『 』)로, 논문 등은 낫표(「 」)로 표시했다.
5 외국 인명이나 지명, 작품명 등은 2002년에 국립국어원에서 펴낸 외래어 표기법을 따랐다.

머리말

이 책은 질베르 시몽동의 『형태와 정보 개념에 비추어 본 개체화』(이하 『개체화』로 표기)의 한국어판의 출간에 부쳐 몇 가지 필수적인 정보를 제공하려는 의도로 구성되었다. 그런 의미에서 본서는 『개체화』에 대한 해설서라고 보면 된다. 일반적으로 번역서에는 저자의 생애와 사상의 개요, 책의 구성에 대한 설명, 참고문헌 등의 내용을 간략하게나마 독자에게 소개하는 것이 관례이다. 그러나 『개체화』 번역의 경우에는 뒤에 「작품과 출판과정」에서 상세히 이야기하겠지만 납득할 수 있는 이유로 인해 그러한 과정이 생략되었다. 간단히 요약하자면 현재 시몽동의 저작권을 가진 그의 가족은 시몽동 책의 출판에 상당히 엄격한 조건을 제시하고 있다. 역자 서문이나 에필로그를 통해 내용 요약이나 철학자의 사상 소개를 하는 것은 말할 것도 없고 역자의 해석이 들어간 일체의 각주도 허용되지 않는다. 필자는 저작권자와의 서신 교환을 통해, 번역된 용어들의 의미나 뉘앙스의 애매함을 독자에게 설명하기 위해서 일부 옮긴이주를 허용할 것을 요청했고 동의를 받았으므로 그러한 정도의 간략

---

* 본 연구는 홍익대학교 신임교수 연구지원비에 의하여 지원되었음.

한 옮긴이주는 책에 포함되어 있다. 사실 이 해설서의 집필동기가 된 것도 바로 옮긴이주의 문제이다. 필자의 번역 초기에 용어상의 설명에 그친 약간의 옮긴이주들이 번역이 진행되면서 점점 양이 많아지고 해석도 첨가되어 질과 양의 측면에서 계약조건을 넘어서게 되었다. 이에 필자는 옮긴이주들 중에서 간단한 용어설명들을 제외하고 나머지 내용을 분리하여 출판하고자 했고 이것이 보완을 거쳐 아예 해설서의 출판으로 이어지게 된 것이다.

따라서 시몽동의 『개체화』를 이해하고자 하는 독자는 좀 번거롭기는 하겠지만 두 권의 책을 통해 공부를 하는 것이 효과적일 것 같다. 독자에게 미리 주의를 드리자면, 이 책은 『개체화』를 이해하기 위한 정보를 제공하는 수준에서 구성하고자 했어도 위에서 말한 집필과정으로 인해 어느 정도의 해석은 불가피하게 들어가 있을 수 있다. 사실 「작품과 출판과정」에서 『개체화』에 실린 가렐리의 서문을 논의할 때도 이 문제가 언급되지만, 철학적 사유를 소개할 때 이력서를 쓰듯이 객관적 사실만 나열한다는 것은 쉽지가 않다. 예를 들어 단지 내용 요약을 하기 위해서도 핵심 내용의 선택과 배치 등에서 이미 어느 정도의 선지식이 들어가기 때문이다. 하지만 필자는 책의 내용을 소개하는 곳에서도 시몽동의 문제의식을 그대로 따랐으며 가급적 시몽동의 용어로 서술하고 다른 철학자들과의 비교는 몇 가지 경우를 제외하고는 최대한 자제하였다. 특히 내용 분석에 들어가기 이전 즉 첫 단원에서 「작품의 구성」까지 그리고 마지막의 「용어설명」은 비교적 객관성을 신뢰해도 좋다. 내용 이해를 위한 본격적 서술은 작품의 분석에서부터 나타나므로 여기서부터는 독자 나름의 선이해를 가지고 혹은 번역서를 동반하여 읽기에 임하면 될 것 같다. 이 책 말미의 「용어설명」은 번역서 각주에 '용어설명* 참조'라고 표기한 부분과 연동되어 있으므로 이와 대조해서 읽어야 할 것이다. 그 외에 다음 주의사항을 참고하기 바란다.

1. 본문에서 『개체화』에서 전개된 시몽동의 주장을 요약하여 설명하는 대목에서 책제목 없이 쪽수만을 작은 글자로 표시했으며, 같은 맥락에서 여러 개의 인용이 있을 경우 쪽수는 최종 인용에 표시했다. 이때 쪽수는 번역본의 쪽수가 아니라 번역본의 본문 측면에 표기된 원서의 쪽수를 기준으로 하였다.

2. 이 책 2부의 작품분석에서 각 장과 절은 시몽동 책의 순서와 일치하도록 구성하였다. 다만, 대체로 큰 장에 해당하는 제목들(목차에 제시된 제목들)은 원전을 그대로 따랐으나 그 외의 소제목은 내용에 맞게 변형하여 사용한 곳도 많다.

차례

1부
–
시몽동 작품의
형성

1장_시몽동의 생애

지금까지 시몽동의 생애에 대해서는 간략한 연대기 외에는 알려진 것이 없다. 하지만 시몽동의 저작권자 대표가 운영에 참가하고 있는 시몽동 공식웹사이트gilbert.simondon.fr에 그의 생애와 관련하여 비교적 상세한 정보가 나와 있다. 이 사이트는 시몽동과 관련된 자료들 중 가장 신뢰도가 높고 따라서 우리는 시몽동 생애의 중요한 사건들과 사실들을 서술하기 위해 이를 참조했음을 밝히며 이를 맥락화한 설명은 물론 우리의 몫임도 아울러 밝힌다.

질베르 시몽동Gilbert Simondon은 1924년 10월 프랑스 중부에 위치한 도시 생테티엔의 평범한 가정에서 태어나 1989년 7월 파리 교외의 팔레조에서 사망하였다. 그의 모친은 농부의 가정에서 태어났으며 그의 부친은 19세에 심한 부상을 입고 장애인 학교를 졸업한 후 우체국 직원으로 근무한다. 시몽동의 학문적 열정과 박학다식함은 분명히 존 스튜어트 밀과 같은 철학자들이 그렇듯이 예외적인 가정환경에 기원을 갖는 것으로 보이지는 않는다. 게다가 양차대전 사이에 청소년기를 보낸 시몽동의 시대는 오늘날보다는 사회적 계층이동의 폭이 컸으리라는 사실도 지적해야 될 것 같다. 따라서 그의 철학적 특징은 독립적인 개인적 기질이나 취향만이 아니라 그가 살던 시대적 배경과 시대상을 반영할 것임에 틀림없는 그의 청소년기의 삶과도 관련되어 있다고 보는 것이 자연스러울 것이다.

시몽동은 일찍부터 추상적인 주제들만큼이나 삶의 구체적 문제들, 사회적 문제들에 대해 동일한 관심을 보였다. 특기할 것은 이러한 관심이 직접적으로 정치적인 문제들보다는 과학기술적 발명, 산업과 기술, 노동자 문제, 그리고 이를 둘러싼 사회적 문제들로 향했다는 것이다. 시몽동은 재소자들의 조건을 개선하기 위한 운동에 참여하여 그들을 위한 강의를 조직하기도 했고 소외된 어린이들을 돕는 일에도 참여했다. 재난방지와 안전에 대한 연구 및 산업화에서 나타난 문제들과 농업노동자들의 문제에 대한 연구를 주도적으로 이끌기도 했다. 또 한동안은 눈부시지 않은 자동차 전조등을 발명하는 일에 완전히 몰두한 적도 있다고 한다. 그의 지적, 문화적 관심 영역도 매우 넓어서 철학과 과학, 기술만이 아니라 문학(특히 고대문학)과 역사, 음악 그리고 미술(특히 초현실주의)에 대한 성찰도 학문 활동과 지속적으로 병행되었다. 시몽동은 대부분의 철학자들이 그렇듯 지적 의욕이 대단하였지만 또한 대부분의 철학자들과는 달리 매사에 부지런한 성격이었던 것 같다. 일상생활에서도 호기심을 끄는 세부사항들이 나타나면 분야를 막론하고 메모하고 특히 건축과 기술의 문제들에 대해서는 그림을 그려 보관하고 나중에 이를 다시 보완하여 강의에 활용하였다고 한다. 그는 여러 직업군의 기술을 관찰하고 장인들에게 질문하기를 그치지 않았다. 시몽동 철학이 갖는 장점인 구체성과 생산성은 바로 이런 데서 기인하는 것이 아닐까. 그의 저작에 나타나는 지적 관심도 과학과 기술 그리고 철학의 고전적 문제들에서 시작하여 망탈리테의 문제, 가치판단과 문화적 표상들, 정신성의 문제에 이르기까지 상당히 다양한 영역에 걸쳐 있다.

수련 기간(1942~1948)

시몽동은 그가 나고 어린시절을 보낸 도시에서 포리엘Fauriel 고등학교를 다녔다. 탁월한 성적으로 인해 부친은 프랑스의 이공계 명문대학인 에콜 폴리테크닉에 입학하기를 원했지만 그는 부친의 바람과는 반대로 문과를 선택했다. 그러고 나서 고등사범학교 입시준비를 위해 생테티엔 가까이에 있는 프랑스 제3의 도시 리용의 고등학교 파크 드 리용에서 장 라크루아Jean Lacroix, 1900~1986의 지도로 학업에 전념한다. 프랑스에서 이포카뉴Hypokagne(첫 해의 과정)와 카뉴Kagne(이듬해 과정)라고 불리는 고등사범학교 입시준비반classe préparatoire은 일부 명문고등학교에서 2~3년 과정으로 운영하며 비록 고등학교에 속해 있지만 일반대학 과정과 동등하게 대우해 준다. 반면 고등사범학교는 학위를 받는 곳이 아니라 4년간 장학금을 받으며 전공과 무관하게 자유롭게 공부할 수 있는 기관이다. 프랑스 대학에는 학비가 거의 없으니 장학금이란 생활비를 의미한다. 고등사범학교의 강의는, 예외도 있기는 했지만 당시에는 주로 교수자격시험agrégation 준비로 운영되었다. 따라서 대개의 학생들은 고등사범학교에서 교수자격시험 준비를 하는 동시에 파리의 여러 대학에서 강의를 듣고 거기서 전공을 선택하여 고등연구 학위Diplôme d'étude supérieure를 받는다. 고등연구란 오늘날의 석사과정에 해당하는 학위과정이다.

시몽동은 1944년에 울름가의 고등사범학교에 입학해서는 한동안 고전문학을 전공하고자 할 정도로 고대적 사유에 빠져들기도 했지만 결국 철학을 택하게 된다. 『개체화』 2부의 3장을 보면 고전문헌에 대한 시몽동의 해박한 지식을 발견할 수 있으며 우리의 번역에서는 제외되었지만 박사논문 작성시의 미출간 원고 「개체 개념의 역사」를 보아도 역시 그러하다. 시몽동은 파리 대학에서 마르샬 게루Martial Gueroult, 1891~1976와 모리스 메를로퐁티Maurice Merleau-Ponty, 1908~1961, 장 이폴리트Jean Hyppolite, 1907~1968, 장 발Jean Wahl, 1888~1974의 강의를 들었고 마르샬 게루의 지도로 '소크라테스 이전철학자들에 있어서 단일성과 시간'에 관한 연구로 고등연구 학위를 받는다. 시몽동 사유에서 소크라테스 이전 철학이 미친 중요한 영향은 여기서 유래함을 알 수 있다. 이 시기는 여러 가지로 시몽동에게 매우 풍요로운 시기였다. 미래의 동반자를 만나는 동시에 자연과학의 여러 분야에 대한 일종의 수련과정을 거친다. 1947년에 파리 대학의 자연과학부에서 물리학을 공부하고 광물학과 심리생리학 분야에서 각각 수료증certificat을 받는다. 여기서 수료증이란 학사학위licence를 받기 위한 전단계에서 요구되는 정식 과정이다. 1964년까지 프랑스의 대학 과정에서는 한 분야의 학사학위를 받기 위해 세 개의 수료증을 요구하였다고 한다. 즉 시몽동은 이 과목들에 대해 학사 과정의 일부에 해당하는 진지한 과정을 이수했다고 볼 수 있다. 이 사실은 나중에 시몽동의 『개체화』에 등장하는 학제적 성격의 연구의 초석이 됨을 알 수 있다.

박사학위 준비기간 (1948~1955)

시몽동은 1948년에 철학교수 자격시험agregation에 합격한다. 프랑스에서 철학교수 자격시험은 형식적으로 고등학교 교사 자격증이지만 관행적으로는 대학교수가 되기 위한 관문으로 취급된다. 시험에 합격한 직후에는 가스통 바슐라르와 심리학에서 '극성'polarité의 문제에 대한 연구를 시작한다. 1948년부터 1955년까지는 최초의 안정된 직장으로 투르Tour에 있는 데카르트 고등학교 및 이에 부속된 (고등사범학교) 입시준비반에서 철학을 가르치고 더러 그리스어와 라틴어도 가르쳤다. 그는 자신의 학문적 여정이 그러했던 것과 마찬가지로 학생들에게 철학적 사유는 과학에 대한 반성으로부터 시작해야 한다는 것을 강조하였다. 그 기간에도 시몽동은 자신의 연구를 계속하여 1950년에 심리학 학사학위를 받는다. 프랑스에서 학사학위는 대학 3년 과정을 통과할 경우 수여하며 다른 전공의 학위를 가진 사람들은 처음 2년을 건너뛰어 3년째 과정을 통과하면 학위를 받을 수 있다. 시몽동은 계속해서 심리생리학, 아동심리학, 사회심리학 강의를 들었고 투르 의과대학에서 1년 과정을 마쳤다. 1952년에는 미국 미네소타 대학에서 3개월간 사회심리학 강의를 들었으며, 이 해부터 폴 프레스Paul Fraisse의 실험심리학 세미나에 참석하기 시작했고 거기서 '심리학에서의 모형들'에 관한 발표를 한 바 있다. 이런 연구 과정은 『개체화』의 2부 2장에 반영되어 있다. 1952년부터 시몽동은 개체성과 개체화의 문제에 몰두하여 이를 박사논문 주제로 고려하게 되는데 또한 신체와 정신의 관계에 관한 심리생리학적 문제는 계속해서 그의 관심을 사로잡아 박사학위 부논문 주제로 삼을 것을 심각하게 고려하기도 했다. 하지만 이 시기부터는 물리학과 기술의 주제에 더 역량을 쏟게 된다. 1953년에는 자신이 가르치던 고등학교에서 병으로 부재한 물리교사를 대신하여 물리학 강의를 하였는데 당시 이를 청강한 장학관은 그의 강의의 명료함에 감탄했다고 한다. 시몽동은 또 이 학교 지하에 기술실을 만들어 2년간 작업하고 여러 가지 기계들과 더불어 텔레비전 수상기를 만들기도 했다.

학위제출과 학문활동 경력(1955~1976)

1955년 시몽동은 푸아티에 대학의 인문학부 조교assistant가 되어 박사논문을 준비하기 시작한다. 1958년 4월 이폴리트의 지도로 소르본 대학에서 국가박사학위논문『형태와 정보 개념에 비추어 본 개체화』및 부논문『기술적 대상들의 존재 양식에 대하여』를 제출한다. 심사위원은 이폴리트 외에 조르주 캉길렘Georges Canguilhem, 레이몽 아롱Raymond Aron, 폴 리쾨르Paul Ricoeur 그리고 심리학자 폴 프레스로 구성되었고 그 외에 시몽동이 존경과 우정의 관계를 유지한 메를로퐁티, 장 발, 피에르 막심-슐Pierre-Maxime Schuhl, 1902~1984, 미켈 뒤프렌느Mikel Dufrenne, 1910~1995가 참석하였다. 박사학위를 받은 후에는 1960년부터 푸아티에 대학 심리학부 교수로 임용되어 3년간 강의하면서 사회심리학과 비교심리학, 심리생리학 학사과정을 지도하고 실험심리학 연구소를 만든다. 1963년에 소르본 대학 심리학부의 조교수로 임명되고 1965년에는 동대학의 심리학부 교수로 임명된다. 1969년에는 파리 5대학의 심리학부 교수가 되어 일반심리학을 강의하고 일반심리학과 기술공학 연구소를 만든다(프랑스에서 파리의 대학들이 번호로 분류되기 시작한 것은 68년도 이후이다). 이 연구소의 모체는 심리학자 앙리 피에롱Henri Piéron의 이름을 딴 앙리 피에롱 연구소이다. 이 연구소는 1970년에 팔레조에 행동학연구소를 세워 규모를 확대하였다. 시몽동은 1964년부터 캉길렘이 주도한 과학기술사 세미나에 참석한다. 이 외에도 시몽동은 기술, 기술공학, 기계학, 분자생물학, 범죄학, 정보학 등에 관련된 다양한 콜로키움에 참가하여 정열적인 발표와 토론을 하였다.

말년(1976~1989)

시몽동은 70년대 중반부터 즉 50대에 들어서면서 건강상의 문제로 어려움을 겪는다. 학회나 콜로키움 발표는 75년도가 마지막으로 기록되어 있다. 그가 직접 작성한 강의록은 76년이 마지막으로 되어 있다. 80년대부터 시몽동은 정신적인 질병으로 상당한 고통을 받기 시작한다. 이런 이유로 시몽동은 1983년 학자로서는 이른 나이에 공적인 학문 생활에서 은퇴한다. 죽음 또한 1989년 2월 철학자의 나이 65세에 갑작스럽게 찾아왔다고 한다. 동반자인 미셸 베르제와의 사이에서 일곱 자녀를 둔 시몽동은 팔레조의 자택에서 가족의 품을 떠났다.

2장 _ 시몽동의 작품과 출판과정

시몽동은 생전에 단 두 권의 저서를 출판했다. 하나는 박사학위 부논문
으로 제출된 『기술적 대상들의 존재 양식에 대하여』1958이고 다른 하나
는 박사논문의 일부를 편집해서 출간한 『개체와 그 물리생물학적 발생』
1964이다. 전자는 오비에Aubier출판사에서 학위논문 심사 이후 바로 출
판되었고 후자는 그로부터 6년 후 프랑스대학출판사PUF에서 출판되었
으며 메를로퐁티에게 헌정되었다. 『기술적 대상들의 존재 양식에 대하
여』는 철학자의 이름을 학계에 알린 신호탄이 되었고 그를 단번에 기술
철학 분야의 중요한 철학자로 부상하게 했다. 이 책은 우리말로도 번역
되어 있고 외국에도 상당수 번역이 되어 있어서 철학자 시몽동을 모르
는 다른 분야의 연구자들에게도 꽤 알려져 있다. 반면 박사학위 주논문
일부를 출판함으로써 알려진 그의 철학적 사고는 생전에 썩 주목받지
는 못했던 것 같다. 그러나 여기서 우리는 다행스런 우연을 만나게 된다.
시몽동과 가까웠던 피에르-막심 슐은 질 들뢰즈에게 이 책의 서평논문
을 부탁하고 이에 기꺼이 응한 들뢰즈는 그 학문적 흥미와 중요성을 단
번에 간파해 내고 유려한 필치로 서평을 써 낸다(『프랑스와 외국의 철학
지』, 1966). 들뢰즈는 자신의 국가박사학위논문 『차이와 반복』1968의 중

요한 대목들에서 시몽동을 참조하기도 하는데 우리는 나중까지도 이러한 영향관계가 지속됨으로써 시몽동과의 최초의 학문적 만남이 일시적인 것이 아님을 보게 된다. 반대로 시몽동의 입장에서 본다면 그의 사상이 뒤늦게나마 프랑스를 비롯한 전세계에 알려지기 시작한 것은 들뢰즈의 영향력에 기인한 바가 크다. 들뢰즈는 특유의 리좀적인 방식으로 땅속에 숨어 있는 수많은 보물들을 발굴해 내는 재능을 가진 사상가이다. 스피노자와, 니체, 베르그손을 비롯해 일반이 주목하지 않는 다양한 사유들과 행복한 접속을 통해 다행스런 결과들을 만들어 내는 능력이 그것이다.

시몽동의 철학이 처음에 잘 알려지지 않았던 것은 일찍 은퇴할 수밖에 없었던 저자의 개인적 사유가 크게 작용했다고 할 수 있을 것이다. 그러나 이미 완성된 원고들도 우리가 곧 보겠지만 출판과정에서 많은 우여곡절을 겪었고 이 상황이 저자의 사유를 제대로 알려지기 어렵게 만들었다. 실제로 이 책 『개체화』의 출판과정을 보면 상당히 복잡한 데가 있다. 우선 초판에 해당하는 『개체와 그 물리생물학적 발생』은 박사학위 주논문에서 상당부분이 누락된 채로 출판되었다. 즉 논문의 1부의 3장이 그리고 2부는 후반부 절반 가량이 누락되어 있다. 시몽동이 생전에 작성한 원고는 출판된 것 자체와는 비교할 수 없을 정도로 많기 때문에 이런 출판상황에 대해 의문이 들 수 있다. 예를 들면 학위논문 작성 시에 주논문의 내용을 보완하기 위해 쓰여진 원고들 중에서 몇 가지 개념설명들과 꽤 두툼한 양의 「개체 개념의 역사」가 있고 그 외에도 「기술의 발명과 발달」, 「지각」, 「상상력과 발명」, 「소통과 정보」, 「지각과 변조」, 「태도와 동기들」, 「동물과 인간」 등의 주제에 관해 본인 스스로가 작성한 상당량의 강의록들이 존재한다. 물론 이 중에서 상당수는 시몽동 사후에(특히 최근에) 출판이 되었으나 나머지는 아직도 출간 준비 상태로 있다(기출간된 저작의 정확한 목록은 이 책 말미의 참고문헌에 표시되어 있다).

시몽동은 일찌감치 소르본 대학의 교수로서 자리를 잡았고 왕성한 외적 활동을 한 탓에 출판에 관심을 두지 못했을 수도 있다. 수련기간을 지나 대학에서 강의와 연구소 운영, 학회 참석 등으로 10여 년을 바쁘게 보낸 후 갑자기 건강이 나빠지면서 그랬을 수도 있다. 그는 생애의 마지막 몇 달간 자신의 박사논문에서 출판이 누락된 부분을 출판하고자 했고 악화된 건강에도 불구하고 아들 미셸의 도움을 받아 이 작업을 진행했다고 한다. 하지만 이 작업은 완성에 이르지 못했고 책은 그의 사후에야 오비에 출판사에서 『정신적, 집단적 개체화』1989라는 제목으로 나왔다. 시몽동은 또한 자신의 박사논문을 본래의 원고 그대로 출판하기를 바랐고 자신의 사상이 오해받는 것에 대해 안타까움을 느꼈다고 전해진다. 『개체화』는 2005년이 되어서야 밀롱출판사에서 전체가 연결된 본래의 상태로 출판된다. 『개체와 그 물리생물학적 발생』은 1995년에 1부에서 누락된 부분을 보완하여 밀롱출판사에서 재판이 출간되었지만 2부는 전과 마찬가지로 절반 정도가 빠져 있다. 이처럼 2005년도 이전의 『개체화』의 출판과정에는 몇 가지 중요한 편집상의 문제점이 있을 뿐만 아니라 그의 주논문에서 나타난 논리적 일관성을 훼손하는 측면이 있다. 시몽동은 개체화 과정을 물리적 차원에서 생명적 차원으로 그리고 정신적이고 집단적인 차원으로 일관되게 설명하고자 했으나 '정신적, 집단적 개체화'가 따로 출판됨으로써 그것이 생명적 개체화 안에 포함되어 있다는 본래의 취지가 무색해질 수 있기 때문이다. 저작권자 대표는 이 점을 반복해서 강조하고 있다. 사실 2005년의 밀롱 판본에서도 이 오류는 교정되지 않았다. 이 판의 목차를 보면 '정신적, 집단적 개체화'가 분리되어 3부에 할당되어 있는데 본래는 2부 생명적 개체화에서 각각 2장, 3장에 해당하는 내용이다. 2013년이 되어서야 철학계에 종사하는 저작권자 대표가 직접 참여하여 목차만이 아니라 전체 내용의 편집을 바로잡고 몇 가지 오류를 교정하여 가장 본래의 원고에 가까운 형태로 출판하였다.

필자는 저작권자 대표와의 서신교환을 통해 이 문제에 대해 시몽동의 생전의 의지를 최대한 반영하고자 하는 가족의 의지를 충분히 이해했고 또 존중하고자 한다. 필자가 의문을 가졌던 점은『개체화』의 64년의 출판이나 89년의 출판을 주도한 사람은 다른 사람이 아닌 시몽동 자신이었는데 왜 그의 의지대로 출판이 될 수 없었을까 하는 점이다. 추측건대 초판에서는 아직 철학계의 신인인 저자에 비해 출판사의 의지가 더 작용했을 수도 있다. 89년도 출판에서는 64년 판에서의 오류로 인해 필연적으로 문제점들이 나타난다. 예를 들면 64년 판에서는 1부의 3장과 2부의 3, 4장이 빠진 채로 박사논문의 서론과 결론은 그대로 포함되었으니 내용상 비일관적일 수 있으며(빠진 부분의 내용이 서론에서 언급됨) 89년도『정신적, 집단적 개체화』에는 박사논문의 서론을 일부 첨가하였으니 64년도 판과 중복이 되고, 미출간원고의 몇몇 보충사항들 중 일부가 특별한 논리적 이유 없이 채택되어 수록되었다는 점이 그러하다. 시몽동은 89년도 판을 출판하기 전에 이런 상황을 예상했을 수도 있고, 해서 자연히 전체를 빠짐없이 하나로 출판하는 것이 가장 무리없는 방법이라는 생각이 들었을 법도 하다.

필자가 갖는 두번째 의문은 2005년도 밀롱 판본에 대한 것이다. 2005년도 판본부터 저작권자의 의지가 들어간 것은 분명하다. 필자는

2010년경부터 번역을 위해 저작권자와 연락을 했는데 당시에 저작권자는 반드시 2005년도 판본으로 계약을 해야 한다고 주장했기 때문이다. 비록 2005년도 판본에는 2013년도 판본의 〈일러두기〉 아래에 나타나는 저작권자의 이니셜(Nathalie Simondon의 약어 N. S.)이 들어간 문구가 보이지 않지만 2013년도의 수정은 그다지 큰 것은 아니며 전체를 모두 한 권으로 출판한 사실 자체가 중요하다. 두 판본을 관통하는 공통점은 책 전체의 구성이다. 즉 가렐리의 서문, 시몽동의 서문, 본문 1, 2부(2005년도 판에서는 3부로 나뉨) 그리고 결론, 마지막으로 부록으로서 몇 가지 보충사항들과 200쪽에 가까운 「개체 개념의 역사」가 그것들이다. 필자는 여기서 너무 방대한 양으로 인해 부록을 제외하고 나머지를 번역하는 것으로 계약을 했다. 그런데 시몽동은 박사논문에서 부록에 해당하는 내용을 포함하지 않았는데 이 판본에는 왜 그것이 들어가 있을까. 시몽동 웹사이트에는 특히 「개체 개념의 역사」와 관련하여 이 부분은 저자가 완성하지는 못했으나 저자의 작업의 두번째 부분을 이루는 것이 틀림없다고 추측을 나타내는 표현으로 쓰여 있다. 분명한 지적은 아니다. 두번째 부분을 이룬다고는 하지만 내용을 보면 개체 개념을 중심으로 하는 시몽동 자신의 독특한 철학사 해석이다. 따라서 개체화의 독창적 이론을 제시하는 첫번째 작업과 구분해서 다른 책으로 내는 것도 무리한 것은 아니다. 더구나 그것이 완성되지 않은 작품이라면 더욱 그러하다. 완성되지 않은 미출간 원고, 강의록 등은 보통 그것들끼리 모아 출판하고 완성된 작품과 섞어서 출판하지는 않는 것이 관행이다. 물론 개체에 관한 연구라는 점에서 두 부분이 밀접한 관계가 있는 것은 분명하고 우리는 시몽동 자신의 의지가 어떠했는지에 대해서는 가까운 증인들의 의견을 존중할 수밖에 없으므로 이러한 의문은 접어 두기로 하자.

세번째 의문은 자크 가렐리Jaques Garelli, 1931~2014의 서문에 관한 것이다. 필자는 번역본에 어떠한 서문이나 에필로그, 해석이 들어간 옮긴이 주를 첨가할 수 없기 때문에 가렐리의 서문이라도 있다면 독자의 이해에 도움이 되리라 생각하고 있었다. 가렐리는 1995년에 『개체와 그 물리생물학적 발생』의 재판의 편집을 주도한 사람이고 12쪽 가까이 자신의 서문을 실었다. 이 재판에는 초판에 게재되지 않았던 1부의 3장이 추가되었는데 이는 85쪽에 해당하는 상당한 분량이며 내용은 상대성이론과 양자역학 등 현대물리학의 쟁점들을 상세히 검토하고 이의 철학적 함축을 이끌어내는 시도로 이루어져 있어 매우 중요한 부분이라 할 수 있다. 가렐리는 특히 3장의 1절에 나타나는 양자역학에 대한 시몽동의 관점을 비판적으로 검토하는 과학철학자 프랑수아즈 발리바Françoise Balibar의 글을 부록에 몇 쪽 첨가하고 미출간 원고의 일부 보충사항들 역시 첨가했다. 재판에 첨가된 가렐리의 서문은 2005년도에도 그대로 수록되었다. 이 서문은 물론 저작권자 동의하에 포함된 내용이다. 일종의 편집자 서문이다. 편집자 서문은 작품이 출판된 후 일정한 시기가 지나면 시대와의 조우를 위해 작품 설명을 첨가하는 관행에서 비롯한다. 그런데 저작권자가 저자의 의지를 반영하기 위해 처음부터 주장한 것은 저자의 사상을 오해할 수 있는 어떤 다른 내용도 첨가해서는 안 된다는 것이다. 그런 이유에서라고 생각되는데, 2005년 판본에는 발리바의 비판적 논평은 삭제되었다. 그렇다면 가렐리의 서문은 저자의 사상을 충실히 전달하고 있다고 보는 것이 자연스러운 생각이다. 하지만 여기에는 지적해 둘 것이 있다.

자크 가렐리는 하이데거와 메를로퐁티의 영향을 매우 많이 받은 철학자이자 시인으로서 그의 해석은 현상학을 기초로 하고 있기 때문에

오히려 독자가 광대한 규모에 걸쳐 있는 시몽동
의 사상을 편력하는 데 한계 요인이 될 수도 있
다. 시몽동의 철학에 현상학, 특히 당시 콜레주
드 프랑스의 교수였던 메를로퐁티 철학의 영향
이 있는 것은 분명한 사실이지만 가렐리의 해석
은 이를 과도하게 강조하고 있는 것 같다. 가령
원문 10쪽의 각주 12(국역본 12쪽, 각주 7)에 나
타난 그의 지적을 보자.

자크 가렐리

『보이는 것과 보이지 않는 것』의 출간일자를 보면 시몽동은 이 작품에
나온 주석을 읽지 않은 것으로 보인다. 하지만 우리는 메를로퐁티가 발
전시킨, 철학적 원리들의 근본적 개조의 정신을 강의나 대담을 통해 시
몽동은 알고 있었다는 것, 그리고 시몽동은 세계의 전개체적 질서에 대
해 유사한 생각으로부터 나온 메를로퐁티의 개인적 기획을 공고히 한
것에 지나지 않는다는 것은 인정할 수 있다. 그가 이 책을 메를로퐁티
에게 헌정한 것은 그와 같이 설명할 수 있을지도 모른다.

짧막한 서문에서 말하기에는 성급한 결론으로 보인다. 가렐리는 시
몽동의 전개체성에 대한 사유를 메를로퐁티 후기의 중요한 저서 『보이
는 것과 보이지 않는 것』1964과 직접 관련시키고 있다. 그런데 그의 말대
로, 시몽동이 이 책을 볼 수 없었다면 단지 강의나 대담 등을 토대로 해
서 메를로퐁티의 "개인적 기획을 공고히 한 것에 지나지 않는" 하나의
거대한 사상을 세우는 것이 과연 가능할까? 그 근거로 덧붙여 제시된 메
를로퐁티에 대한 헌정이라는 사실도 충분한 이유가 될 것처럼 보이지

는 않는다. 가렐리의 해석이 어떠하든 간에 이후의 시몽동에 대한 흥미
로운 연구들은 메를로퐁티의 현상학을 넘어서서 매우 폭넓은 영역에 걸
쳐 진행되고 있다. 필자의 생각은 메를로퐁티적인 해석이 오류라는 것
이 아니고 여러 가지 관점들 중의 하나에 해당하는 것이어서 독자가 가
렐리 서문을 참고할 때 염두에 두었으면 하는 것이다.

3장 _ 철학사 속의 시몽동

아낙시만드로스, 베르그손, 바슐라르, 메를로퐁티

시몽동이 철학사 속에서 차지하는 위치는 니체, 베르그손, 화이트헤드를 잇는 생성철학 그리고 바슐라르와 캉길렘을 잇는 프랑스 전통의 과학철학이라는 두 흐름에 연결된다고 할 수 있다. 이 절에서 우리는 시몽동에 영향을 준 철학자들을 상세히 소개하지는 않고 커다란 흐름에서 시몽동과의 관계만을 간략하게 제시하려 한다. 시몽동의 사유와 직접적 관련성을 가진 철학자들은 고대 그리스철학자 아낙시만드로스, 프랑스의 베르그손, 바슐라르, 메를로퐁티이다.

밀레토스의 아낙시만드로스B.C. 610~546는 철학과 과학이 분리되기 이전에 근본적인 의미에서 만물의 원리를 학문적으로 설명하려고 시도한 최초의 인물이다. 그의 스승인 탈레스가 신화적 설명을 탈피하고 만물을 물이라는 가시적인 혹은 물질적 원리로 설명하려 했다면 제자는 자신의 설명에 정밀한 근거를 제시하려고 한 점에서 스승을 명백히 넘어선다. 그에 따르면 만물의 근본 원리이자 요소는 가시적인 것일 수 없다. 왜냐하면 물이나 불과 같은 한정된 요소는 자신과 상반되는 요소에 의해 도전받을 수 있고 따라서 근본 원리의 지위를 가질 수 없기 때문이다. 아낙시만드로스가 말하는 아페이론apeiron 즉 무규정자는 우선 모든 한계와 규정을 넘어서 있는 것이고 따라서 다른 것으로부터 만들어진 것이 아니라 가능성의 상태에서 생성을 촉발하고 또한 생성에 내재한다. 아리스토텔레스에 의하면 무규정자는 형상보다는 질료 쪽에 가까운 것이어서 그 자체가 생성의 재료가 된다. 물론 이 오래된 개념인 아페이론에 대한 연구가들의 해석은 다양하지만, 시몽동은 자신의 철학의 핵심 개념인 '전개체적인 것'을 아페이론과 거의 동일시하고 있기 때문에 우리의 설명은 시몽동의 생각을 따랐음을 밝혀둔다. 아낙시만드로스의 후예로서 시몽동을 이해한다면 그 자연스런 결과로서 생성의 자가구성적 특징 즉 존재자를 만들어 내는 것으로서의 생성의 원리 그리고 존재자 속에 생성원리가 내재함 등을 시몽동 철학의 특징으로 제시할 수 있다. 이런 형이상학적 특징은 전개체적인 것으로부터 상전이를 통해 이루어지는 개체화 과정과 그 결과를 단지 현대과학의 이론들로서만 이해하는 데는 한계가 있을 수도 있다는 결론에 이르게 될 것이다. 실제로 과학적 문제들과 대면하는 시몽동 사유에 대한 '비판적' 고찰은 이 점과 맞닿아 있다. 하지만 동시에 우리는 시몽동의 철학적 야심이 비록 현대과학의 이론들로부터 출발함에도 불구하고 이를 광범위하게 넘어서서 철학적 사유의 근원에 이르고자 하는 것임을 알게 된다.

두번째로 시몽동의 사유에서 베르그손과의 유사성은 상당히 눈에 띄고 시몽동 역시 중요한 대목마다 베르그손에 대한 언급을 빼놓지 않는다. 하지만 여기에는 이중적인 의도가 있는데 그것은 시몽동이 베르그손을 계승하고 의식하는 것은 분명하나 이는 매번 베르그손을 비판하고 넘어서기 위해서라는 사실이다. 대개의 경우 베르그손의 연속성 개념을 비판하는 대목에서 그러하다. 베르그손에게서 지속과 생명은 구체적 현상을 넘어서는 잠재성으로서 다양한 경향들, 심지어 상반되는 경향들의 상호침투이자 연속적 흐름이다. 지속과 생명의 연속성은 공간과 지각의 불연속성과 대조적으로 생성의 특징이다. 시몽동은 생성의 연속성에 머물지 않고 존재자의 구성이라는 과제를 자신의 주요한 목표로 제시하기 때문에 불연속성이 중요한 기능적 역할을 하게 된다. 하지만 전체적으로 볼 때 두 저자에게는 차이보다는 유사성, 친연성이 더 두드러진다는 것을 지적하지 않을 수 없다. 그들에게 있어서 불변의 존재에 대한 생성의 우위는 분명한 사실이고 따라서 존재를 파악하는 논리적 사고는 생성을 파악하는 데 한계를 드러낼 수밖에 없다는 결론이 나온다. 논리적, 지성적 사고는 핵과 같은 단단한 중심과 연관되지만 실재성은 이를 부양하는 '가장자리'의 존재, 유동하는 생성 자체이다. 불변의 항들은 이 가장자리의 계열들로부터 실체화된 것이고 그로부터 논리적 사고는 극단의 항들만을 대상으로 하는 실재의 불완전한 재현이라는 결론이 나온다. 베르그손의 직관, 시몽동의 '변환'transduction 개념은 이런 실재관에서 유래한다. 그것들은 논리의 부정이 아니라 그것을 보충하는 가장자리의 실재성의 힘을 강변한다.

세번째로 시몽동에 대한 바슐라르의 영향은 바로 베르그손의 연속성 개념을 비판하는 대목에서 나타난다. 바슐라르는 상대성이론과 양자역학 등 20세기 초반부터 진행된 현대과학의 혁명적 발전과 동시대를 살며 이에 대한 심층적인 철학적 반성을 행한 최초의 철학자들 가운데 한 사람이다. 특히 양자역학의 불연속성 개념에서 영향을 받았음에 틀림없는 그의 '인식론적 단절'의 개념은 쿤의 '과학혁명'의 이론에도 영향을 준 것으로 알려지고 있다. 그런데 바슐라르에게 있어서 단절은 뉴턴 물리학과 아인슈타인의 물리학과 같은 거대 이론들 사이에서만 나타나는 것이 아니다. 그것은 감각에 기반을 둔 상식과 과학적 작업 사이에서도 나타나는데 특히 미시계의 연구는 감각이 아니라 수학적 추상을 경유하므로 일상적 경험과의 단절은 필연적이다. 다만 바슐라르는 이러한 단절을 인식론적 차원에서 주장하였다면 시몽동은 이를 더 멀리, 더 깊이 밀고 나아간다. 베르그손의 경우에도 지각과 지성을 통한 인식적 과정은, 고립된 각각의 이미지들의 운동이라는 착각에서 유래하는 영화처럼 불연속적이다. 하지만 물질조차도 생성의 연속성 속에 용해된다고 주장하는 면에서 그에게 불연속성은 실용성이라는 토대 위에 세워진 착각에 지나지 않는 반면 바슐라르는 여기에 구조적이고 필연적인 근거를 제시하는 점이 다르다. 시몽동은 생성과 존재를 결합하려는 의도와 존재자의 불연속적 구성이라는 존재론적 기획을 가지고 있다는 점에서, 그에게 양자역학에서 유래하는 영감은 바슐라르보다 더 뿌리깊이 작용하는 듯하고 이것이 그의 독창성의 기반을 이룬다고 말할 수 있다.

한편 바슐라르는 헤겔의 개념을 비판적으로 변형하여 과거의 이론과 새로운 이론 사이에서 '변증법적 종합'을 주장한다. 새 이론은 완전히 새로운 틀 위에서 구성되지만 과거의 이론과 모순관계가 아니라 자신과 불일치하는 과거의 사실들을 자신 속에 포함하여 새롭게 재구성한다. 즉 단절은 존재하되 헤겔에서처럼 극단적인 방식의 모순과 완전한 종합은 아닌 것이다. 시몽동이 종종 변증법을 비판할 때 바슐라르와 같은 생각으로 그렇게 하는 것을 어렵지 않게 알 수 있고 더 나아가 이는 시몽동의 독자적 이론에도 반영되어 있는 듯하다. 즉 양립불가능한 퍼텐셜들의 긴장을 해소하는 개체화, '불균등화'disparation를 극복하는 새로운 공리계의 창출 등이 그것들이다.

마지막으로 메를로퐁티의 철학은 시몽동에게 상당히 구체적인 문제들에서 중대한 영향을 준 것으로 보인다. 특히 시몽동이 자연과학의 문제들에서 심리학적 문제들로 나아갈 때 지침이 된 철학이 메를로퐁티의 철학이다. 사실 퍼텐셜과 상전이, 열역학을 기초로 하는 물질적 개체화 그리고 생명의 개체발생으로부터 정신적 개체화로 나아가기까지 그 과정이 그렇게 자연스러운 것은 아니다. 세 영역에 동일한 논리로 '개체화' 개념을 적용하여 일관된 철학적 관점을 수립하는 것이 과연 가능한 기획인지는 불분명하다. 물질과 생명의 개체화 부분은 분명 문제적인 부분도 있지만 주장이 상당히 명확하고 성과도 있다. 하지만 이 성과는 정신적 개체화에 어떻게 연장되는가? 우리는 시몽동이 심리학 연구에 기울인 노력을 볼 때 이에 대한 어느 정도의 실마리를 얻을 수 있을지도 모른다고 본다. 시몽동은 철학 외에 심리학 학사학위를 받았고 심리학과에서 계속 교수로서 가르치고 연구했으며 오랫동안 심리학 연구소를 주도적으로 이끌었다. 박사학위 이후의 행보는 거의 심리학 연구와 기술철학에 바쳐져 있다. 이런 사정은 정신적 개체화의 문제가 시몽동의 주된 관심사로서 항상 자리하고 있었다는 것을 보여 주며 따라서 그의 개체화 이론은 비록 물리적 영역에서 출발한다고 해도 이로부터 일방적인 방식으로 도출된 것이 아니라 다양한 분야의 현상에 대한 관심이 상호 밀접한 연관을 맺으며 구성되었다고 보는 것이 옳을 것이다.

시몽동에게서 세 종류의 개체화를 관통하는 중요한 영감은 전개체성의 존재 그리고 그것이 개체화 이후에도 잔존하여 연속적인 개체화를 추동하는 힘으로 남아 있다는 것이다. 정신적 개체화를 특징짓는 것도 바로 그것이다. 무엇보다도 정신적 개체화는 순수한 정신성에 관한 것만은 아니다. 시몽동이 지각과 정념이라는 원초적 문제에서 출발할 때 전개체적 실재성에 준거를 두는 것은 가렐리가 이미 지적했듯이 메를로퐁티 철학의 영감에 바탕을 두고 있다. 시몽동은 지각 현상의 이해에서 원자론적 심리학, 실증주의, 형상질료설에 대한 비판 및 형태심리학에 대한 비판적 해석 등을 메를로퐁티의 입장과 공유한다. 물론 이러한 비판적 입장은 생성철학에 공통된 것이고 기본적인 내용은 이미 베르그손에게서도 논의되고 있기는 하다. 메를로퐁티 철학의 적극적인 국면이 시몽동에게 미친 영향은 이러하다. 지각은 세계로부터 초연한 반성적 주체로부터 나오는 것이 아니고 신체적 도식에 의해 체화된 가운데 실질적 내용을 얻는다. 즉 의식은 '지향적'이고 세계를 향해 열려 있으며 신체 역시 독립된 실체인 양 대상의 작용을 수동적으로 받아들이는 것이 아니다. 수동성과 능동성은 각각 따로 신체와 의식을 특징짓는 기준이 아니라 오히려 그것들이 혼합, 교착된 더 원초적인 세계를 바탕으로 한다. 보는 것과 보이는 것, 촉지하는 것과 촉지되는 것 사이의 얽힘, 더 나아가 보이는 것과 보이지 않는 것의 심층적인 교착, 결국 신체와 세계의 교착을 의미하는 이른바 '살의 존재론'을 관통하는 영감이 시몽동의 전개체적인 것의 구상에 영감을 주었음은 분명해 보인다.

4장 _ 작품의 특징과 구성

『개체화』는 시몽동이 34세에 제출한 국가박사학위 논문으로서 새롭고 독창적인 철학적 사유의 시작과 궤적을 보여 주는 무게 있는 작품이다. 필자는 이 책의 특징을 세 가지 정도 들고 싶은데 그것은 도전정신과 통찰력 그리고 집요함이다. 먼저 시몽동은 주저하거나 우회하지 않고 철학의 본령에 해당하는 생성철학과 존재론의 문제에 정면으로 도전함으로써 단숨에 철학자의 반열에 오르려는 열정과 추진력을 보여 주는 것 같다. 시계를 1950년대로 돌리면 박사논문을 준비하는 젊은 철학도가 지도교수인 이폴리트 외에도 바슐라르, 메를로퐁티, 캉길렘, 리쾨르 등 20세기 프랑스 철학의 상징적인 인물들 앞에서 스스로를 평가받는 자리에서 서양철학의 핵심을 전복시키고 새로운 해결책을 제시하는 야심만만한 시도를 하고 있는 상황이다. 이 시도는 성공하였을까? 필자가 생각하는 두번째 특징에 의하면 그 대답은 긍정적이다. 개체화 개념을 토대로 하여 생성을 사유하는 시몽동의 통찰력은 현미경을 만들어 미생물의 세계를 발견한 레벤후크Leeuwenhoek, 1632~1723처럼 우리를 새로운 세계에 눈뜨게 해주는 계기가 되었다고 필자는 생각한다. 물론 이 말이 그의 작품이 완벽하다는 의미는 아니다. 시몽동에 대한 평가는 여러 측면

레벤후크와 그가 발견한 미생물들

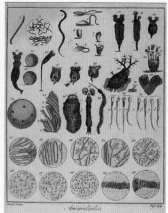

에서 아직도 진행 중이기 때문이다. 무엇보다도 새로운 사유를 시도하는 경우에 나타나기 쉬운 문제점은 개념들과 용어들의 문제이다. 필자가 보기에 시몽동의 사유가 독창적이고 명료하기는 하지만 이를 표현하는 개념들은 여전히 모색의 단계를 보여 주는 듯하고 따라서 개념을 설명할 때 반복이 많으며 모순된 설명들도 종종 등장한다.

　세번째 특징은 이 책이 제시하는 방대한 양의 전문적 자료들과 밀도 있는 분석과 관련된다. 필자가 과문하기는 하지만 철학이 자연과학으로부터 분리된 이래 이처럼 많은 양의 과학적 자료들을 소개하고 심층분석하는 철학책은 거의 보지 못했다. 이것은 이 책에 반드시 장점으로 작용하는 것은 아니다. 많은 독자들은 이 부분에서 적잖은 어려움을 겪으리라 추측된다. 게다가 시몽동은 과학적 주제들 자체에 관심이 있는 것이 아니라 존재론과 형이상학이라는 철학의 가장 고전적인 영역에 뿌리를 두고 있기 때문에 이런 시도는 다소 의아스럽기까지 하다. 사실을 말하자면 이는 철학자에게 결코 유리하지 않다. 철학자가 자신의 이론을 입증하기 위해 과학적 사실들을 활용하는 것은 종종 있는 일이지만 과학적 사실은 누구나 볼 수 있는 밝은 대낮에 노출되어 있는 대상과 같아서 얼마든지 검증이 가능하고 때로 새로운 과학이론에 의해 다르게 해석될 수도 있기 때문이다. 이용된 사례가 잘못되었거나 새로운 해석을 받아들이게 되면 철학이론의 효용성 자체도 위험에 처할 수 있다. 그러나 시몽동을 옹호하자면 이는 어떤 세세한 부분도 놓치지 않고 자신의 이론 속에서 일관되게 설명하고자 하는 철학적 집요함과 관련되어 있는 것 같다. 시몽동의 과학적 사실에 대한 활용은 한 가지 분명한 특징을 갖는데 그것은 몇 가지의 범례를 집중분석하면서도 이에 국한되지 않고 자신의 사례들을 과학 전체의 시야에서 평가하려는 태도를 보여준다는 것이다. 가령 물리적 개체화에서는 결정cristal의 사례를 범례화하지만 이를 미시계에서 거시계에 이르는 모든 물리적 현상과 더불어 설명하고 생명의 개체화에서는 강장동물을 범례화하지만 미생물에서 중추신경을 가진 개체들에 이르기까지 전체 생명계를 경유한 후에야 그 의미를 알 수 있다. 이는 한두 가지 범례를 일반화하고 다른 부분에 대해서는 침묵하는 편협함에서 벗어나 일관되고 전체적인 관점을 수립하기 위해서라고 이해할 수 있다. 독자는 이러한 어려움을 어느 정도 감내하고서야 저자의 심층적인 철학적 사유가 살아 숨쉬는 이 작품에 접근할 수 있다. 이 해설서의 목적은 그러한 길의 안내자 역할이다. 마지막의 용어설명은 여기에 최소한의 도움이 되고자 첨가하였다.

시몽동 책의 구성을 보자. 목차를 보면 알 수 있듯이 개체화 이론을 통해 물리적, 생명적, 심리적, 집단적 영역의 생성을 차례로 연구하고 있다. 앞에서 말했듯이 책은 1부와 2부로 구성되어 있으며 2부 전체가 생명적 개체화이고 그 내부에서 생명체, 정신, 집단의 생성이 분리된다. 따라서 정신과 집단은 독립된 영역이기보다는 생명적 개체화와 유기적 연관을 맺고 있다는 것을 알 수 있다. 개체화 이론의 개요는 서론에 대체로 나와 있다. 일종의 요약이라고 할 수 있지만 단번에 소화하기에는 벅찬 내용에 처음부터 마주하게 된다. 장이론, 양자론, 퍼텐셜, 정보와 엔트로피, 과포화, 과융해, 준안정성, 상전이 등 묵직한 물리학의 용어들이 철학적 구조물의 대들보 역할을 한다. 내용이 모호한 것은 아니지만 이를 제대로 이해할 수 있는 것은 본문을 이해한 후가 될 것이다. 시몽동의 핵심사상은 본문에서 반복적으로 나타나고 결론에서 더욱 심화된다. 우리 해설서에서는 「서론—개체화 개념에 대한 이해」에서 기본 개념들을 설명할 때 주로 원전의 서론과 결론의 내용을 함께 소개하였다. 물론 필요한 경우에는 본문에 있는 개체화 원리에 관한 내용으로 보완하였다.

본문 1부 1장의 기술적 개체화는 다른 부분에 비해 비교적 평이하다. 꼼꼼히 읽으면 따라갈 수 있는 수준이다. 기술적 작업에 대한 시몽동의 애정을 엿볼 수 있으며 철학책에서는 보기 드문 매우 구체적인 내용이 있다. 1부의 2장에서는 결정화 작용에 대한 심층적 분석이 등장하는데 이 부분의 평가는 거의 모든 연구가들이 동의하는 바 시몽동 철학의 가장 정확하고 독창적인 부분이다. 결정의 세계에 대한 호기심을 가지고 읽는다면 매우 유익한 내용이 될 것이다. 1부의 3장은 물리학의 영역에서도 가장 난해하고 해석이 분분한 양자이론과 상대성이론, 파동이론 등을 다루고 있다. 이 이론들에 관한 시몽동의 해석은 개체화 이론과 관련하여 흥미로운 부분도 있고 문제적인 부분도 있다. 연구가들 중에서도 아직 비판적 고찰이 충분히 되어 있지 않은 부분이다. 과학철학자들이 좀더 많은 관심을 가지고 논의해 주기를 기대한다.

본문 2부 1장에서는 시몽동 자신의 독특한 방법론에 의해 생명계의 생성을 고찰한다. 생명이 어떤 점에서 물질과 연속되어 있으며 어떤 점에서 그 자신의 독자적 세계를 구축하게 되는가에 유의해서 읽어야 한다. 진화의 연구에 초점을 맞춘 베르그손과 달리 시몽동에게 중요한 것은 생명적 개체의 발생이다. 이를 이해하기 위해서는 생물분류학적 지식과 정보이론이 도움이 된다. 강장동물의 범례는 저자의 생각을 정당화해 주는 다량의 흥미로운 사실들을 제공한다. 2부의 2장은 정신적 개체화, 3장은 집단적 개체화를 다루는데 이 두 종류의 개체화는 생명적 개체화의 문제의식을 연장하는 동시에 상호관련 아래서 이루어진다. 시몽동은 인간과 사회에 대한 본질주의적 관점을 넘어서서 그것들 간의 원초적 상호생성을 보여 준다. 시몽동의 독창성은 생성의 연속에도 불구하고 물질, 생명, 정신, 집단 사이에 그것들을 불연속적 존재로 만들어 주는 문턱의 조건이 존재한다는 것을 보여 주는 것이다. 그것은 임계적 혹은 양자적 조건으로 표현되는 물리적 기반을 가지며 생명적 생성과 집단적, 정신적 생성에 이르러서는 의미의 창출로 나타난다.

　　원전에서는 1부와 2부의 양이 거의 같지만 우리의 해설서에서는 2부가 1부의 약 두 배 가량을 차지한다. 정신적, 집단적 개체화의 내용을 더 많이 다루어서 그렇다. 물리, 생명적 개체화에서는 자연과학적 논의가 주종을 이루고 있고 철학적 주장은 이와 별도로 비교적 명확하게 드러나 있는 반면 정신적, 집단적 개체화에서는 심리학과 사회학적 논의가 있기는 하지만 여기에 시몽동의 철학적 사유가 깊이 개입되어 있어 축약이 어렵고 또 이 책을 접하는 독자는 아무래도 이 부분에 더 관심이 있으리라는 생각 때문이기도 하다.

2부
—
작품의 분석

서론 _ 개체화 개념에 대한 이해

1. 개체화의 개념과 전통적 개체화 원리 비판

개체화는 말의 뜻으로부터 본다면 개체가 발생하는 과정을 말한다. 개체와 발생을 결합시키면 '개체발생'ontogenèse이 되고 이는 생물학의 발생학 분야에서 개체가 형성되는 과정을 떠올릴 수도 있지만 시몽동에게서 이 표현은 개체의 발생이라는 일반적 주제와 혼동되어 사용되기도 한다. 하지만 시몽동은 때로 개체발생이란 말을 순수히 생물학적인 의미로 사용하기도 하는데 그 경우 개체화라는 말은 개체발생보다 훨씬 더 넓은 의미를 갖게 된다. 그래서 이 개체화라는 개념과 그것이 사용되는 맥락을 이해하는 것은 아마 이 책의 핵심을 이해하는 것이 될 것이다. 개체가 함축하는 것은 무엇보다 구체적 존재자이다. 구체적 존재자인 개체에 최초의 학문적 위상을 부여한 사람은 아리스토텔레스라는 것은 잘 알려져 있다. 그래서인지 시몽동은 서문에서부터 형상질료설을 중요한 이론으로 다룬다. 마찬가지로 이 책의 1부 1장은 개체화에 대한 형상질료설의 설명을 비판적으로 고찰하는 내용이다. 서문에서는 원자론적 실체론을 형상질료설에 대비시키고 있다. 서문은 이 두 입장에 대한 비판으로부터 시작한다.

원자는 존재자의 단위이자 그 자체가 자신의 단위로 구성된 존재자이다. 그래서 원자를 실체로 놓게 되면 다른 물체나 생명체와 같은 복합체는 그것들의 우연적 결합이 된다. 그래서 복합체는 자신을 이루는 힘보다 더 큰 힘의 작용을 받으면 응집력을 잃고 원래의 요소들로 되돌아간다. 형상질료설에 따르면 개체는 형상과 질료가 결합한 쉬놀론synolon이다. 하나의 벽돌은 재료를 이루는 점토와 직육면체의 주형이 만나 이루어진다. 이것도 마찬가지로 외력의 작용으로 부서질 수 있다. 하지만 형상과 질료 그 자체는 그대로 남는다. 요약하자면 원자론이든, 형상질료설이든, 개체 그 자체를 앞서는 개체화의 원리를 가정하고 있는데 그것은 전자에서는 원자이고 후자에서는 형상과 질료이다. 차이점이 있다면 전자는 원자라는 물질적 실체를 이미 개체의 모범으로 가정하고 있으므로 개체화 원리는 복합체들 이전에 이미 원자라는 개체로부터 자동으로 알려지지만, 후자는 형상과 질료의 결합으로 나타난 구체적 개체를 역으로 거슬러 올라가야만 형상과 질료라는 개체화 원리를 알 수 있다는 것이다. 즉 개체화 원리의 위상이 복합체 이전에 있느냐, 이후에 있느냐에서 차이가 날 수 있다는 것이다.

시몽동이 두 입장을 대표로 놓고 비판하지만 이는 모든 종류의 실체론에도 마찬가지로 적용된다. 시몽동의 비판은 다음 두 가지로 요약된다. 우선 그것들은 원자나 형상, 질료, 실체와 같은 불변적 항들이 존재함을 가정한다. 또한 이들은 공통적으로 '구성된 개체'로부터 출발하여 그것의 실존 조건들로 거슬러 올라가는 방식을 취한다. 즉 "구성된 개체에 존재론적 우월성을 부여한다"23. 사실 위의 개체화 원리들도 어떤 의미에서는 존재론적 우월성을 확보하고 있다고 할 수 있을지도 모른다. 하이데거의 구별에 따르면 개체는 존재적$_{ontique}$ 우월성을, 원리들은 존재론적 우월성을 가진다고 할 수도 있을지 모른다. 하지만 영미철학의 전통에서는 두 단어를 구분하지 않고 사용하기도 한다. 따라서 단어에 구애받지 않고 시몽동이 말하고자 하는 핵심으로 들어가면, 전통적 입장들이 개체화의 원리이든, 구성된 개체이든 간에 고정된 어떤 항들을 실재적인 것으로 놓고 출발한다는 것이다. 개체화의 원리가 주어지면 개체들은 그로부터 필연적이고 자동적으로 형성된다. 다시 말해 개체들이 발생하는 독특한 과정을 굳이 말할 필요가 없다. 그 경우 개체화의 원리들과 구성된 개체들 간에 엄밀히 말해 근본적 차이는 존재하지 않는다. 즉 원리 안에 이미 개체와 동일한 무언가가, 개체를 개체이게 하는 무언가가 존재한다는 말이다. "원자와 질료 또는 형상에 어떤 종류의 현존재성$_{eccéité}$이 내속$_{inhérence}$하지 않는다면 이러한 실재들 속에서 개체화의 원리를 발견할 가능성은 없을 것이다"라는 말이 바로 그것을 보여 준다$_{23~24}$.

개체화의 원리와 구성된 개체로부터 출발하는 모든 입장에 대한 시몽동의 비판의 핵심은 그것들이 '개체화 작용$_{opération}$'을 진지하게 고려하지 않는다는 것이다. 좀더 알기 쉽게 다음과 같이 도표를 그려 볼 수 있다. 다음 세 가지 순서는 논리적 순서를 의미한다. 즉 개체화 원리가 있고 그것으로부터 개체화가 일어나는 과정을 거쳐 개체가 구성된다는 것이다. 그러나 이것은 시간적 순서를 의미하는 것은 아니다.

① 개체화 원리 → ② 개체화 과정 → ③ 구성된 개체

그런데 전통적 이론들이 하는 작업을 보면 ③에서 시작하여 ①로

넘어간다. 즉 구성된 개체를 모범으로 하여 개체화 원리를 찾는다. 시몽동은 이것을 '거꾸로 된 개체발생'이라고 말한다. 다음에 일단 개체화 원리가 발견되면(사실 이것은 암묵적으로 전제되고 있었다) 개체화 과정은 자동으로 일어난다. 벽돌에게는 "벽돌, 너는 점토라는 질료와 직육면체의 형상으로 되어 있지. 그렇지?"라고 말한 다음, 거기서 추론된 직육면체의 형상과 점토라는 질료에게 "그래, 너희가 결합하면 이 벽돌이 되는 거지. 그렇지 않니?"라고 말하는 것이다. 순서만 바꾼 일종의 동어반복이다. 여기에는 실제적으로 벽돌이 만들어지는 과정(혹은 그에 대한 서술)이 생략되어 있다. 베르그손식으로 말한다면 시간적 과정이 생략된 것이다. "개체화의 원리를 개체화 [과정] 자체를 앞서는 실재 속에서 찾는 것은 개체화를 개체발생ontogenèse으로서만 고려하는 것이다"[24]라는 시몽동의 말은 개체의 발생이 유전적 기작으로 일어나는 생물학적 개체발생에 대해 사람들이 일반적으로 생각하는 것처럼 자동적으로 이루어지는 듯이 설명되고 있다는 것을 의미한다. 물론 실제로는 생물학적 개체발생은 결코 자동적으로 이루어지지 않지만 말이다.

시몽동의 주장은 ②로부터 출발해야 한다는 것이다. 실재하는 것은 바로 시간을 통해 전개되는 개체화 **과정**이며 개체들은 이러한 개체화 과정의 결과에 지나지 않는다. 개체화의 원리들도 개체화 과정을 연구하는 도중에 발견할 수 있다. 원리 자체가 과정으로부터 나오기 때문에 우리는 단번에 원리로부터 출발할 수 없다. 적어도 그것은 개체화 과정이나 개체들 안에 일종의 부당전제의 오류처럼 암묵적으로 전제되어서는 안 된다. 그래서 시몽동은 "개체발생의 연구는 논리학과 존재론을 선행해야 한다"[312]고 말한다.

2. 생성의 존재론

존재와 생성

이 책은 '개체화'라는 어찌 보면 소박한 주제를 전면에 내세우고 있지만 그 내용은 주제에 비해 아니 철학의 전분야에서도 최대로 야심적인 분야인 존재론의 문제를 직접 공략하고 있다. 하지만 존재론이라는 말은 오해를 야기할 수도 있다. 시몽동이 의도하는 것은 단순한 존재론이 아니라 생성의 존재론이다. 생성은 서양철학의 초기부터 존재와 대립되어 이해되었기 때문에 전통적 입장에서 볼 때 생성의 존재론이라는 말은 앞뒤가 맞지 않는 조어이다. 게다가 시몽동이 그 용어를 직접 쓴 것도 아니다. 하지만 우리는 생성철학의 등장과 전개를 반영하는 새로운 맥락에서 이 용어는 시몽동 사상의 명료한 이해에 접근하는 데 도움이 될 수 있으리라고 믿는다.

우선 생성과 존재가 대립되는 과정은 파르메니데스의 사상에 나타나 있다. 철학사에서 잘 알려진 것처럼 그에 의하면 "있는 것은 있고 없는 것은 없다"는 대명제로부터 진리 즉 참으로 존재하는 것은 변화도 다수성도 허용하지 않는다는 결론이 나온다. 변화는 어떤 상태로 있는 것이 그 상태로 있음을 벗어나 즉 그 상태로 '있지 않은 것'으로 된 후에야 가능한데 이는 대전제와 모순되기 때문이다. 진리는 부동불변의 일자이며 모든 운동과 생성에서 벗어나 있다. 따라서 운동과 생성은 비존재, 즉 '존재가 아닌 것'이다. 이후에 파르메니데스를 극복하려는 노력들은 몇 가지 부수적인 가정들을 수정하면서 이루어지지만 존재와 생성의 근본적 대립을 바꾸지는 못한다. 원자론자들의 원자, 플라톤의 이데아, 아리스토텔레스의 형상과 질료는 어떤 방식으로 다수성을 인정하지만 시간 속에서 전개되는 변화와 생성의 세계는 소극적인 방식으로 설명한다. 예를 들어 원자들의 결합이나 이데아의 모방과 관여, 실체와 속성의 관계와 같은 것들이다.

시몽동은 이러한 불완전한 해결책을 거부하고 생성을 전폭적으로 인정하고자 한다. 하지만 그는 헤라클레이토스처럼 "만물은 유전한다" 는 생각에 머물지 않는다. 다음 주장을 보자.

> 개체발생이라는 말은 개체의 발생(예를 들면 종의 발생과 같은 더 광대한 발생과 대립되는)이라는 협소하고 파생된 의미를 부여하는 대신 존재자의 생성devenir이라는 특징을 지칭할 경우 의미가 명확해진다. 이 생성이라는 특징은, 존재자의 생성, 즉 바로 그것에 의해 존재자가 그러한 모습인 한에서 그러한 존재자로 되는 어떤 것이다. 존재와 생성의 대립은 존재자의 모범이 실체라고 가정하는 어떤 학설의 내부에서만 타당할 수 있다.25

시몽동은 개체 존재를 설명하기 위해 "존재와 생성의 혼합mixte"91 이 필요하다고 믿는다. 모든 것이 흐름이라면 개체를 존재자라고 부를 수조차 없을 것이기 때문이다. 존재만이 실재라고 해도 생성은 환상이 되지만 흐름만이 실재라고 해도 개개의 존재자들의 실재성은 확보할 수 없다. 다만 존재와 생성의 대립을 지양하고 그것들의 혼합을 꿈꾸는 철학이 흔히 빠져들기 쉬운 환상은 실체로서의 존재에 무게추를 두고 생성을 그것에 종속시키는 것이다. 이로부터 벗어나 생성과 존재의 역동적인 상관관계를 설명할 수 있어야 한다. 이것은 개체 존재자가 어떻게 시간 속에서 자기동일성을 형성해 가는가를 보여 주는 문제로 귀결되며 개체화의 연구는 이와 다른 것이 아니다. 어떻게 이런 일이 가능할 수 있을까?

전개체적 실재

출발점은 엄밀한 의미에서 존재도 아니고 생성 자체도 아니다. 생성과 존재를 가능하게 하는 잠재력을 사유해야 한다. 여기서 시몽동의 철학적 상상력은 파르메니데스와 헤라클레이토스를 넘어서 아낙시만드로스로 거슬러 올라가는데 이는 현대과학, 특히 열역학의 개념적 장치들에 의해 완성된다. 바로 '전개체적 실재'réalité préindividuelle라는 개념의 구상이다.

> 개체화를 사유하기 위해서는 존재를 실체나 질료, 형상이 아니라 단일성unité의 수준 위에서 긴장된 체계, 과포화된 체계로 고려해야 한다. 이 체계는 자기 자신으로만 구성되는 것이 아니고 배중률의 수단으로도 적합하게 사유될 수 없다. 구체적 존재, 혹은 완전한 존재, 즉 전개체적 존재는 단일성unité 이상의 존재이다. 개체화된 존재자의 특성인 단일성, 그리고 배중률의 사용을 허용하는 자기동일성은 전개체적 존재에는 적용되지 않는다.25

전개체적 상태는 아낙시만드로스의 무규정자와 열역학적 비평형 상태 혹은 '준안정métastable상태'를 결합시킨 개념이다. 그것은 에너지퍼텐셜들로 충만하며 완전한 평형에 이르기는커녕 불안정한 긴장들이 양립하고 있는 체계의 상태이다. 양립불가능한 상태들이 양립하기에 곧 폭발할 것 같은 상태. 그렇기 때문에 이는 단일성과 동일성, 배중률이라는 존재자의 논리적 조건을 넘어서는 상태이다. 그러므로 전개체적 존재는 아리스토텔레스 논리학에 따르면 존재자라 할 수 없고 한편 그것은 무엇인가 일어나고 있는 상태가 아니기 때문에 오로지 생성 자체도 아니다. 하지만 그것은 에너지퍼텐셜로 '존재'하며 또 무언가로 '생성'하려는 잠재성을 가지고 있다.

아리스토텔레스 논리학에 의하면 이런 상황은 생각할 수 없다. 한 존재자를 "A는 A이다"(기호논리학에 의하면, A=A)로 표현할 수 있게 해 주는 동일률은 단일성과 더불어 자기동일적 존재를 정초해 준다. 전개체적 상태는 과포화된 체계, 자기 자신을 넘어서는 상태이기 때문에 단일성과 동일률로 포착되지 않는다. 배중률은 "A이거나 아니면 ~A이다" (A∨~A)로 표현되는데 그 내용은 "어떤 것이 A도 아니고 ~A도 아닐 수는 없다"라는 것이다. 즉 어떤 것 A와 그것의 부정인 비非A 사이에 제3자를 인정하지 않기 때문에 제3자 배제원리라고도 한다. 그러면 시몽동의 전개체적 상태가 배중률을 허용하지 않는다는 것은 어떤 의미일까? 전개체적 상태는 전통적 의미의 존재가 아니다. 그렇다면 비존재인가? 혹은 생성인가? 배중률에 따르면 그렇다고 해야 한다. 전통적 의미에서는 비존재가 맞다. 하지만 시몽동에 의하면 그것은 비존재도, 생성 자체도 아니다. 반대로 말해도 결과는 같다. 전개체적 상태는 생성 자체가 아니다. 그렇다면 그것은 비생성, 즉 존재인가? 분명 그것은 엄밀한 의미의 존재는 아니다. 다만 존재의 개념을 불변의 실체와 같은 것으로 한정하지 않는 한에서는 그것을 존재라고 부를 수도 있다. 시몽동이 전개체적인 것을 '전개체적 존재'라고 말하는 것은 바로 그러한 확장된 의미에서이지 논리적 의미에서가 아니다.

여기서 주의할 것은 배중률의 부정이 곧 모순율을 범하는 것은 아니라는 점이다. 동일률과 배중률은 모순율과 더불어 고전논리학의 3대 원리를 이룬다. 모순율은 "A인 동시에 ~A일 수는 없다"{~(A∧~A)}라고 표현된다. 아리스토텔레스는 『형이상학』 Γ(감마)편에서 "하나의 같은 사물이 다른 사물에 동시에 그리고 동일한 관계 아래 속하기도 하고 속하지 않기도 한다는 것은 불가능하다"라고 말하고 있다. 고전논리학에서 배중률은 모순율을 보충하는 것으로 간주되었다. 하지만 배중률은 모순율과 다르다. 예를 들어 전개체적 실재가 "존재인 동시에 비존재이다"라고 말하는 것은 아니다. 사실 브라우어L. E. J. Brouwer와 같은 수학적 직관주의자는 이미 배중률의 일반적 타당성을 부정한 바 있다. 시몽동은 다음과 같이 말한다.

존재가 항들로 분리된 것은 존재가 처음에, 그리고 모든 개체화의 연구에 앞서서, 실체로 간주되었기 때문이다. 이와 반대로 실체가 존재자의 모범이 아니게 되면, 존재자의 자기 자신과의 비동일성 관계, 즉 자기 자신과 단지 동일한 것이 아닌 실재도 존재 안에 포함시키는 것이 가능하다. 그러면 모든 개체화에 선행하는 존재로서의 존재가 단일성과 동일성을 넘어서는 것으로 파악될 수 있다. 이런 방법은 존재론적 본성의 한 전제를 가정한다. 즉 모든 개체화 이전에 파악된 존재의 수준에는 배중률과 동일률은 적용되지 않는다. 이 원리들은 이미 개체화된 존재자에만 적용된다.32

관계의 존재론

흐름으로서의 생성에 이끌려가기보다 이로부터 존재자가 구성되는 과정으로 거슬러 올라갈 때 중요한 것이 '관계'라는 개념에 대한 새로운 이해이다. 생성의 존재론은 그 구체적인 작용의 관점에서 볼 때 '관계의 존재론'으로 부를 수 있다. 생성이 그 부정적 뉘앙스를 버리고 적극적으로 존재를 설명할 수 있는 것은 새롭게 이해된 관계의 개념 속에서이다. 이 점에서 시몽동의 다음 주장은 중요하다.

> 생성은 존재에 대립하지 않는다. 그것은 개체인 한에서의 존재자를 구성하는 관계이다.[91]

여기서 존재자를 구성하는constitutif 관계란 동사적이고 명사적인 두 가지 의미를 갖는다. 그것은 우선 존재자를 '발생'시키는 과정을 의미한다. 전개체적 실재는 불균등한disparate 힘들이 공존하는 준안정상태이기 때문에 자기동일적이지 않다.[1] 개체화는 이 힘들을 양립가능한 관계로 만드는 것이다. 이때 관계란 두 항들 간의 단순한 연관rapport을 말하는 것이 아니고 무규정자들 사이에서 보다 적극적으로 관계relation를 맺는 활동이 개시됨을 의미한다. 다른 한편 관계는 개체화와 동시에 존재자 안에 "구조의 형태"로 현전한다[25]. 이것은 힘들 간의 이질성 자체가 무화되었다는 것을 의미하지는 않는다. 본래 긴장된 힘들은 양립이 불가능하지만 개체화 속에서 각자의 이질성을 반영한 채로 평형을 찾는다.

---

1) 불균등성/불균등화 → 용어설명(8) 참조.

하지만 이는 여전히 상대적이고 준안정적인 평형이며 계속되는 개체화의 무대가 되기 때문에 일종의 화해의 동작이다. 이 경우 양립가능성은 완벽한 의미의 일관성을 의미하는 것이 아니다.

그러므로 시몽동에 의하면 "관계는 존재 가치를 갖는다"[62]. 관계는 존재자를 구성하기 때문에 분명한 존재론적 위상을 갖는다. 존재자의 발생을 다루는 발생학적 존재론에서 관계의 위상은 원리와 현전의 이중적 측면을 갖는다. '존재는 관계다'라는 명제는 존재자의 실존 이전에 실존을 가능하게 하는 원리라는 점에서 '초월론적'transcendantal이라는 특징을 부여하는 사람도 있지만 좀더 정확히 말하면 들뢰즈의 표현을 따라, "가능적 경험의 조건들이 아니라 실재적 경험의 조건들"이라고 하는 것이 나을지도 모른다.[2) 이 표현은 들뢰즈가 베르그손의 혼합물을 나누는 방법으로서의 직관을 설명할 때 등장한다. 정확히 같은 맥락은 아니지만 구체적 경험을 중시하는 베르그손과 시몽동의 철학에서 초월론이라는 말을 사용한다면 그것은 칸트가 말한 경험의 가능조건이라는 의미보다는 실재적 조건에 관련된다는 의미에서 비교가 가능할 것 같다. 왜냐하면 관계는 존재자의 구체적 발생을 가능하게 할 뿐만 아니라 존재자 안에서 구조로서 현전하기도 하기 때문이다.

물론 우리는 이러한 발생을 가능하게 하는 힘을 주목하지 않을 수 없다. 관계는 "실존existence 속으로 연장되는 에너지적이고 구조적인 구성적 조건"이기 때문이다[83]. 에너지 조건은 관계의 실재론에 살을 부여하는 상당히 구체적인 내용을 포함하며 시몽동 철학의 현실적 설득력이 그것의 효력에 의지하고 있을 정도로 중요한 비중을 차지한다. 관계가

---

2) Deleuze: 1966, p. 13.

존재자의 구성적인 동시에 구조적 조건일 수 있는 이유도 결국 그것이 에너지 조건에서 유래하기 때문이다. 개체화는 규정이 불가능한 전개체적 상태가 개체화를 통해 스스로 규정가능한 존재자로 되는 과정이다. 개체화된 존재자들은 비로소 논리적 규정에 적합한 안정적 존재자들이 된다. 혹은 구성된다. 이러한 생성의 과정 전체를 주도하는 것은 관계맺음이라는 활동인데 관계의 활동이 구체적으로 드러나는 것은 퍼텐셜에너지의 기능을 통해서이다. 이것은 평형열역학에서 말하는 잠재에너지와 같은 것이 아니기 때문에 우리는 잠재성이라는 말 대신에 원어 그대로 퍼텐셜이라고 부르겠다. 이는 많은 연구가들이 지적하듯이 비평형열역학에서 '소산구조'structure dissipative를 가능하게 하는 '자유에너지'에 가깝다.[3] 그것은 에너지의 상태를 바꾸어 체계를 변형시킬 수 있는 잠재력이다. 그러나 퍼텐셜을 자유에너지와 완전히 동일시하는 것은 시몽동의 철학이 가진 잠재력을 이해하는 데 문제가 될 수 있으므로 우리는 여기서 단지 유사성만을 지적하고자 한다. 이미 말한 바 있듯이 그의 원초적 영감은 아낙시만드로스의 무규정자로부터 유래하기 때문이다.

그러나 개체화의 물리적 기반을 강조할 경우 '체계'라는 용어는 커다란 중요성을 지닌다. 이 용어는 이미 전개체적 상태를 지시할 때 사용되고 있으나 에너지 조건을 묘사할 때 핵심적인 작용을 한다. 개체화는 체계를 이루는 요소들 간의 비대칭적 관계로부터 에너지를 얻기 때문이다. '전개체성'이라는 말이 아낙시만드로스의 무규정자에 가깝다면 '체계'는 개체화의 물리적 규정과 직접 관련된다고 볼 수 있다. 시몽동에 의하면 "체계의 개념은 에너지적 조건을 정의하기 위해 필요하다. 왜냐하

---

3) Stengers: 2002, p. 145 ; Thom: 1994, p. 104

면 퍼텐셜에너지는 일정한 체계 안에서 가능한 변화들과 관련해서만 존재하기 때문이다"[63]. 체계의 존재는 개체화가 이루어질 때 개체가 어떻게 자신의 외부와의 부단한 관계맺음 속에서 스스로의 정체성을 형성하는지 그리고 개체화는 왜 단지 개체만이 아니라 거기에 연합된 환경으로 분리되는지를 설명해 준다.

개체화는 전개체적 상태의 퍼텐셜들을 고갈시키면서 그것들의 양립불가능성을 해소résolution한다. 여기에 물론 나중에 더 상세히 이야기되지만 특이성 혹은 우발성의 작용이 필요하다. 그것은 퍼텐셜들을 작용하게끔 야기하는 내외적 자극이다. 그 결과로 개체와 환경이라는 상相, phase들이 탄생한다. 개체는 상으로서만 존재하는 상대적인 실재이다. 그래서 개체화는 물리학의 상전이transition de phase 현상에 비유된다. 아니 상전이라는 말은 실제적 생성을 설명하는 데 이용되기 때문에 단지 비유가 아니다. 상전이 현상 중에서도 구조를 갖추어 가는 과정이 개체화 과정이다. 예를 들어 섭씨 0도 이하에서 과포화된 수용액은 작은 덩어리를 넣으면 얼기 시작한다. 액체상에서 고체상으로 상전이가 일어난다. 과포화 용액의 퍼텐셜은 고갈되면서 긴장은 해소되고 이전보다 더 안정된 상태로 된다.

전개체적 존재는 상이 없는 존재이다. 개체화가 그 안에서 수행되는 존재는, 존재가 상들로 분배됨에 의해 그 안에서 해소가 나타나는 그러한 존재이다. 이것이 바로 생성이다. 생성은 존재자가 그 안에서 존재하는 틀이 아니다. 그것은 존재의 차원이며, 퍼텐셜들로 가득한 초기의 양립불가능성의 해소 양태이다. **개체화는 존재자 속에서 상들의 출현에 상응하는데, 상들은 존재의 상들이다.** 그것은 생성의 주변에 놓여 있는 고립

된 결과가 아니라 완수되는 도상에 있는 이 작용 자체이다.[25]

전개체적 존재는 개체화 과정에서 자신의 본래 상태를 해소시킨다 résoudre. 물리적 용어로는 용해된다. 그렇게 해서 개체와 환경이라는 상들이 출현한다. 상들은 어떤 방식으로 구조화되어 있다. 그리고 이러한 생성의 과정은 존재의 무화가 아니다. 왜냐하면 "생성도 존재의 차원이며 존재가 자신과 관련하여 스스로 상전이하는 능력, 상전이하면서 스스로 해소되는 능력에 상응"[25]하기 때문이다. 존재가 생성 도중에 그대로 (실체로서) 남아 있다면 생성은 사소한 일이 된다. 반면 존재가 스스로 해소 또는 용해되면서 새로운 상들, 구조화된 상들을 탄생시킨다면 생성과 존재는 대립하지 않는다. 그래서 생성이 곧 존재이며 존재는 자신을 해소함으로써만 생성 속에서 보존된다는 것, 즉 "생성을 통한 존재의 보존"[25], 바로 이런 상황을 '생성의 존재론'이라고 표현할 수 있을 것 같다.

3. 개체화 작용의 특징

시몽동은 존재와 생성의 융합을 말할 뿐 아니라 전개체적 실재를 진정한 존재로 내세운다. 전개체성이 전통적 논리학으로 설명할 수 없는 존재를 갖는다는 것은 존재에 대한 개념적 혁신을 요구한다. 이 개념을 채우는 내용은 이미 본 것처럼 비평형열역학에서 도출된 개념 즉 에너지 퍼텐셜의 존재방식에서 상당부분 유래한다. 이제 구체적 생성을 보여주는 개체화를 설명하기 위해서 시몽동은 물리적 영역에서 결정화 작용의 범례paradigme를 사용한다. 결정화 작용은 물질 영역에서 개체화 작용이 일어나는 것을 보여 주기에 가장 적합한 사례인데 다음 두 가지 목적으로 채택되었다. 즉 "단지 기초개념들을 형성하기 위한 목적뿐만 아니라, 또한 그 연구가 개체화 작용이 존재할 수 있는 최초의 영역의 연구이기 때문에 [다른 영역들에] 기초의 구실을 할 목적을 가진다"309. 물리적 모형에서 유래한 기초개념들은 나중에 생명적 개체화, 정신적 개체화, 집단적 개체화까지 차례로 이용되는데 각 영역의 개체화는 다음 번 영역의 개체화를 위한 실마리의 구실을 한다. 물리적 개체화는 생명적 개체화를 촉발할 수 있으나 여기서 물리적 기반이라는 영역적 특권이 그대로 작용하는 것은 아니다.

개체화의 세부적 특징

결정은 아주 작은 싹으로부터 출발하여 하나의 분자층을 형성하고 이를 기반으로 다음 층을 형성하는 식으로 계속 성장하는데 이것은 모액 속에서 모든 방향으로 확대된다. 이렇게 해서 결정의 한 형태가 구성되면 그것은 물리적 개체라고 부를 수 있다(그림 1). 개체화 과정에서 세 가지 정도의 특징을 주목해 보자. 우선 개체화는 미시계에서 출발하여 거시계에 도달하기 때문에 크기의 두 등급 사이의 소통을 함축한다. 개체화는 양극단의 크기를 매개하는 역할을 한다. 그래서 "생명체는 우주적 크기의 등급(예를 들면 태양빛의 에너지)과 분자 아래 크기의 등급[4] 사이에서 소통할 수 있다"28, 주.

두번째로 개체화는 전개체적 퍼텐셜을 단번에 모두 써 버리는 것은

---

4) 크기의 등급→용어설명(4) 참조.

아니다. 개체화 이후에도 전개체적 퍼텐셜
의 잔재가 개체 안에 남아 있다. 이는 시몽
동이 양자역학의 퍼텐셜에너지 준위들의
상대성의 가설에서 도출한 내용이다[28]. 원
자의 궤도를 회전하는 전자(양자)는 한 에
너지 준위에서 아래 단계의 에너지 준위
로 내려가면 전자기파(에너지)를 발산하
고 안정화된다. 하지만 이 안정성은 상대
적인 것이며 전자는 에너지를 완전히 잃
어버리고 원자핵으로 흡수되지는 않는다.

〈그림 1〉 결정

그것은 정상궤도에서 핵 주변을 돌고 있는 한에서 안정을 유지한다. 마
찬가지로 자연 속에서 개체는 결정이든, 생명체이든, 에너지를 잃은 만
큼 안정화되지만 그것을 완전히 고갈시키지는 않기 때문에 개체에는 언
제나 에너지퍼텐셜이 잔존한다. 또 양자는 도약을 통해 일정한 준위에
서 다른 준위들로 오르내린다. 중간적 상태에 머무는 일은 없다. 모든 개
체화는 '양자적 도약'과 같이 불연속적으로 일어난다.

　　마지막으로 개체화는 언제나 개체와 환경을 낳는다. 환경은 종종
'연합된 환경'milieu associé이라고 불린다. 우리말에서 동일하게 번역되지
만 milieu라는 단어는 environnement과 구별해야 한다. 그것은 개체
의 존재를 부양하는 직접적 기반 또는 그것이 필연적으로 동반하는 주
변 배경을 말한다. 클로드 베르나르의 '내적 환경'milieu intérieur 개념을 생
각해 보면 알 수 있다. 개체화는 체계 안에서 일어나기 때문에 개체화 이
후에도 체계에 남아 있는 에너지퍼텐셜이 환경의 구실을 한다. 체계는
특정한 개체화를 가능하게 하는 역량을 가진 영역으로 한정되어 체계와

개체 사이에는 "동일한 등급"이 존재한다[65]. 개체화는 "체계의 가능한 생성들 중 하나"이며 개체는 체계의 "비대칭적 분열"의 결과이기 때문에 그것은 연합된 환경이라는 보충을 필요로 한다[63]. 따라서 체계나 환경이라는 말은 자연 전체로 확장되는 것은 아니다. 결과적으로 개체들이 존재자들의 전부는 아니며 개체존재자의 경계가 그렇게 뚜렷한 것도 아니다. "존재자는 개체보다 더 풍부하고 더 지속적이며 더 범위가 넓다"[310]. 개체화된 존재자들은 단일성과 배중률이 적용되는 존재자라고 앞에서 말한 바 있다. 하지만 그것은 "다른 개체들과 관련해서만, 아주 피상적인 지금, 여기에 따라서만 하나이다"[310]. 환경이라는 말은 주로 생명적 개체화와 정신적, 집단적 개체화에서 중요한 것으로 등장한다. 일반적으로 결정화 작용이 일어나는 체계라든가 생명체가 살아가는 생태적 환경, 인간들이 모여 사는 사회 환경 등을 생각할 수 있겠지만 정신적 개체화를 비롯하여 각각의 무수한 개체화들을 생각한다면 환경의 경계는 그보다 훨씬 더 개체에 밀접한 것임을 알 수 있을 것이다.

다상적 존재자

개체화 과정의 좀더 심화된 특징을 알아보자. 개체화는 상대적이기 때문에 하나의 개체화로 끝나는 것이 아니고 이후에도 개체 속에 남아 있는 퍼텐셜 그리고 연합된 환경을 토대로 또 다른 개체화들이 계속 일어날 수 있다. 그렇다고 해도 이 모든 개체화들이 연속적인 것은 아니며 각각의 개체화는 그 자체로서는 불연속적이기 때문에 "개체화가 단지 총체적totale일 뿐이거나 아무것도 아니"다[307]. 이렇게 일어난 각각의 개체화에서 개체는 하나의 현시된manifesté 상으로 출현하고 전개체성의 잔재는 잠재적인 다른 상들로 남는다. 개체는 다상적polyphasé 존재자이다.

개체화된 것으로 고려된 존재자는 사실상 함께 현전하는 여러 상들을 따라 존재할 수 있고 또 자신 안에서 존재의 상을 바꿀 수 있다. 그 존재자 안에 있는 복수성은 부분들의 복수성이 아니라(부분들의 복수성은 존재자의 단일성의 수준 아래 있을지도 모른다) 이 단일성의 위에 있는 복수성이다. 왜냐하면 그것은 존재의 하나의 상과 존재의 다른 상과의 관계 속에 있는, 상으로서의 존재자의 복수성이기 때문이다. 존재자로서의 존재자는 그것의 상들 각각에서 전체로서 주어진다. 그러나 그것은 생성의 저장고와 더불어 주어진다. 존재자는 여러 개의 형상을 갖는다고, 그래서 여러 개의 현실태entelechie를 갖는다고 말할 수 있을지도 모른다.307~308

자신 안에 잠재적인 여러 상들을 간직하고 있으며 그 상들 각각이 존재자를 전체로서 반영하는 이러한 모습은 프랙탈fractal 이미지를 연상시킨다. 이런 의미에서 개체화된 존재자도 그 자체로 상당히 복잡한 존재임을 알 수 있다. 좀더 설명을 들어 보자.

존재자는 단지 현시된 모습인 것만이 아니다. 이 현시는 단지 유일한 상에 대해서만 현실태이기 때문이다. 이 상이 현실화되는 동안, 잠복해 있는latent 실재적인 그리고 에너지적으로 현전하는 퍼텐셜인 한에서 현실적이기도 한 다른 상들이 존재한다. 그리고 존재자는 자신을 현실태에 도달하게 해준 상 안에서와 마찬가지로 이 다른 상들 안에서도 존재한다.308

개체에 연합된 전개체적 잔재는 실재적이며réel 현실적인actuel' 다른 상들로 존재한다. 그것은 단지 '잠복해 있는'latent 것이지 추상적 실재가 아니다. 시몽동은 퍼텐셜의 존재방식을 잠재태virtualité의 그것과 비교하며 퍼텐셜의 구체적 실재성을 주장한다. 잠재적이라는 말은 실재적, 현실적이라는 말과 대조적 의미를 갖는다. 이와 달리 우리는 베르그손과 들뢰즈에게서는 잠재성 자체가 실재적이라고 하는 주장을 볼 수 있다. 베르그손의 경우 잠재성은 생명적 창조의 전신으로서 이미 어떤 폭발적 힘을 가지고 있기 때문이고, 들뢰즈의 경우 그것은 무엇인가로 생성할 수 있는 차이들의 미분적 구조를 보여 준다는 점에서 그러하다. 이들에게 잠재성은 실재적이지만 현실적인 것은 아니다. 시몽동의 퍼텐셜은 무언가로 생성할 수 있는 힘이라는 점에서 실재적이라 할 수 있고 그런 의미에서는 베르그손과 들뢰즈의 잠재성과 유사성이 있다고 할 수도 있지만 잠재성이라는 용어는 시몽동이 자신의 철학을 표현하기 위해 사용하는 용어는 아니다. 오히려 시몽동은 전개체적 무규정성이 순수한 의미의 잠재성virtualité이 아니라고 말한다. 왜냐하면 그것은 현실적인 퍼텐셜의 존재방식, 즉 "준안정적인 체계의 에너지"이기 때문이다[304]. 즉 그는 퍼텐셜의 현실적 측면을 강조하는 것이다.

현실화된 상은 어떤 방식으로 구조화된 형태가 된다. 시몽동은 이를 설명하기 위해 형상질료설에서 말하는 본질로서의 형상이 아니라 형태심리학에서 말하는 형태들을 참조한다. 여기서 형태들의 안정성은 구조화에서 기인한다. 그래서 그것은 절대적인 것이 아니고 "체계가 평형을 발견할 때 향하는 상태"이다[35]. 형태를 갖추는 과정은 정보 개념으로부터 이해된다. 정보는 엔트로피에 대립하는 현상으로 준안정적 체계의 불균등성disparation에서 유래한다. 안정한 체계에는 아무 정보도 없다. 체계 내의 요소들이 화합할 수 없이 불균등화되어 있을 때 정보량은 극대화된다. 체계의 긴장이 해소되고 불균등한 상태가 사라짐에 따라 체계는 구조화되고 형태가 갖추어진다. 그러므로 형태는 본질이 아니라 진정으로 생성의 산물이다. 개체 내부에 잔존하는 여러 개의 상들은 동시에 현실화되는 것이 아니라 "기능적이고 구조적인 현행성actualité의 형태로, 혹은 퍼텐셜의 형태로 존재한다. 퍼텐셜은 순수한 잠재성이 아니라 현재 존재하는 실재의 [잠재적] 상이 된다"308-309. 개체화된 존재자는 주로 상으로 표현되고 상이 형상, 형태를 참조하여 이해된다면 환경과 관련된 내용은 아무래도 질료와 관련될 수밖에 없다. 체계의 에너지퍼텐셜은 개체에서는 구조화되는데 개체에게 연합된 환경에서는 어떤 식으로 나타날까.

변환적 계열로서의 환경

시몽동은 개체화 작용을 설명할 때 형상질료설에 대한 일종의 해체를 작동시킨다. 형상질료설에 의하면 개체는 형상과 질료가 결합된 쉬놀론synolon이다. 하지만 시몽동에 의하면 쉬놀론은 결과가 아니라 출발점이다. 개체는 "쉬놀론이 아니라 쉬놀론의 한가운데서 출현하여 그것을 두 개의 상보적 실재성들로 나누는 형성적 사건의 결과인지도 모른다. 즉 개체와, 개체화 이후에 연합된 환경이 그것이다"63. 이 말은 전개체적 상태를 형상과 질료가 구분되지 않은 상태, 미분화 상태, 어떻게 보면 그것들이 결합되어 있는 쉬놀론의 상태라고 표현한 것이다. 그래서 "우리는 개체화를 형상과 질료의 종합 또는 신체와 영혼의 종합으로 보기보다는 전체 속에서 특이성으로부터 출현한 비대칭적 분열, 분해, 분리로 나타낼 것이다"63. 바로 개체와 환경이라는 상들로 나누어지는 것이다. 개체는 환경에 비해 상대적으로 더 구조화, 안정화되어 있어 시몽동은 이를 형상에 비교하고 환경을 질료에 비교한다. 물론 개체가 순수한 형상이 아니듯이 환경도 순수한 비결정성이라는 의미에서의 질료가 아니다. 질료는 '정돈된 변환적 계열$_{série}$'이 된다. 변환$_{transduction}$이라는 말은 생성이나 변화의 역동적 과정을 표현하는 시몽동의 고유한 용어이며 물리학과 생물학에서 쓰이는 기존의 용도와는 전혀 다르다.[5] 이 맥락에서 변환적 계열은 주체와 비대칭적으로 관계를 맺는 환경, 주체의 새로운 개체화를 위한 퍼텐셜을 간직한 환경의 질적이고 강도적인$_{intensif}$ 특성을 지시한다. 다음 인용을 보자.

변환적 질서는 그것을 따라 **질적 배열 혹은 강도적 배열**이 중심으로부터 양쪽으로 펼쳐지는 그러한 질서이다. 이 중심의 정점에 강도적 혹은 질적 존재자가 있다. 색깔의 계열이 그러하다. 색의 계열을 양 끝에 펼쳐 있는 적색과 자색의 부정확한 경계들에 의해 구별하려고 해서는 안 된다. 오히려 그 **중심 안에서**, 즉 유기적 감수성이 그 **정점을 찍는 녹색-노란색** 안에서 구별하려고 해야 한다. 인간종에 있어 중심을 이루는 것은 녹색-노란색이며 이로부터 색의 성질이 적색과 자색을 향해 분리된다. 색의 계열에는 두 종류의 경향이 있다. **중심**으로부터의 **양극단**을 향하는 경향들과 **계열의 중심인 한에서 중심 안에 이미 포함된** 경향들이 그것들이다. 색의 계열은 우선 각 종에 따라 가변적인 그 실재적 환경 안에서 파악되어야 한다. 소리나 열의 성질도 그러하다. 개체화된

---

5) 변환 → 용어설명 (9) 참조.

존재자에서는 순수한 비결정성에 해당하는 질료도 없고 감성적인 것의 무규정적 다양성도 없으며, 단지 하나의 축을 따라 정돈된 변환적 계열들의 최초의 양극성bipolarité이 있을 뿐이다. 변환적 계열은 두 항들 사이의 관계이기보다는 유일한 중심항으로 구성되는데 이 중심항은 자기 자신으로부터 나와서 서로 대립된 두 방향으로 분리되면서 자기 자신으로부터 멀어져 보충적 성질들이 된다.309

다소 수수께끼 같은 이 내용은 개체화의 다양한 영역들을 섭렵하는 앞으로의 연구를 통해 점차 밝혀지게 된다. 시몽동은 여기서 생명종과 그것을 둘러싼 환경 간의 공속관계를 보여 주고 있다. 색이나 소리, 촉각 등의 감각과 지각의 생성은 이러한 공속관계로부터 가능하다. 이로부터 감각과 지각의 체계가 유래하고 삶의 특정한 방식도 유래한다. 형태심리학의 지각장이나 현상학에서 말하는 생활세계가 이에 해당한다고 볼 수 있다. 좀더 근원적으로 말한다면 개체와 환경은 각각 구조화된 에너지퍼텐셜과 강도적 에너지퍼텐셜을 의미한다. 강도라는 말은 정신적 개체화에서 지각의 특성으로 상세히 논하지만 이 맥락에서는 우선 '질적'이라는 말로 이해해도 될 것 같다.

우리는 시몽동이 사용하는 변환이라는 말의 정의와 맥락을 좀더 소개하고 이 절을 마치기로 한다. 생성하는 존재는 논리적 단일성, 동일성, 배중률이 적용되지 않는 대신에, "**변환적 단일성**unité transductive을 갖는다. 즉 그것은 자신과 관련하여 상전이할se déphaser 수 있고, **자신의 중심의 양쪽에서 자신을 넘어설 수 있다. 우리가 관계 또는 원리들의 이원성**으로 생각하는 것이 사실은 단일성과 동일성을 넘어서는 존재의 배열이다"34. 즉 변환은 스스로 변화하는 단일성이고 생성을 통해 존재자의 계열들을 낳는 과정이다. 우리는 흔히 눈에 띄는 양극단의 항들을 불변항으로 놓고 나머지를 그것들의 조합이나 관계에 의해 설명하는 경향이 있는데 이것이 형상질료설과 같은 원리의 이원성을 전제하게 한다. 그러나 발생의 관점에서 본다면 그와 반대로 미분화된 전개체적 잠재성이 "여러 크기의 등급들에 따라 분배"[32]됨으로써 존재자의 계열이 분화되는데, 우선 개체와 환경이 분리되고, 환경의 경우에는 강도적이고 질적인 계열들로 축을 따라 배열된다. 개체 안에 남아 있는 전개체적 잔재와 개체에 연합된 환경은 새로운 개체화를 위한 씨앗이자 구성원리가 된다. 이렇게 해서 존재자들은 물리적, 생물학적, 정신적, 집단적으로 점차 영역을 확대하면서 구성된다.

우리는 변환이라는 말을 다음과 같이 이해한다. 그것은 [우선] 물리적, 생물학적, 정신적, 사회적 작용이다. 이 작용에 의해 한 활동이 한 영역의 내부로 점점 접근하여 퍼져나가는데 이러한 전파를 기초로 하여 그 영역의 구조화가 점점 위치를 넓히면서 이루어진다. 각 구조가 형성된 영역은 다음 영역에 구성원리로 작용한다. 그래서 이 구조화하는 작용과 동시에 하나의 변형이 점진적으로 확대된다.[32]

1장 _ 물리적 개체화

물리적 개체화는 「형상과 질료」, 「형태와 에너지」, 「형태와 실체」라는 세 부분으로 이루어진다. 각 부분마다 형상 또는 형태가 문제제기적 역할을 하고 있다. 자연히 아리스토텔레스적 관점으로부터 역동적 관점으로 이행하는 과정을 볼 수 있는데 이 과정에서 형상은 정보이론을 통해 새롭게 조명되고 결국 정적인 의미의 형상 개념 자체는 파기되기에 이른다. 1장은 기술적 개체화에서 형상질료적 도식이 적용되는 과정을 역동적으로 재구성함으로써 개체화의 고정관념을 파괴한다. 2장은 결정cristal이 이루어지는 작용을 구체적으로 검토하면서 역동적 개체화를 이루는 기초 개념들을 제시한다. 3장은 현대물리학의 중요한 내용들을 자신의 개체화 이론을 통해 재검토한다.

1. 형상과 질료

시몽동은 형상질료설에 대한 면밀한 재검토로부터 물리적 개체화의 단원을 시작한다. 형상질료설은 점토로 벽돌을 만드는 과정이나 청동으로 조각상을 만드는 과정처럼 기술적이고 예술적인 작업만이 아니라 생명계를 비롯한 사물의 모든 영역에서 '분류의 보편적 체계'를 지탱하는 강력한 학설로 지금까지 군림해 왔다. 시몽동은 이러한 형상질료설의 외관이 기술의 작업과 유사하다는 데 주목한다. 따라서 이는 엄밀한 의미에서의 물리적 개체화라기보다는 기술적 개체화에 대한 원리적 연구라고 보는 편이 적절하다. 하지만 형상질료설의 가장 큰 문제점은 기술이 문제될 때조차 그 작용의 근본적 역동성을 은폐한다는 점이다.

형상질료설에 은폐된 기술적 양상

점토반죽을 주형에 넣어 벽돌을 만드는 과정을 살펴보자. 벽돌의 제조 과정은 점토라는 질료와 주형이라는 형상의 단순한 결합이 아니다. 우선 점토는 무한한 유연성을 가진 추상적 질료가 아니라 구체적으로 점성의 토대가 되는 콜로이드 성질을 가지고 있어야 하고 이에 따라 반죽되어 형태를 받아들일 준비가 되어 있어야 한다. 한편 주형은 직육면체라는 순수 기하학적 형상이 아니라 복잡한 공정을 거쳐 만들어진 목판이나 철판 등을 재료삼아 만들어진다. 즉 점토의 성질은 이미 어떤 종류의 '형상'에 해당하고 주형의 형성도 특정 '재료'를 통해 이루어진다. 게다가 사람들이 종종 잊고 있는 것은 반죽을 만들어 주형에 넣는 장인의 동작이다. 반죽이 주형 전체를 채울 때까지 장인이 전달하는 퍼텐셜에너지가 현실화된다. 이때 주형의 내벽들은 기하학적 구조인 한에서가 아니라 에너지의 현실화를 막는 반발력으로서 소극적으로 작용한다. 점토, 주형, 장인의 손이 만나 하나의 벽돌이 만들어지는 최종 과정은 단번에 이루어지지 않고 "일련의 변형들의 마지막 에피소드에 지나지 않는다"[42].

이 과정에서 시몽동이 가장 강조하는 것은 점토의 반죽에서부터 그것이 주형 안에서 안정화될 때까지 일어나는 '내적 공명'résonance interne의 작용이다.[1) 물리적 의미에서 공명은 하나의 계에 진동수가 동일한 외부의 힘이 가해지면 증폭이 일어나 계 전체에 정보와 에너지가 전달되는 현상이다.

> 형태를 취하는 도중의 질료는 완전한 **내적 공명**résonance interne의 상태에 있다. 한 지점에서 일어나는 일은 다른 모든 지점들에 반향된다. 각 분자의 생성은 모든 지점에서 그리고 모든 방향으로 다른 모든 분자의 생성에 반향된다.45

한편 형상은 적극적 힘이 아니라 한계로서 작용하고, 본질적 조건이 아니라 '위상학적'topologique 조건으로 개입한다. 내적 공명이란 형상의 위상학적 조건과 장인의 동작이라는 에너지 조건으로부터 유래하는 정보가 질료 내에서 실현되는 과정이다. 이렇게 해서 벽돌의 형태가 서서히 갖추어지는데 시몽동은 이를 질료의 '형태갖추기'prise de forme 과정이라 부른다. 시몽동에 의하면 형태갖추기란 정보적 과정의 다른 이름이다. 정보적 과정이란 이미 만들어진 전언내용이 단순히 전달되는 과정이 아니라 에너지퍼텐셜에 주어진 변화가 체계 전체에 변형 transformation을 일으키는 과정이다. 따라서 정보의 진정한 의미는 바로 형태부여in-formation의 활동에 있다. 퍼텐셜에너지가 작용하는 범위 전체가 '체계'이다. 체계 전체에 걸쳐 에너지가 분배되면서 즉 퍼텐셜에너지가

---

1) 내적 공명과 진동수→용어설명 (5) 참조.

운동에너지로 전환하면서 형태갖추기가 완성된다. 질료는 에너지를 실어나르고 형상은 에너지를 변조한다moduler.[2] 즉 형상은 자신의 위상학적 조건에 맞게끔 에너지의 상태를 변화시킨다. 이 과정은 서로 다른 크기의 등급들을 매개한다. 벽돌은 미시적, 분자적 차원에서부터 시작하여 거시계에 이른다. 즉 "발생하는 것은 체계 전체이고 이는 그것이 능동적인 매개 속에서 두 실재를, 중간적인 등급 안에서 서로 다른 크기의 등급을 통일하는 퍼텐셜에너지의 현실화 체계이기 때문에 가능하다" 47~48. 형태갖추기를 설명하기 위해 시몽동이 동원하고 변형시킨 기술공학의 용어들 중에 중요한 것만도 네 가지 즉 정보, 내적 공명, 변조, 크기의 등급이 그것들이다. 각 개념들은 본래의 기술적 용도로부터 확장되어 일상적 활용을 통해 철학적 의미를 부여받는다.

　　기술적 작용에서는 형상질료적 모형은 어느 정도 유효하다. 단 "질료와 형상의 관계를 형태갖추기의 에너지계를 통해"47 이해한다는 의미에서 그러하다. 시몽동의 설명은 형상과 질료의 고정관념을 해체하는 데 중점을 두고 있는데 우리는 다음과 같은 사실도 지적해야 할 것 같다. 기술적 작용에서 형상이란 이미 인간이 창안한 것이기 때문에 주형만들기처럼 형상을 구체화하는 과정만이 아니라 그것을 고안하는 과정에도 에너지가 필요할 것이다. 위에서 위상학적 조건이라고 한 것 자체를 인간이 발명해야 할 것이기 때문이다. 게다가 기술적 개체화는 작동시에도 '제작적 의도'를 가지고 전과정을 제어하는 생명체 혹은 인간을 전제한다. 그래서 그것은 자연적 개체화의 모범이 되기는커녕 오히려 필요를 충족시키려는 생명적 욕구를 반영하고 있다. 결국 형상질료설은 기

---

2) 변조→ 용어설명(10) 참조.

술적 기원을 갖는다기보다는 생명적 기원을 가지고 있다고 말해야 할 것 같다. 이 점에서 시몽동은 베르그손의 입장에 가까이 있다. 하지만 시몽동은 여기서 더 나아간다. 더 정확히 말하면 인간에 있어서는 생명성이 기술의 존재 조건이라 해도 기술적 표상은 생명체의 인식 조건이 된다. 여기에 분명한 상호성이 있으며 시몽동은 이 상호성을 사회성이 매개한다고 본다. 형상의 능동성은 명령하는 자, 질료의 수동성은 노동하는 자에 상응하며 사회적 위계는 "명령의 전달 조건"이 된다. 이로써 "정보의 효율적 수용"이 이루어진다51. 형상질료설이 인간의 인지체계와 삶에 강력한 힘을 행사하는 이유는 바로 여기에 있다.

기술적 과정에서 특이성과 현존재성

형상과 질료 그리고 에너지적 과정의 결합은 시몽동식의 기술적 개체화에 대한 일반적인 도식이라 할 수 있다. 일반적 도식이란 개체화가 어떻게 이루어지는가 혹은 무엇으로 이루어지는가 하는 것과 관련된다. 하지만 개체화의 원리란 또한 한 개체가 어떻게 현재의 바로 그 모습으로 있게 되었는가 또는 한 개체가 어떻게 다른 것과 구분되는가 하는 것을 의미하기도 한다. 아리스토텔레스의 경우 그것을 전적으로 질료에 부여하고 있다. 예를 들어 금도끼가 은도끼와 구분되는 것은 금과 은이라는 질료에 의해서이다. 또는 도끼가 녹이 스는 것은 그것을 이루는 철의 속성 때문이다. 따라서 좀더 심화된 내용으로 들어가기 위해서는 '특이성'singularité 혹은 '현존재성'eccéité이라는 개념에 주목해야 한다. 이 개념들은 어떤 존재자를 바로 그것이게끔 해주는 가장 직접적인 특질과 연관된다. 시몽동에 의하면 기술적으로 개체화된 한 대상의 특이성은 에너지를 실어나르는 질료의 작용이 형태를 취해 가는 과정 전체와 관련된다. 그래서 벽돌의 개체화 원리는 정확히 "주어진 순간에 점토로 하여금, 이 습한 흙의 가장 작은 압축과 마찬가지로 주형의 가장 작은 세부사항들까지 포함한 에너지계 속에서, 그렇게 배분되고 그렇게 퍼져 있으며 그렇게 현실화된 이러저러한 압력 아래서 형태를 취하게 한 작용이다"[48].

우선 질료의 측면에서 특이성이 어떻게 나타나는가를 살펴보자. 자연계에 존재하는 것들은 무기물이든, 유기물이든, 나름의 구조를 가진다. 동일한 소나무라 해도 곧은가, 굽었는가, 원기둥인가, 원뿔 모양인가, 그리고 요소적 차원에서 볼 때 그것이 얼마나 작은 구멍들을 가지고 있는가 등에 따라 목수는 그것을 다른 용도로 사용한다. 또 장인이 그것을 어떻게 가공하는가 하는 것도 질료의 구조에 영향을 미친다. 예를 들어 톱으로 자르는가, 쐐기를 박아 둘로 쪼개는가에 따라 나무의 결이 파괴되기도 하고 보존되기도 한다. 그래서 시몽동은 "진정한 내재형상들은 기하학적이 아니라 위상학적"이라고 말하기도 한다[53]. 여기서 시몽동이 말하는 내재형상들은 질료에 내속하는 것이며 질료에 고유한 특징들이다. 이는 질료 안에서 분리가능한 아리스토텔레스의 내재형상과 일부러 대조시키기 위해 사용된 개념이다[55]. 질료에 내속하는 위상학이란 실제로 형태를 갖춘 특이성 조건을 지시하며 질료의 순수성을 부정하기 위해 도입된 것이다. 위상학의 개념은 형상의 순수성을 부정하는 앞의 맥락에서도 사용되었던 것을 기억하기 바란다. 질료에 내속하는 성질은 콜로이드 성질처럼 위상학과 직접 관련되지 않는 경우도 많지만 형상이 구체화될 경우는 대개 위상학적 성질을 띠게 된다. 한편 기술만이 아니라 과학도 이러한 내재적 형상들을 사용한다. 예를 들어 결정의 망구조는 엑스선이나 감마선의 다발을 결정에 쏘아 그것들이 회절하는 것을 관찰함으로써 알려졌다. 그래서 물리학자는 엑스선을 분석할 때 그것의 복사 파동 크기에 맞는 망구조를 가진 결정을 선택한다.

특이성의 두번째 차원은 형상 자체 안에 있다. 하지만 이는 순수형 상이 아니라 형태를 부여하는 일 즉 형태갖추기를 말한다. 기술적 작용에서 이 일을 수행하는 것은 장인이다. 그러므로 형태갖추기를 주도하는 형상은 장인이 그것을 어떻게 표상하는가에 따라 달라질 수 있다. 형상에 대한 장인의 표상은 앞으로 만들어질 개체의 현존재성에 영향을 미칠 수밖에 없다. 따라서 개체의 현존재성은 사람들이 위치하는 관점에 상대적일 수밖에 없다는 것을 주목해야 한다. 시몽동은 여기서 명령하는 자와 노동하는 자의 대립이라는 사회적 현상을 강조한다. 명령하는 자는 개체를 그것이게 하는 성질을 질료에서 찾고 노동하는 자는 그것을 자신의 노동에서 찾는다. 전자에게 형상은 균일하며 질료는 그 차이들로 인해 개체성의 원천이 되는 것이다. 형상의 균일함을 주장한 아리스토텔레스가 개체화 원리를 질료에서 찾은 것은 당연하다. 하지만 장인에게는 준비된 질료는 오히려 균일한 성격을 갖는다. 금이든, 은이든, 질료가 어떤 성질을 가지든 간에 그는 무언가를 만들어내야 하는 것이다. 그에게 매번 달라지는 것은 오히려 형상이다. 왜냐하면 그는 "각각의 새로운 단위마다 노력을 들여 일을 재생해야 할 필요가 있고"[57] 형상은 불변하는 표상으로 존재하기보다는 자신의 신체 상태와 질료의 배치, 시공적 우연에 맞추어 매번 재구성되기 때문이다.

아리스토텔레스가 질료에 본래 내속하는 성질들을 몰랐던 것은 아니다. 도끼가 녹이 스는 원인은 형상에서 찾을 수 없다. 하지만 형상질료설은 형상 우위의 입장에 서 있기 때문에 질료의 탓으로 간주되는 개체의 현존재성에 대한 평가절하를 수반한다. 개체를 그것이게 하는 성질은 질료만도 아니고 형상만도 아니다. 형상화된 질료(내재적 형상)와 질료화된 형상(위상학적 조건) 그리고 장인의 동작 모두 각각의 특이성들을 함축하며 개체화는 그것들의 결합으로 이루어진다. 벽돌 제조의 경우 콜로이드 성질 덕분에 반죽된 점토는 주형의 구체적 형태에 이르기까지 계속 장인에 의해 형태변화가 가능한 상태로 존속한다. 개체화는 이러한 특이성들의 만남 위에서 체계 전체가 평형에 도달할 때까지 매 순간 에너지 교환을 통해 정보의 전달 즉 형태갖추기를 실현하는 작용이다[60]. 시몽동은 체계의 내적 공명을 통해 특이성이 증폭amplification되면서 퍼텐셜에너지가 현실화되는 과정을 '변환역학'allagmatique이라고 부른다. 시몽동이 만든 용어로서 변환transduction의 과정과 같은 의미를 지닌다.

관계의 개념과 자연

기술적 개체화의 원리에 대한 고찰에서 마지막으로 중요한 철학적 함축이 있다. 그것은 관계의 존재론과 관련된 내용이다. 우선 특이성과 현존재성은 개체가 왜 현재의 그 모습으로 있는가 그리고 그것이 왜 다른 것과 구분되는가 하는 내용을 함축한다. 일반적으로 현재의 모습을 규정하는 것은 '내재적 특징들'을 의미하고 그것이 다른 것들과 구분되는 이유는 '외재적 특징들과 관계들'에 관련된다고 생각할 수 있다. 그런데 시몽동의 관점에서는 생성하는 존재자에 있어서 내재성과 외재성은 단지 상대적인 특성들이다. 왜냐하면 에너지계라는 것은 개체에 내재적인 것도 외재적인 것도 아니기 때문이다. 그것은 바로 개체에 연합된 환경을 구성하는데 이로 인해 개체는 단지 자신의 내부에만 있는 것이 아니라 자신의 '경계'에서 구성되고 생성된다. 개체에 있어서 본질적인 것은 "내재적인 것과 외재적인 것 사이의 능동적 관계이자 교환이다". 비록 구성된 개체는 내재성을 갖는다고 할 수도 있지만 이러한 개체는 개체화의 결과에 지나지 않으며 시몽동은 개체를 역동적 활동으로 정의하기 때문에 "개체는 구성하는 관계의 실재이며 구성된 항의 내재성이 아니다". 그러므로 생성하는 개체에 있어서 "관계는 존재 가치를 갖는다" 62. 이 관계는 물론 불변항으로서의 개체와 역시 그러한 항으로서의 외부 사물 간의 관계가 아니다. 내재성과 외재성조차도 개체의 항구적인 관계맺음의 작용 자체가 없다면 불가능하다.

> 개체는 엄밀히 말해 자기 자신과의 관계 속에 있지도 않으며 다른 것들과의 관계 속에 있는 것도 아니다. 그것은 관계 속에 있는 것이 아니라 **관계의 존재** l'être de la relation이다. 왜냐하면 관계는 강도적intense 작용[3]이자 능동적 중심이기 때문이다.63

개체와 자연의 관계는 어떠할까? 자연은 개체들의 총합이 아니다. 라이프니츠는 개체를 실체로 놓고 가장 작은 한계까지 분할하고 스피노자는 실체를 개체들을 모두 포함하는 자연 전체의 한계로까지 확장했다. 그러나 이들은 환경을 무시하고 있다. 자연은 개체들만으로 이루

---

3) 앞서 60~61쪽에서 인용한 원문 309쪽의 내용에서는 환경의 질적, 강도적 특성을 강조하면서 강도적 계열이 유일한 중심항으로부터 양극으로 분리되는 과정을 말한 바 있다. 여기에서는 개체와 환경의 관계를 관계 자체로부터 설명한다. 유사한 맥락인 것으로 보인다. 따라서 여기에서 사용된 intense라는 단어는 '강도적'(intensif)이라는 의미로 보아도 될 것 같다.

어진 것도 아니고 그 자체가 개체인 것도 아니다. 개체와 환경은 전개 체적 에너지계에서 동시에 출현한 쌍둥이와 같다. 개체는 존재자의 유형 자체가 아니며 환경이 없다면 불완전한 존재자이다. 그래서 "존재자의 모범은 개체 발생 이전에는 [미분화된] 쉬놀론, 개체 발생 이후에는 연합된 개체-환경의 쌍이다"[63]. 하지만 개체-환경의 쌍이 자연의 전체라고 할 수도 없다. 자연에는 개체화가 일어나지 않는 영역도 있다. 그래서 "자연 속에는 개체에 속하지 않는 두 가지 양태의 실재가 있다. 즉 개체화의 무대가 아니었던 영역들과 개체화 이후에 개체를 제거한 뒤 구체적 영역으로 남아 있는 것이 그것이다"[65]. 전자는 발생은 일어나지 않지만 발생의 잠재력을 가진 에너지퍼텐셜의 상태를 의미한다면 후자는 이미 개체와 환경으로 발생이 일어난 후 개체를 제외한 영역을 의미한다. 그렇다면 발생의 잠재력을 가진 퍼텐셜에너지의 본성은 어떤 것일까?

2. 형태와 에너지

퍼텐셜에너지와 비가역과정

개체화는 시몽동이 '구조적 퍼텐셜에너지'라 부르는 것이 존재할 때 시작된다. 이는 서론에서 말했듯이 고전물리학의 잠재에너지와는 전혀 다른 개념이며 열린계의 열역학에서 나타나는 변화와 관련된다. 그것은 에너지의 상태를 바꾸어 계를 변형시킬 수 있는 잠재력이다. 이것은 에너지의 순수한 양의 문제가 아니고 에너지 흐름의 일정한 방향을 전제한다. 하나의 닫힌계가 있다고 가정하면 계의 에너지의 총량이 문제가 아니다. 그 내부에서 분자들이 서로 다른 온도를 지니고 있음으로 해서 변화가 가능해야 한다. 빠른 분자는 온도가 높고 느린 분자는 온도가 낮다. 따라서 분자들의 속도차, 온도차가 있을 때 계는 역동적으로 변화할 조건을 갖춘다. 하지만 이 분자들이 골고루 퍼져 있다면 그것들이 아무리 서로 다른 온도와 서로 다른 속도로 운동한다고 해도 퍼텐셜은 생겨나지 않는다. 통계적으로 전체가 안정된 상태를 이루면 그러한 역동성은 무화된다. 맥스웰의 악마 가설이 보여 주듯이 하나의 계 내에서 빠른 분자들의 활동 영역과 느린 분자들의 활동 영역이 분리되어 있어야 역동성은 최대로 된다.[4] 퍼텐셜의 비밀은 바로 이 구분하는 악마의 활동인 셈이다.

시몽동은 이러한 계의 변화잠재력을 '관계'라는 용어로 설명한다. 체계는 "존재하기 위해 다른 어떤 것도 필요로 하지 않는 대상이나 실체"가 아니라 대상들 간의 상호작용을 통해 이루어진다. 정신의 형식적 조작으로 만들어 낼 수 없는 '체계 내 요소들의 배열' 그리고 그것들의 상호작용이 바로 관계라는 말의 의미이다. 개체화는 "한 퍼텐셜을 내포하는 계의 상태 속에만 주어질 수 있는 진정한 관계를 필요로 한다"68. 여기서 두 가지를 주목해야 하는데 하나는 체계 내 요소들이란 불변의 실체가 아니라 온도나 속도 등의 조건에 의해 유동적인 힘을 실어나르는 입자들이고 다른 하나는 그것들이 맺는 관계가 어떤 불변적 유형이나 법칙을 따르는 것이 아니라 계의 상태에 따라 역시 유동적이라는 점이다. 이러한 힘들의 관계가 안정화되면 계는 개체화되고 관계는 개체 내부에 구조화되어 개체는 고정된 것으로 취급될 수 있는 항이 된다. 관

---

4) 맥스웰의 악마 → 용어설명 (14) 참조.

계가 항들을 우선한다는 말의 의미는 바로 그러하다.

　퍼텐셜은 무엇보다도 계가 안정된 상태에 있지 않을 때, 즉 비대칭 상태에 있을 때 나타난다. 한 계는 마찰로 인한 에너지 하락이 없는 진자의 운동처럼 대칭적이고 균형이 잡혀 있을 때 가역적이다. 영구히 계속되는 진자의 운동에서는 진정한 변형이 일어났다고 볼 수 없다. 하지만 서로 다른 진동수를 가진 진동자들이 서로 간섭하는 맥놀이현상처럼 초기 조건이 비대칭적일 때는 변형이 존재한다.[5] 좀더 많은 사례들을 들수록 우리는 퍼텐셜에너지는 비가역적 변화를 낳는 현상들과 관련되어 있다는 것을 알 수 있다. 그 중 대표적인 것이 열역학 연구, 특히 닫힌계에서 변화가 일어나는 동안 엔트로피가 증가한다는 열역학 제2법칙이 그러하다.

결정의 개체화 과정, 안정한 개체화와 불안정한 개체화

시몽동은 이제 퍼텐셜을 가진 비가역 과정의 개체화 사례로서 결정이 만들어지는 상세한 과정을 추적한다. 결정의 구조와 결정 성장의 에너지적 과정을 살펴보면 개체화에서 불변의 요소나 실체라는 개념을 가정하는 것은 불필요하다. 결정의 구조는 일군의 원자들이 질서정연한 배열로 망조직을 구성하고 있는 모양이다. 결정학자 브라베A. Bravais에 의하면 3차원상에서 이러한 결정의 구조에는 14가지가 있다(그림 2). 각 결정 입체의 꼭지점에 있는 원자들의 3차원 관계가 그것의 구조를 이루는데 이 점들을 이을 때 나타나는 평면들이 각 결정에 독특한 방향을 나

---

5) 맥놀이 → 용어설명(15) 참조.

<그림 2> 브라베 격자에서 대표적인 광물들의 결정형

결정계	결정의 구조	결정형	예
등축정계	$a = b = c$ $\alpha = \beta = \gamma = 90°$	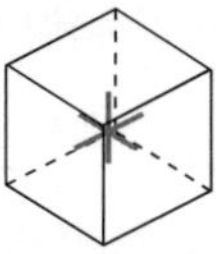	금강석, 형석, 암염
정방정계	$a = b \neq c$ $\alpha = \beta = \gamma = 90°$	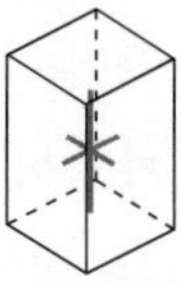	주석, 지르콘
육방정계	$a1 = a2 = a3 \neq c$ $a \perp c, = \theta°$	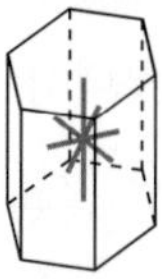	석영, 방해석, 흑연
사방정계	$a \neq b \neq c$ $\alpha = \beta = \gamma = 90°$	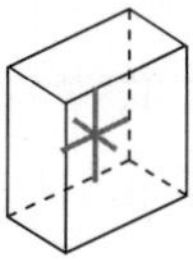	황, 황옥
단사정계	$a \neq b \neq c$ $\alpha = \gamma = 90°, \beta \neq 90°$	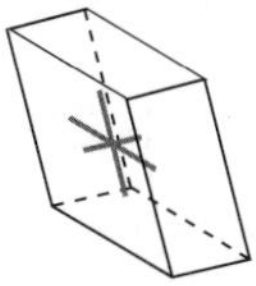	정장석, 휘석
삼사정계	$a \neq b \neq c$ $\alpha \neq \beta \neq \gamma \neq 90°$	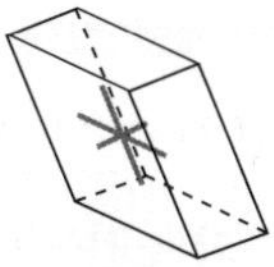	사장석

타낸다. 결정의 성장은 무정형 용액 속의 미시적 질서에서 출발하여 거시적 질서에 도달하는 형태갖추기 과정이다. 무정형용액은 용질이 고농도로 과포화되어 있거나 과융해(액체가 응고점 이하로 냉각되어도 액체상으로 있는 상태) 상태이고 입자들은 방향이 없이 무질서하게 배열되

어 있으며 액체와 고체가 섞여 있거나 중간적 상태이다. 가장 중요한 변수들은 온도와 압력이다. 결정학자 타만$_{G. Tammann}$은 무정형용액이 온도와 압력 조건이 변화함에 따라 어떻게 결정화가 되고 기화(액체가 기체로 됨), 승화(고체가 기체로 됨) 및 유리 상태(무정형용액이 무질서한 그대로 고체가 됨)로 되는지를 체계적으로 보여 준 사람이다. 동일한 압력에서 온도를 내리면 과융해된 액체는 결정으로 이행한다. 또는 동일한 온도에서 압력을 올리면 부피가 줄어 과포화되면서 결정으로 된다. 결정화는 용액 한가운데서 생겨나는 씨앗을 기점으로 해서 일어나는데 이는 저절로 생겨나기도 하고 외부에서 들어올 수도 있다. 씨앗은 특이성 조건이고 특이성은 계에 새로운 정보를 가져온다. 결정의 형성은 그 구조의 면에서 무정형용액과는 일정한 불연속성을 보여 준다. 무정형상태에서 결정이 형성될 때는 열(퍼텐셜에너지)을 방출하고 엔트로피가 감소하며 구조가 안정화된다. 안정된 형태가 본질이 아니라 단지 낮은 에너지 상태에 상응한다는 시몽동의 주장은 이 때문이다. 한편 이 과정은 자연적으로는 과거로 되돌아갈 수 없는 비가역과정이다.

온도와 압력은 에너지 조건이다. 따라서 결정 구조의 형성은 에너지적 과정과 밀접하게 관련되어 있다. 결정은 안정된 구조가 나타날 때 안정적 개체성을 갖는다고 할 수 있다. 구조를 이루게끔 해주는 퍼텐셜에너지들은 구조적 안정성의 조건들이 달라질 때만 상태를 변화시킨다. 일정한 에너지 조건에서 구조화된 결정에 다른 구조를 가진 씨앗을 넣어도 상태가 변화되지 않는다면 그것은 안정적 개체성을 보존하고 있다고 볼 수 있다. 그런데 결정 개체의 안정성은 다양한 단계를 가지며 그에 따라 개체성의 정도도 달라진다는 것을 보여 주는 사례들이 있다. 동일한 성분으로 되어 있으나 원자의 배열이나 결합방식이 다른, 결정의 동소체_{allotropie}들을 살펴보면 알 수 있다. 황_{soufre}은 고체 상태에서 여러 형태의 동소체로 존재할 수 있는데 대표적인 것 두 가지는 사방정계(8면체)와 단사정계이다. 사방정계로 결정화된 황은 상온에서 즉 95.4°C 아래에서 안정 상태에 있지만 단사정계로 결정화된 황은 불안정상태에 있다[78]. 그러나 95.4°C와 115°C 사이에서는 단사정계가 더 안정적이다. 그렇다면 황의 개체성은 어디에 있다고 할 수 있을까. 에너지 조건(환경조건)과 구조적 조건을 고려하지 않고 어느 것이 더 안정적인 개체성을 가지고 있다고 단적으로 말할 수 있을까.

두 동소체의 개체성이 역동적으로 변화하는 과정을 좀더 자세히 살펴보자. 화산활동으로 인해 지표면으로 나온 마그마 즉 용암의 온도는 1000°C 안팎인데 이로부터 황의 결정이 만들어지기도 한다. 황의 최초 용해온도는 95.4°C 와 115°C 사이이고 이때 씨앗의 형성으로 결정화된다. 이 씨앗이 단사정계의 씨앗이면 안정된 단사정계가 되고 8면체 황의 씨앗이면 불안정한 사방정계가 된다. 그러나 단사정계의 씨앗을 95.4°C 아래의 과융해된 (무정형) 황에 넣으면 불안정한 단사정계로 결정화된다. 이처럼 불완전한 개체화는 주변의 퍼텐셜에너지를 모두 흡수할 수 없는 방식으로 구조화된다. 그런데 95.4°C 아래의 불안정한 단사정계의 황에 8면체 결정의 씨앗을 넣으면 열을 방출하고 전체가 다시 8면체 황으로 구조화된다. 95.4°C 아래에서는 구조화의 조건이 8면체 황에 상응하기 때문이다. 이와 같이 동소체의 형태들이 변화하는 과정을 보면 "개체화는 여러 수준들을 가질 수 있는 것으로 나타난다"[80]. 이것은 개체화가 상대적이라는 앞서의 주장을 증명하는 것이기도 하다. 상대적이라는 말은 절대적이라는 말과 대립되지만 완전하다는 말과 대립되지는 않는다. 개체화가 절대적이라는 것은 한 계에서 단 하나의 개체화만 존재한다는 것이다. 개체화는 상대적이면서도 한 체계의 개체화의 여러 수준들 간에 위계적 관계를 유지한다. 계의 퍼텐셜에너지를 모두 흡수하지 않은 개체화는 불완전한 개체화이고 모두 흡수한 개체화는 완전한 개체화이다. 그러나 이 수준들은 에너지적 차원에서 서로 간에 불연속적이다. 한 개체화에서 다른 개체화로 이행할 때는 에너지를 흡수하거나 방출한다는 사실로 인해 그러하다.

극성화, 관계맺음의 동력

결정의 개체화로 본 개체성은 안정된 구조를 갖는다는 것 외에 다른 속성은 갖지 않는다. 성분만을 놓고 본다면 무정형용액과 결정, 그리고 결정의 여러 동소체들 간에 차이가 없기 때문이다. 그러면 이와 같이 서로 다른 구조가 생겨나는 데는 에너지적인 과정으로 충분한가? 사실 무정형용액에서 결정으로 가는 과정과 결정의 한 동소체에서 다른 동소체로 가는 과정 사이에서 에너지 작용은 엄밀히 차이가 없다. 그렇지만 무정형용액과 결정이라는 고체 사이에는 구조적으로 분명한 차이가 있는데 이는 어디서 유래하는 것일까? 무정형용액과 결정 사이의 중간적 상태인 액체결정의 사례가 있는 것을 보아도 고체결정의 독특한 구조화는 설명해야 할 사실이다. 그래서 시몽동은 구조화의 결정적 계기로 특이성의 작용을 심화시킨다. 특이성의 작용은 기술적 개체화 작용에서 고찰한 바 있는 형상질료적 도식의 역동적 과정, 즉 형태갖추기 과정을 통해 설명된다. 고체결정의 규칙적이고 단일한 구조는 최초의 씨앗으로부터 생겨난 응집과정의 결과이다. 씨앗은 무정형물질의 중심에서 주변의 분자들을 응집시켜 하나의 결정층을 만든다. 시몽동은 이러한 응집작용을 '극성화'polarisation라고 한다. 이 첫째층이 다음 층에 또 다른 씨앗의 역할을 함으로써 결정은 방향성을 띠고 무한히 성장한다. 이는 씨앗이 정보의 역할을 하면서 내적 공명을 통해 계 전체로 증폭하는 방식을 보여 준다. 씨앗은 "퍼텐셜로 가득한 물질을 통합하면서, 그리고 서로 연관된 모든 부분들을 고유한 성향에 따라 구조화"한다[86].

씨앗과 에너지계의 이러한 상호작용은 어떻게 해서 가능한 것일까. 황의 결정화 사례에서는 동일한 황의 씨앗을 가지고 개체화를 유도했기 때문에 이런 질문이 필요없었다면 일반적으로 씨앗이 계와 화학적으로 동일한 물질이 아닐 경우에는 둘 간의 정보의 조율(변조)이 필요하다. 마치 점토의 내재 형상과 장인의 동작, 주형의 구체화 사이에 서로 적응하는 과정이 필요했던 것처럼 말이다. 결정의 경우에는 장인 대신에 씨앗이 운동을 촉발하고 무정형용액의 에너지퍼텐셜 전체가 이에 참가하는 정보적 과정이 일어난다. 이때 씨앗의 구조와 에너지계의 역동성 사이에는 어떤 종류의 '양립가능성'이 있어야 한다[87]. 개체화가 실제로 일어나는 것은 위에서 말한 양립가능성이 존재한다는 것을 알려준다. 하지만 그것이 어떻게 가능한가 하는 문제는 설명이 필요하다. 시몽동은 플라톤에게서 빌려 온 '유비'analogie 개념을 통해 순수한 철학적 추론에 호소한다[88]. 플라톤의 유비라는 말에는 양자 간의 공통성을 보여주는 범례적 관계라는 특성이 있다. 하지만 시몽동은 이 말의 본래 의미를 전도시켜 정반대의 효과를 노린다. 즉 그에게 유비는 더 이상 정적인 '연관'rapport에 머무는 것이 아니라 정보전달을 통한 동적인 '관계맺음' relation, 증폭과정의 바탕이 된다. 에너지계는 씨앗의 구조를 받아들일 수 있는 가능성을 가지고 있기 때문에 씨앗은 극성화된다. 양자는 정보[형태부여]적 과정에 의해 서로를 변조한다. 씨앗과 에너지계의 가능적 유비관계는 극성화 작용의 반복 또는 '자기 자신과의 유비관계'로 대치되고 이 과정은 증폭된다. 그래서 그것은 개체화가 일어날 때 개체와 환경, 구조와 에너지의 비대칭성에도 불구하고 혹은 비대칭으로 인해 그것들의 관계맺기를 가능하게 한다. 극성화 작용의 결과인 결정은 또 다른 극성화를 시동하며 이렇게 해서 일종의 순환과정이 무한히 계속된다. 생물학적으로 말하면 "여기서 몸과 생식질은 서로를 연장"[90]하며 그것들은 실체적으로 구분되지 않는다. 우리가 흔히 반복되는 기하학적 형태들로 나타내는 결정의 속성이라고 간주하는 것은 사실 이러한 관계맺음의 산물이다.

결정과 환경은 에너지적 비대칭, 비평형이 유지되는 한 관계맺기를 계속한다. 결정은 "성장을 멈출 수는 있지만 완성할 수는 없다"[87]. 또한 결정의 속성들은 개체의 생성이 이루어지는 경계에서 나타나며 결코 완전한 평형상태로 존재하지 않는다. 씨앗이 극성화된 장을 창조한다면 극성화된 장은 결정층을 형성하고 이렇게 계속되는 과정에서 생겨나는 결정의 속성들은 항구적인 기하학적 본질을 갖는다기보다는 변화가 능한 위상학적 성질을 갖는다. 엄밀히 말하면 결정의 속성들은 "실체적이 아니라 관계적이다. 그것은 생성의 중단에 의해서만 존재한다"[90]. 이때 중단이란 생성의 무화를 의미하지는 않는다. 오히려 생성이 존재하고 그것이 특수한 조건에서 안정화된 형태가 된다는 의미에 가깝고 또 그조차도 주변의 조건에 따라 불완전하게 안정화될 수가 있다. 황의 동소체들이 보여 주듯이 일정한 수준에서 개체화된 형태들이 있다. 그러나 그것들은 "더욱 근본적인 실재를 거시적 차원에서 표현한 것일 뿐이다." 이 근본적 실재란 생성을 말한다. 그래서,

생성은 존재에 대립하지 않는다. 그것은 개체인 한에서의 존재자를 구성하는 관계이다.[91]

3. 형태와 실체

이 절은 미시물리적 차원의 연속성과 불연속성에 대한 탐구 결과들 그리고 그것들 간의 양립가능성을 제시하고 이를 시몽동의 변환적 방법으로 보완하는 내용이다. 이 절의 내용을 이해하기 위해서는 19세기와 20세기에 이루어진 과학사의 극적인 발견들에 대한 상당히 세부적인 지식을 필요로 한다. 시몽동은 화학결합, 전기분해, 광전효과, 전자기장과 전자기파이론, 양자역학, 상대성이론, 물질파이론 등에 대한 상세한 분석과 더불어 이에 대한 자신의 인식론적 관점을 제시한다. 변환적 인식론이라 부를 수 있는 그의 입장은 물론 개체화라는 존재론적 입장 위에 서 있다. 우리는 과학사적 맥락을 모두 따라가지는 않고 시몽동의 독창적인 입장과 연관되는 내용에 초점을 맞춰 핵심내용만 살펴보기로 한다.

물질의 불연속성

결정의 개체화에 대한 연구에서 실체성은 원초적인 것이 아니라 단지 에너지적 과정 속에서 일시적 안정성에 불과한 것으로 드러났다. 하지만 이런 과정이 연속성만을 지지하는 것은 아니다. 생성의 역동적 관점에서 본다면 일시적인 형태에 불과한 것도 개별적 수준에서는 상당히 견고한 규칙을 갖는다. 생성이 존재를 구성한다는 시몽동의 관점에서 이 견고함의 비밀은 불연속성의 규칙을 밝히는 것으로 이어진다. 시몽동은 이제 원자, 입자들로 이루어진 미시계의 연구로 들어간다. 입자들은 개체라고 할 수 있을까? 고대의 원자론은 원자 자체를 불변의 실체로 보았기 때문에 원자들 간의 관계는 우발적, 부차적인 것이 된다. 하지만 현대과학은 원자가 최종적 실재가 아니라 더 작은 입자들로 결합되어 있다는 것을 발견하고 입자들의 결합의 불연속성에 관한 중요한 연구 결과들을 제시하고 있다. 결합이 불연속적이라는 것은 그것이 아무렇게나 이루어지지 않고 필연적 규칙들을 따른다는 것을 말하는데 이는 물질의 구성에 있어서 입자적 실체성보다 입자들이 관계맺는 방식이 중요하다는 결론으로 이어진다. 그래서 관계는 구조적 안정성을 기초한다.

사실 물질의 불연속적 구조의 발견은 이미 18세기로 거슬러 올라간다. 예를 들어 18세기 말 아위René Just Haüy, 1743~1822는 결정들이 격자적 구성을 하고 있다는 것, 즉 수직, 수평으로 일정한 규칙을 가진 견고한 구조로 되어 있다는 것을 발견한다. 화학에서도 분자가 관계들의 중심이 된다는 것은 잘 알려진 사실이다. 물론 정반대의 경향도 있었는데 19세기에는 요소적 입자를 장에 연결된 것으로 고찰하였다. 예를 들어 패러데이는 원자를 역장Champ de forces 속에서 힘들 간의 관계로 표현했으며 이는 원자의 고유성을 부정하는 것이었다. 하지만 20세기에 양자역학은 원자적 구조의 견고함을 재확인했다. 다만 그것은 입자들의 복합체의 구조적 변화를 에너지 준위의 변화의 용어들로 측정할 수 있게 되었다. 입자들은 에너지를 방출하거나 흡수하면서 복합체(원자)의 질량 변화 및 구조 변화를 가져온다. 따라서 원자의 견고한 구조도 실체와 같은 그 무엇은 아니라는 이야기가 된다. 시몽동에 의하면 그것은 실체와 양태 간의 철학적 교설을 완벽하게 전도시키는 사태이다. 물질은 불변의 실체로 존재하는 것이 아니라 스스로 변화하면서 매번 양태들로서만 존재한다. 그래서 "물리적 개체에서 실체와 양태들은 동일한 존재의 수준에 있다. 실체는 양태들의 안정성으로 구성되고 양태들은 실체의 에너지 준위 변화로 구성된다"[101].

　시몽동은 물질의 불연속성에 대한 탐구가 주로 귀납적 입장에서 성공적 결과를 얻었으며 반대로 물질의 연속성에 대한 탐구는 연역적 입장에서 풍요로운 결과를 얻었다는 것을 보여 준다. 우선 근대화학의 연구 결과는 탁월한 귀납적 과정의 성과물이다. 화학은 물질의 기본 성분에 해당하는 원소들과 그것들의 결합방식을 연구한다. 근대화학은 원소들 자체의 안정성보다도 그것들의 견고한 결합방식을 연구하면서 물질의 불연속성을 증명하였다. 19세기 초까지 화학자들은 수소원자 하나와 결합할 수 있는 힘을 의미하는 '원자가'의 개념으로 원소들의 결합을 설명해 왔다. 하지만 이러한 설명이 가진 불충분성은 패러데이[M. Faraday]의 전기분해 실험 이후 결정적으로 보완된다. 전기장의 존재를 발견한 패러데이는 동시에 불연속적인 전기량의 존재를 보여 준 사람이기도 하다. 예를 들어 물이 수소와 산소로 분해될 때 용액 속에는 일정한 전기량의 이동이 있다. 과거에 수소원자 하나와 조합되는 1가의 원자들로 불린 것은 모두 동일한 전기량에 결합된다. 그런데 어떤 물질의 구조변화시에 일정량의 에너지(전기)가 요구된다는 사실은 그것의 구조의 불연속성을 증명하는 데 충분하다. 게다가 이 사실은 전기 자체도 불연속적 구조를 갖는 요소입자들로 분해된다는 것을 보여 준다. 전기의 자연적 단위인 전자는 전해질 용액을 통과할 때 1가의 요소원자를 내려놓는 전기량이다. 이렇게 해서 전자의 전하를 계산하는 것도 가능해진다[120]. 시몽동은 이러한 발견들이 경험적, 귀납적 방법에 의한 것임을 강조한다. 물

<그림 3> 광전효과

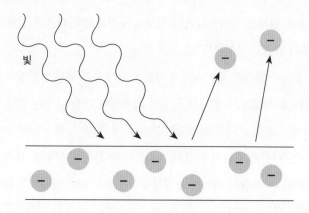

질의 불연속적 구조는 어떤 가설을 확장하여 얻어진 것이 아니라 개개의 경험적 연구결과의 통합에서 얻어진 최종 결과이다.

연속과 불연속의 양립

물론 불연속성만 중요한 것은 아니다. 빛의 파동설과 입자설이 양립하듯이 연속성과 불연속성이 양립하고 있다는 것이 사태의 난해함을 가중시킨다. 빛이 파동이라는 것은 그것이 연속적 흐름이라는 말이고 입자라는 것은 그것이 불연속적 개체임을 의미한다. 여기서 문제되는 것은 원자와 같은 입자들의 복합체가 아니라 입자 자체의 연속성과 불연속성이다. 시몽동은 파동성과 입자성 두 가지가 공존하는 사례로 광전효과를 든다. 보통 광전효과는 빛의 입자성을 증명한 실험으로 알려져 있다. 금속에 빛을 쪼이면 전자가 발생한다. 그런데 아인슈타인은 광전효과

〈그림 4-1〉 진폭

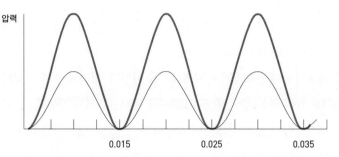

진폭은 강도를 지시한다. 소리를 예로 들면 커다란 진폭은 큰 소리, 작은 진폭은 작은 소리를 나타낸다.

〈그림 4-2〉 진동수

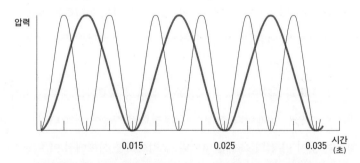

진동수는 단위시간당 진동회수이다. 그림에서 얇은 선은 같은 시간에 굵은 선에 비해 두 배로 진동한다. 빛의 파동의 경우 광자의 크기를 결정하는 일정한 수의 진동수가 존재한다. 소리를 예로 들면 높은진동수는 고음, 낮은 진동수는 저음을 나타낸다.

실험에서 (자유)전자가 발생할 때 빛의 문턱진동수가 있다는 것을 보여주었다(그림 3). 문턱진동수란 전자를 발생시키기 위해 빛의 파동의 진동수(초당 진동회수)가 일정한 크기에 도달해야 한다는 것이다. 이는 빛이 전자에 작용하기 위한 최소한의 크기를 가지고 있다는 것인데 그 크기의 담지자를 광자$_{photon}$라 한다. 광자는 플랑크상수$_h$와 진동수의 곱으로 나타나는 불연속적인 단위에너지를 가진다. 광자의 존재는 빛의 입자성을 보여 주는 증거가 된다. 하지만 광전효과에서 강도$_{intensité}$의 문턱은 존재하지 않는다. 강도란 파동의 진폭$_{amplitude}$을 말하는데 에너지의 연속적인 양에 비례하며 진동수와는 관계가 없다(그림 4). 따라서 빛의 강도가 매우 낮을 때도 단위시간당 방출되는 전자의 수는 영향을 받지 않는다. 빛의 입자성을 증명하는 사실들과는 반대로 시몽동은 이와 같이 빛의 파동성을 보여 주는 다른 사실들을 언급한다. 예를 들어 빛이 금속판 위에 골고루 배분되는 것은 파동의 효과가 아니면 불가능하다고 한다. 빛의 균일한 배분은 금속판의 크기가 커져도 동일하기 때문이다. 또한 광전효과가 나타날 때 광전관의 음극에서는 파동의 특징인 간섭무늬를 얻을 수 있다$_{104}$.

입자와 파동의 이원성은 시몽동이 물리적 개체화를 다루는 마지막까지 놓지 않는 주제이다. 그것이 주는 철학적 함축에 대해 다각도로 고찰하는 것이 이 절의 목적인 셈이다. 물리학자들 사이에서 이 이원성은 보어$_{N.\,Bohr}$의 '상보성 이론'으로 알려져 있다. 시몽동에 의하면 "두 가지 상보적 개념들을 결합할 필요성은 아마도 개체화된 존재자의 두 측면이 실체론에 의해 분리되었다는 사실, 그리고 우리는 어떤 상상적 습관 때문에 그것들을 재결합하기 위한 지적인 노력을 해야만 한다는 사실에서 유래할 것이다"$_{102}$. 개체화된 실재의 두 측면이란 앞에서 본 맥락과 연결시키면 개체와 환경으로의 분리이다. 나중에 좀더 설명하겠지만 개체는 물론 입자를 말하고 환경은 이에 연합된 장을 말하는데 구체적으로 파동장 혹은 전자기장을 말한다. 입자와 파동으로 개체화되기 이전의 전개체적 실재에 대해 시몽동은 그것을 어떤 '물리적 집합체'le collectif physique라고 말함으로써 그 존재를 암시하고 있을 뿐이다[318]. 하지만 입자에 연합된 장이 전자기장이기 때문에 이에 가까운 어떤 것이라고 추측할 수 있다. 전자기파는 진동수라는 불연속적, 구조적 조건과 강도라는 연속적, 에너지 조건을 갖는다. 이 상반되는 조건들로부터 미시계의 개체화가 가능하게 되고 양립불가능한 것처럼 보이는, 입자와 파동이라는 두 현상이 나타난다. 시몽동은 실재론의 입장에서 상보성 이론이 자신의 개체화 이론에 통합될 수 있다고 조심스럽게 주장하는 것이다[110].

반면 상보성 원리에서 물리적 개체가 입자인 동시에 파동이라는 것은 그것들이 동일한 현상 속에서 동시에 그렇다는 것은 아니다. 입자의 성질은 측정 조건, 관찰자라는 요인들에 의해 달라진다. 시몽동에 의하면 그것은 입자가 본래적 실체성을 갖지 않기 때문이다. 입자를 물리적 개체라고 하면 그것은 "이러저러한 공간적 위치를 차지하는 한에서 입자인 것이 아니라, 양자적으로만 자신의 에너지를 다른 에너지 담지자들과 교환하는 한에서 입자이다"[102]. 입자들의 에너지 교환은 그것들의 힘이 미치는 일정한 영역에서만 가능하고 바로 이 영역을 입자에 '연합된 장'이라고 할 수 있다. 이는 개체화된 이후에도 남아 있는 전개체적 퍼텐셜의 잔재라고 할 수 있다. 시몽동은 연합된 장을 "다른 입자들과 구조적이고 에너지적인 관계 속에 있을 수 있는 가능성"이라고 본다[102]. 이로부터 입자의 불연속성은 단지 관계맺음의 양상이라는 결론이 나온다. 광전효과에서 자유전자들과 광자들은 서로 관계하지 않을 때는 마치 무정형용액 속에서처럼 연속적이며 방향 없는 스칼라양으로서 있는 반면 빛에너지를 쪼여 전자들이 금속판에서 나올 때는 광자들과 전자들은 구조화된 불연속성을 보여 준다104. 그러므로 중요한 것은 각자의 실체성이 아니라 그것들의 관계맺음의 양상이다.

귀납과 연역 그리고 변환

이러한 이중성의 관계는 물리학의 다양한 연구 분야의 결과들이 점진적으로 통합되는 과정에서 얻어진 결론이다. 19세기까지도 입자성을 강조하는 실체론과 파동성을 강조하는 에너지 연속주의는 각각 독립적으로 발전해 왔고 이는 물리학자들 간에 심각한 대립을 초래했다는 사실도 잘 알려져 있다. 시몽동은 이들의 연구를 이끈 방법론을 귀납적 과정과 연역적 과정으로 요약하면서 사실은 거기에 두 방법론을 넘어서는 '변환적' 방법이 있었음을 보여 주고자 한다. 실재가 변환적 질서에 속한다는 것은, 앞서도 말한 바 있지만 전개체적인 것에서 개체화될 때 일어나는 생성의 과정을 표현하는 것이다. 그런데 실재가 생성이라면 실재의 인식도 기존의 정적 존재를 모범으로 형성된 인식방법과는 다를 수밖에 없다. 생성하는 존재는 관계맺음relation으로부터 가능하며 따라서 진정한 인식도 관계이다. 관계는 항들의 연관rapport이 아니라 항들 자체를 만들어 내는 과정이다. 인식은 개체의 안정성에 상응하기 때문에 여러 등급의 안정성이 있듯이 인식에도 여러 수준들이 있을 수 있다.

주관적 조건들이나 객관적 조건들이 차후에 변형되는 일이 일어나면 (예를 들어 새로운 수학적 관계들의 발견) 과거의 인식 유형은 새로운 것과 관련하여 준안정적이 된다. 적합한 것과 부적합한 것의 관계는 사실상 안정적인 것에 대한 준안정적인 것의 관계이다. 진리와 오류는 두 실체처럼 대립하는 것이 아니라, **안정적** 상태 속에 내포된 관계와 **준안정적** 상태 속에 내포된 관계와 같다. 인식은 대상적 실체와 주관적 실체 사이의 연관이 아니라 하나는 대상의 영역에 있고 다른 하나는 주관의 영역 안에 있는 두 관계들 사이의 관계이다.[83]

결정의 사례에서 보았듯이 실재의 관계맺음은 비대칭적 관계 속에 있는 영역들 간의 유비를 통해 작동한다. 그러므로 실재를 인식하는 "변환적 방법은 유비적 추론에 의해 작용한다". 하지만 이미 보았듯이 유비는 대상들을 유사성에 의해 유와 종으로 나누는 것과 혼동되어서는 안 되고 그것들 간에 적극적인 관계맺음을 일컫는다.

진정한 유비는 연관들의 동일성이지 동일성의 연관이 아니다. 사유의 변환적 과정은 사실상 연관들의 동일성들을 세우는 데 있다. 이 연관들의 동일성들은 유사성 위에 기초하는 것이 아니라 반대로 차이들 위에 기초한다. […] 즉 그것들은 논리적 분화differénciation를 향하며 어떤 방식으로도 동화assimilation나 동일화identification를 향하지 않는다.[108]

파동과 입자라는 상보적 개념들의 종합은 변증법적 운동이 그러한 것처럼 명제와 반명제의 종합이 아니라 사유의 변환적 운동으로 인해 관계를 맺는 과정이다. 그것들이 변증법적으로 종합되기 위해서는 모순을 넘어서야 한다. 즉 항들의 비대칭은 사라지고 종합은 종합되는 항들과 관련하여 위계적으로 우위에 있다. 하지만 상보성 원리가 보여 주는 것은 입자와 파동의 비대칭 관계일 뿐 엄밀한 의미에서 종합이 아니다. 변환적 과정에서도 "관계는 항들의 특징적인 비대칭을 유지한다". 변환적 관계맺음은 차이, 모순, 비대칭을 유지한 채로 스스로의 영역을 확장하는 것이다. 과학적 사유는 "변환성의 확장에 의해 전진"하며 종합은 이루어지지 않는다. 그래서 "변환적 사유 안에는 종합의 결과는 없고 단지 상보적 종합적 관계만 있다"111.

변환적 질서와 '관계맺음'

시몽동은 자신의 변환적 방법을 귀납적 연구보다는 연역적 연구들의 결과와 비교하면서 설명한다. 연역적 연구의 모범은 파동역학의 발달사에서 나타난다. 하위헌스의 결정의 복굴절연구, 프레넬의 편광연구, 맥스웰의 전자기파동에 관한 연구는 파동이론의 적용영역을 점차로 확대하는 방식으로 이어져 왔다. 이 연구의 경향은 물리적 실재의 연속성을 보여 주는 데 유리한 방식으로 작용했다. 파동역학의 현대판 종합이라고 할 수 있는 전자기파동이론을 보자. 전자기파는 전기장과 자기장이 상호작용하면서 파동의 형태로 공간 속을 진행하는 현상이다. 전자기파로 알려진 파동들은 여섯 가지가 있는데 헤르츠파, 적외선, 가시광선, 자외선, 엑스선, 감마선이 그것들이다. 시몽동은 이것들의 존재방식은 연속성과 불연속성에 대한 기존의 관념으로는 파악할 수 없다는 것을 강조한다(그림 5). 그것들은 **"동일하지도 이질적이지도** 않으며, 단지 **인접하고** 있는데 그 이유는 그것들의 유일한 구분이 진동수(주파수)와 그 반대되는 것인 파장에 의한 구분이기 때문이다"107.

전자기파의 존재방식으로부터 시몽동이 이끌어 내고자 하는 것은

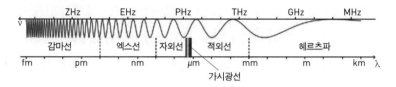

유비에 따른 변환적 방법의 개념이다. 실재가 실체이기보다 생성이라면 그것은 유개념과 종차로서는 나타낼 수 없고 그것의 발생을 설명하는 방법도 더 이상 귀납이나 연역에 의해서는 불가능하다. 사실 그것들이 전자기파라는 유개념 속에서는 연속되어 있고 진동수와 파장이라는 종차에서는 불연속적이라고 생각하고자 하는 경향은 꽤 그럴 듯해 보인다. 전자기파의 진동수(주파수)는 구조화를 가능하게 하는 불연속적 조건이며 에너지는 전자기장 안에서 강도로서 존재하는 연속적 조건이다. 따라서 전자기장은 구조적 요소와 에너지적 요소의 두 가지를 포함한다고 볼 수 있다[106]. 하지만 우선 저 사례들은 전자기파인 한에서의 유적 공통성이라는 것을 갖지 않으며 그것들을 구분하는 간격도 명확하지 않다. 예를 들면 엑스선과 감마선을 구분하는 간격은 두 영역에 상당부분 겹쳐 있다. 이것들을 종차에 의해 구분하기 위해서는 공통의 유개념 안에서 다른 종들과 질적으로 다른 속성을 소유해야 하는데도 말이다. '인간은 이성적 동물'이라는 아리스토텔레스의 정의에서 이성은 최근류인 동물의 본질과도 다를 뿐 아니라 다른 동물들과도 공유할 수 없는, 인간에만 특수한 것이다. 하지만 가시광선과 자외선, 적외선 등을 구분하는 그것들의 주파수와 파장은 최근류인 전자기파의 정의 자체의 일부를 이룰 뿐만 아니라 그것들을 구분하는 경계조차 모호하다. 전자기파는 위의 여섯 가지 형태로만 존재하는 것이지 그것들을 모두 포괄하는 상위의 본질을 가지고 있는 것이 아니다. 또한 장파인 헤르츠파로부터 가장 날카로운 감마선 사이에 무한수의 다양한 파장을 가진 파동이 있는 것과 마찬가지로 적색이나 자색의 가시광선 자체 내에서도 파동은 무한히 분할이 가능하다. 여기서 "아종들의 기준들은 종들의 기준들과 관련하여 동질적이고, 한 종의 기준은 최근류의 내포 속에 포함되어 있다"[116].

결국 전자기파들을 서로 구분하게 하는 것은 생명적이고 기술적인 용도이다. 우리에게 가시광선이라는 구분이 의미 있는 것은 우리의 지각체계가 거기에 특수화되어 있기 때문이다. 헤르츠파를 장파, 중파, 단파, 초단파, 극초단파 등으로 구분하는 것은 그것들을 전달할 필요성 속에서 서로 다른 송신기들 전체의 수, 전달 조건의 사이에서 타협을 하는 가운데 이루어진 것이다. 이 구분은 우리 삶의 산업적이고 상업적인 동시에 행정적인 필요성을 반영한다. 그렇다고 해서 이 사실이 유명론적인 입장을 정당화하는 것은 아니다. 그것은 완전히 자의적인 것이 아니라 일정한 관계맺음의 양상을 반영한다. 전자기파들 각각은 파장의 크기의 등급이 다르다. 극초단파와 단파는 각각 센티미터와 데카미터 (10cm)의 파장을 가진다. 그런데 전자기파들은 반사, 굴절, 회절 등의 현상에 의해서만 우리에게 관찰되며 이런 현상은 그것들이 가진 크기의 등급에 따라 다른 관계 속에서 이루어진다. 예를 들어 엑스선은 섬세한 결정망의 구조에 의해 회절하며 "레이더의 데시미터파들은 섬세한 단위격자들을 가진 금속 격자 위에서 반사"되고 단파는 "철탑 위에 매여 있는 선들로 만들어진, 넓은 단위격자를 가진 철망" 위에서 반사된다[108]. 각각의 전자기파에 특수한 반사나 회절 등의 현상이 그것들의 서로 다른 구조를 알 수 있게 해준다. 우리가 이것들을 서로 다른 것으로 인식했던 것은 이유가 없는 것이 아니다. 하지만 이 차이는 바로 전자기파와 그것이 반사되는 매체(격자망) 사이의 관계로부터 유래한다. 이 둘은 서로 간의 차이와 비대칭성에도 불구하고 무언가 시몽동이 '유비' 또는 '연관의 동일성'이라고 부르는 것(이 경우는 파장과 격자망의 길이)을 가지고 있고 그로부터 관계맺음이 가능하게 된다[109]. 결국 그것들의 존재와 인식 자체가 관계를 통하지 않고는 성립될 수 없는 것이기에 그것들은 변환적 질서에 속한다고 할 수 있다. 이렇게 확립된 변환적 인식은 "유와 종의 위계화와 전혀 동일하지 않은 실재의 위상학을 확립한다"[119].

연속과 불연속의 관계, 상대론과 양자역학

귀납적 방법과 연역적 방법은 모두 유용하지만 일정한 한계를 가지고 있다. 귀납적 방법의 경우, 예를 들어 전기의 입자적 성질은 "양전기와 음전기 사이의 비대칭" 관계를 제시하는데 이는 "입자설 속에서 결코 귀납적으로 예측될 수 없다. 양전기는 자유상태에서는 결코 나타나지 않는 반면 음전기는 나타난다. 사실상 입자가 음이거나 양이기 위한 구조적 이유는 전혀 없다"[123]. 한편 연역적 방법은 연속적 실재를 개체로 재단할 수 있는 기준을 주지 않는다는 것이 문제이다. 전자기파는 물리적 개체로 간주하기 어렵다[119]. 시몽동의 변환적 방법은 각각의 방법을 연장하여 새로운 차원의 발명을 가능하게 하는 방법으로 고안되었다. 이제 그는 연역적 방법과 귀납적 방법이 각각 도출한 결과들이 양립가능한가, 그렇지 않은가를 묻는다. 즉 실재에 대한 연속적 표상과 불연속적 표상 사이에서 어떤 관계를 세울 수 있는가 하는 것이다. 이 난해한 물음에 대한 대답의 시도는 상대론적 역학과 양자역학을 고찰하면서 이루어진다.

우선 시몽동은 연속체와 불연속체의 표상 사이에서 양립가능성을 발견할 수 있게 된 것은 상대론적 역학이 자유전자의 영역에 도입되었을 때 시작되었다고 주장한다. 음극선을 발견한 후 페랭J. Pérrin 등 일부의 물리학자들은 그것이 음전하를 띤 입자들의 다발임을 증명하였고 따라서 전자는 "공간에 위치를 지정할 수 있고 질점의 역학 법칙을 따르는 아주 작은 물체로 표상"할 수 있게 되었다[125]. 돌턴이 원자를 예언한 지 한 세기 후에 비록 원자보다 훨씬 더 작은 수준이기는 하지만 입자의 실체성이라 할 만한 것이 증명된 것이다. 그런데 음극선관에서 이동하는 전자들은 초당 1만 킬로미터라는 어마어마한 속도로 운동한다. 이러한 입자들의 운동에 상대성이론을 적용할 경우 전통적 실체에 대한 우리의 관념은 심층적으로 변화할 수밖에 없다. 전통적으로 질량의 불변성은 원자의 실체성의 일부를 이루었으나 상대성이론은 이러한 생각을 더 이상 지속될 수 없게 만들었다. 입자의 질량은 로렌츠 변환에 따라 속도의 함수로 바꿀 수 있으며($m = \frac{m_0}{\sqrt{1-\frac{v^2}{c^2}}}$) 이때 전자의 속도는 빛의 속도를 넘을 수 없기 때문에 힘을 계속 가할 경우 질량이 무한대를 향해 간다. 이러한 가정은 비록 이론적인 것이기는 해도 고정된 질량이 입자의 특징일 수 없다는 것을 보여 준다. 이는 고정된 입자에 대한 우리의 표상을 바꾸기에 충분하다.

다른 한편 질량은 에너지와 교환가능하기 때문에 입자의 질량이 무한대를 향해 간다면 그것의 에너지도 무한대를 향해 간다. 그 경우 입자들의 상호관계는 우리의 상상을 넘어선다. 한 입자와 다른 입자들의 관계에서 한 입자의 에너지가 무한대를 향해 가면 다른 입자들의 군(덩어리)이 아무리 크다 하더라도 그 입자는 다른 입자들의 군 전체와 맞먹는 에너지를 내포하게 되어 "전체와 부분의 관계 자체가 변하게 된다". 입자들의 충돌은 고대의 원자론에서는 실체성은 보존한 채 운동이나 정지의 상태만을 변화시켰다면 이제는 충돌이 충분히 강력하기만 하다면 입자들의 실체성 자체를 변화시킨다. 그래서 "완전히 우연적인 우발적 만남이 실체를 변용$_{affecter}$시킬 수 있다"[127]. 입자들의 관계가 그것들의 내적 특징을 변형시킨다. 그러므로 내재성 자체는 없다. 결정에서와 마찬가지로 물리적 개체는 내재성 안에 있지 않고 존재자의 경계로 이루어진다. 이 경계는 바로 관계이다.

> 생성은 존재에 통합된다. 두 입자들 사이의 에너지 교환을 내포하는 관계는 존재의 진정한 교환가능성을 함축한다. 관계는 존재의 가치를 갖는다.[127]

한편 양자역학은 입자들의 에너지 교환이 언제나 양자의 배수로 표현되는 '유한한 양'으로 일어난다는 것을 보여 주었다. 시몽동에 의하면 양자역학 역시 전통적인 입자적 개체의 개념을 변형시킨다. 그런 점에서 그것은 상대론적 견해가 보여 준 개체 개념의 전환의 연장선상에 있다. 두 입장에서 모두 개체의 질량은 그것이 속하고 있는 체계의 다른 요소들과의 관계에 따라 변화할 수 있다. 그러나 양자역학은 여기에 개체적 안정성의 새로운 조건을 제시한다. 즉 에너지의 가능적 준위들이 불연속적으로 양자화될 때 그러하다. "동일한 입자에 대해 점점 더 커지는 에너지들에 상응하는 순차적 준위들의 현존은 연속성과 불연속성의 진정한 종합이다."[130] 아인슈타인의 광량자이론의 토대가 된 플랑크의 흑체복사 연구에서부터 이러한 입자론과 전자기복사이론 사이의 만남, 열역학과 에너지론 그리고 구조적 연구의 만남이 시작되었다. 내부에 공동을 가진 두터운 벽으로 된 물체에 구멍을 뚫어 전자기파동을 입사시키면 물체는 이를 모두 흡수한다. 그 후에 물체의 구멍에서 방출되는 복사에너지는 열역학 덕분에 물체 내부의 절대온도에 비례한다는 것이 밝혀졌다.[6] 이때 물체 내부의 전자들은 진동수와 플랑크상수에 비례하는 유한한 양들로서만 방출된다. 즉 일정한 에너지의 불연속적 양으로서 방출되는데 플랑크는 이의 최소단위를 작용양자라고 불렀다. 이는 "파동에너지를 입자 상태들로 연장하는 것처럼 그리고 입자의 개체적 실재성을 파동에너지의 준위들로 표현하는 것처럼 나타난다"132. 이 사태는 엄밀한 구조의 형성도 아니고 연속적 에너지만도 아니며 연속과 불연속의 특징들을 통합하는 것처럼 보인다. 그래서 "연속체의 특징은 완전히 하위의 양으로부터 점증하는 계열로 위계화될 수 있는 양자적 상태들의 질서가 된다". 이때 개체적 일관성을 보여 주는 구조화는 이러한 위계를 보완하는 "교환의 양자화"로 나타난다. 에너지 교환이 양자적으로 일어난다는 것이 불연속적 구조화의 시작이다. 여기서도 문제는 "단순한 연관성이 아니라 존재의 가치를 갖는 관계이다"133.

드 브로이의 해법과 개체화

시몽동은 자신의 개체화 이론을 물리학 이론들의 맥락에서 논하기 위해 파동과 입자의 관계에 대해 역사적으로 존재했던 논쟁을 재검토한다. 그는 드 브로이의 입장에서 이 문제를 논하고 있는데 이 입장은 현재는 비주류로서 많이 언급되지는 않고 있지만 양자역학에 대한 하나의 해석

---

6) 흑체복사 → 용어설명 (51) 참조.

으로서 시몽동이 중요하게 취급하기 때문에 간략히 소개해 보자. 드 브로이는 파동으로 알려진 빛이 입자성을 가질 수도 있다는 아인슈타인의 생각을 물질에 거꾸로 적용하여 입자로 알려진 물질이 파동일 수도 있다는 '물질파 이론'으로 1924년 박사논문을 제출했고 이는 1927년 데이비슨Davisson과 거머Germer의 전자의 파동성 실험으로 증명되었다. 또한 슈뢰딩거Erwin Schrödinger는 1926년 물질파 연구를 발전시켜 유명한 '슈뢰딩거의 파동방정식'을 확립했다. 그러나 슈뢰딩거의 방정식은 코펜하겐학파에 의해 입자가 존재할 수 있는 '확률'의 파동으로 해석되었다면 드 브로이의 파동은 확률이 아니라 입자 자체를 실어나르는 파동이어서 물질파에 실재적 위상을 주고 있다. 양자역학을 싫어한 아인슈타인은 드 브로이의 생각에 호의적이었다고 한다. 드 브로이는 자신의 이론을 슈뢰딩거의 파동방정식에 겹쳐 놓아야 한다고 주장하면서 이를 '이중 해법double solution의 이론'이라고 불렀는데 1927년에 이를 단순화하여 '파일럿 파동'pilot waves(입자를 인도하는 파동) 이론으로 명명한다. 하지만 코펜하겐 학파의 비판에 눌려 이를 포기하고 확률론적 해석을 따르게 된다. 파일럿 파동 이론에서는 입자를 파동의 움직이는 특이성으로 본다. 매우 강도가 낮은(측정불가능한) 파동에서 매우 강도가 높은 입자가 특이성으로 존재한다는 것이다. 1953년 미국의 물리학자인 데이비드 봄은 이 이론을 되살렸는데 이때부터 그것은 '드 브로이-봄 이론'이라고 불린다. 이를 계기로 드 브로이는 자신의 과거의 이론에 대해 다시 반성하게 된다. 하지만 그는 봄을 인정하기보다는 오히려 봄이 파일럿 파동을 훼손했다고 하면서 단순화된 파일럿 파동이라는 이름보다는 이중해법이론에 더 애착을 둔다. 한편 비지에J. P. Vigier는 봄의 시도 이후에 이중해법이론과 아인슈타인의 상대성이론 사이의 접근을 시도하는

데 드 브로이는 이 시도에 흥미를 보인다. 아인슈타인은 물질의 원자적 구조를 중력장 안에서 특이성들의 현존으로 정의하는데 드 브로이에 의하면 물질 입자들과 광자들은 "파동장으로 둘러싸인 시공의 메트릭 속에서 파동장의 일부를 이루는 특이성의 영역들로 간주"된다[140]. 드 브로이는 이러한 유비로부터 상대성이론과 양자역학의 '장엄한 종합'을 언급한다.

시몽동은 자신의 개체화 이론과 관련하여 특이성을 강조한 드 브로이의 이중해법이론 그리고 이 이론과 상대성이론의 종합에 중요한 의미를 부여한다. 왜냐하면 그것들은 "물리적 개체 즉 입자가, 그것 없이는 결코 존재할 수 없는 장에 연합된 것으로 나타난다는 사실"을 암시한다는 점에서 그러하다. 장과 개체는 불가분적 관계 속에 있고 이로부터 개체의 근본적 속성이 나타나는데, 그것은 바로 '극성'을 말한다. 왜냐하면 "장은 바로 극성화된 크기들, 일반적으로 벡터들의 체계들로 표상될 수 있는 크기들로 이루어져 있기 때문이다." 이런 점에서 시몽동은 파동-입자의 상보성을 실재론적으로 재해석한다. 상보성이란 "대상에 똑같이 동시에 주어진 두 실재를 파악하는 것이다"[134]. 파동장과 그것의 특이성, 극성으로부터 나오는 입자를 모두 실재한다고 보는 것이다. 단 이러한 실재론은 물리적 개체의 개념을, 한정된 경계를 갖는 것이 아니라 "다른 물리적 실재들과 멀리서 갖는 상호작용에 의해 정의되는 실재"로 간주한다는 조건에서 가능하다[141]. 반대로 개체를 고전적 의미에서 한정된 경계를 갖는 것으로 정의한다면 양자역학이 보여 주는 바에 따라 물리적 개체는 실재성을 잃고 "확률적 형식주의"가 실재론을 대치한다. 미시계는 하이젠베르크가 말한 불확정성이 지배하게 된다. 확률 이론은 푸리에 급수를 이용하여 완벽하게 적절한 형식틀을 소유한다. 반면 드 브로이가 주장하는 이중해법 이론은 비록 수학적 공식으로 표현된 물리적 모형으로서 상상가능하지만 검증된 이론은 아니어서 아직까지는 사변적인 성격이 다분하다. 하지만 이중해법을 옹호하는 시몽동의 변론에 따르면, "형식적 완성도와 실재에 대한 충실성은 구분해야 한다"[142]. 왜냐하면 "이중해법의 이론의 기저에는 관계가 존재의 가치를 갖는다는 것, 그것이 존재에 부착되어 있으며 진정으로 존재의 일부를 이룬다는 생각"이 있기 때문이다[143].

> 개체화와 관계는 불가분적이다. 관계의 능력은 존재자의 일부를 이루며 존재자의 정의와 그 경계들의 규정 안에 들어온다. 개체와 그 관계의 활동 사이에 경계는 없다. 관계는 존재자와 동시적이다. 그것은 에너지적이고 공간적인 면에서 존재자의 일부를 이룬다. 관계는 장의 형태로 존재자와 동시에 존재하며 그것이 정의하는 퍼텐셜은 진정한 것이며 형식적인 것이 아니다.[143]

위상학과 연대기의 결합

미시물리계의 상황을 고찰하는 마지막 단계에서 시몽동은 위상학과 연대기chronologie라는 새로운 개념들의 쌍을 소개하는데 사실 이는 결정화 작용을 비롯한 물리적 개체화 전체에 해당할 뿐만 아니라 더 나아가 생명적 개체화를 비롯한 모든 종류의 개체화에 해당하는 개념들이어서 세부적 설명이 필요할 것 같다. 위상학은 공간적 위치관계, 연대기는 시간적 선후관계를 말한다. 개체는 영원의 세계에 거주하는 실체가 아니다. 따라서 시간과 공간은 개체의 존재방식을 나타내기 위해 필수적이다.

하지만 시간과 공간은 개체를 선행하는 어떤 형식 같은 것이 아니다. 시몽동은 그것을 개체와 관련해서 간략하게 고찰한다. 앞에서 본 바와 같이 개체화는 여러 크기의 등급들을 매개한다. 미시적 수준에서 시작하여 내적 공명을 통해 점차 특이성을 증폭시키면서 거시적 수준으로 이행한다. 이 과정에서 "물리적 실재성이 서로가 서로 안에 뒤얽힌 크기의 단계들을 포함"할 수밖에 없다. 즉 다양한 등급의 크기들이 위상학적으로 겹쳐 있다. 결정을 보면 원자 단계부터 고분자 단계까지 무수한 층들이 에너지 조건과 특이성 조건에 의해 겹쳐 있으면서 각각의 고유한 현존재성을 형성한다. 다른 한편 물리적 계들은 "각각이 자신의 고유한 생성devenir과 특수한 연대기를 가지고 있다". 미시 수준에서 거시 수준으로 이행하는 과정 자체가 그것의 고유한 생성과 연대기를 만들어 낸다.

> 한 계의 생성은 그것이 개체화되는 방식이다. 즉 그것이 다양한 구조들과 순차적 작용들에 따라 스스로를 조건짓는 그러한 방식이다. 이 구조들과 작용들에 의해 그 계는 자신 안에서 스스로를 반사하고 자신의 최초의 상태와 관련하여 상전이한다.148

그래서 물리적 개체는 '연대기적, 위상학적 집합체 또는 군ensemble'이다. 물리적 군의 개체화 과정은 매순간 변화하는 위상학적, 연대기적 체제들의 연쇄를 내포한다. 거기서 공명은 개체화의 순차적 과정을 따라 점차로 일어나기 때문에 매번 새로운 시공적 과정이 덧붙여진다. 그래서 "개체화의 정도는 계의 연대기와 위상학 사이의 상관관계에 의존한다"150. 그러나 생성의 과정은 "연대기와 위상학의 불일치"를 보여 준다. 심지어 생성은 그러한 불일치로 구성된다. 불일치란 생성의 시공적 과정들이 일 대 일의 엄밀한 대응을 보여 주지 않는다는 말이다. 생성의 과정이 기존의 형상을 그대로 실현하는 과정이라면 불일치는 나타나지 않겠지만 준안정적 긴장이 개체화되는 과정은 그와는 거리가 멀다. 시몽동은 실체를 자기 자신과 완전히 동일하고 동시적이며 '전적으로' 공명하는 존재자라고 규정한다. 반대로 "개체화된 물리적 존재자는 자기 자신과 관련하여 전적으로 동시적인 것이 아니다. 그것의 위상학과 연대기는 개체화된 군의 생성에 따라 변화가능한 어떤 격차에 의해 분리되어 있다"[149]. 순수한 형태의 결정론과 비결정론은 위상학과 연대기 사이의 상관관계 혹은 불일치를 설명할 수 없다. "계의 내적 공명이 없을 경우", 즉 완전히 개체화되어 "퍼텐셜이 없는 빈곤해진" 경우가 결정론이 적용되는 영역이라고 할 수 있다(사실 이 경우는 위에서 '전적으로' 자기자신과 공명하는 상태로 정의된 실체에 해당한다. 다른 곳에서 시몽동은 실체는 퍼텐셜이 고갈된 상태라 말하기도 하기 때문이다). 거기에는 더 이상의 생성이 없기 때문에 모든 것은 결정되어 있고 예측가능하다. 비결정론은 "너무 상승된 내적 공명에 상응하여 일정한 단계에서 돌발한 모든 변화가 곧바로 구조 변화의 형태로 모든 수준에 반향되는 것"에 해당한다고 할 수 있다. 거기서는 예측이 아예 불가능하고 개체의 안정성을 설명할 어떤 수단도 없다. 그러나 그것들은 이상적 극한의 경우들이고 생성의 과정에서는 내적 공명을 통해 "계를 구성하는 여러 단계들 간에 에너지 교환"이 가능하며 이 경우 "공명의 양자적 문턱들"에 의해 상대적이기는 하나 개체를 규정할 수 있는 안정성이 나타난다[150].

개체는 위상학과 연대기의 상보적 결합 혹은 짝으로 나타난다. 비록 이것들이 서로 간에 불일치한다고 해도 말이다. 이 불일치는 더 근본적으로는 전개체적 퍼텐셜의 준안정성에 기인한다. 바로 이런 이유로 해서 불연속체와 연속체, 물질과 에너지, 구조와 작용이라는 대립된 표상들 역시 상보적 짝으로밖에 나타날 수 없게 된다. 개체화는 이 대립된 양태들을 매개한다. 아니 더 정확히 말하면 이 대립된 표상들 자체가 개체화로 인해 "돌발하는 차원들"이다[150]. 물리적 개체화에 대한 이런 고찰들은 생명적 개체화에서도 상당부분 유지된다. 다만 물질과 생명의 개체화는 동일한 차원에서 진행되지 않는다. 시몽동은 그것들이 정보를 받아들이는 능력의 양자적 차이에 의해 구분된다는 말을 남기는데 그 의미는 다음 장에서 이해할 수 있다[151]. 일단 그것들이 분기되는 것은 유기화학에서 다루는 거대분자 수준에서이다. 이 수준은 미시물리적 실재와 거시물리적 실재들 사이에 위치하는 충분히 복잡한 계이다. 여기서 물질과 생명은 연속된 동시에 분기된다. 시몽동은 미시물리적 현상들이 사실 물리적인 것도 아니고 생명적인 것도 아닌 "전물리적이고 전생명적인" 것이라고 하는데[152] 논란을 야기할 수 있는 이 말의 의미는 일단 물리적 개체의 모범은 결정 등이 보여 주는 거대분자 수준에서 비로소 나타난다는 것으로 이해하도록 하자.

2장 _ 생명체들의 개체화

1. 정보와 개체발생 : 생명적 개체화

생명적 개체화는 네 단원으로 나뉘어 있다. 첫째 단원은 생명적 개체화의 원리들을 다루는 부분으로 주요 개념들을 상호관계 속에서 정의하고 각각의 내용설명을 하고 있는데 우리는 여기서 일반적인 생물학적 상식과는 현저히 다른 개념적 구도를 볼 수 있다. 물리계와 생명계에서 '조직화'의 연속성, 개체와 군의 관계, 유형성숙을 영감으로 하는 생명적 개체화의 원리, 통합과 분화를 통한 생물학적 변환 개념, 내재성과 외재성의 상대적 관계 등에 대한 독창적 관점이 제시된다.

두번째 단원에서는 집단과 개체 사이의 중간적인 형태를 보여 주는 강장동물 군체로부터 개체화의 범례를 구체적으로 탐구한다. 개체화된 존재자의 구조와 기능에서 출발하여 성장과 생식의 원리를 살펴보고 이것이 전개체적 가능성의 이중적 현실화임을 보여 준다. 이로부터 성장, 재생, 생식 사이에 퍼져 있는 일반적인 견해를 전도시켜 위상학적이고 형태학적인 조건들을 개체화의 중심 요인으로 드러내면서 개체의 구조는 발생적 역동성에 연결되어 있다는 것을 주장한다.

세번째 단원은 신경계로 대표되는 정보전달 체제로부터 생명의 개체화 과정을 살펴본다. 이를 통해 독립된 개체의 활동을 전면에 부각시키고 형태학적 조건을 넘어서서 기능적 자율성의 조건을, 특히 이 조건이 신경중추에 집중된 개체성의 형성을 탐구한다. 독립적 개체의 연구는 개체와 군체의 관계 그리고 개체와 개체의 관계에 대한 명확한 규정으로 이어진다. 한편 이 단원에서 개체화의 원리와 관련하여 중요한 내용은 생명적 역동성이 극성화와 양자적 조건으로부터 생명적 개체성에 독특한 문턱 구조를 만들어 낸다는 것이다.

네번째이자 마지막 단원은 생명적 개체발생을 주도하는 역동성의 정체를 문제삼는다. 여기서 등장하는 개념은 문제제기와 해결 및 의미작용이다. 불균등화의 해소, 구조와 기능의 발명 등 생명체의 개체화를 특징짓는 주요 개념들은 개체발생으로부터 환경에 대한 적응에 이르기까지 개체화가 문제를 해결하고 의미를 창출하는 과정임을 보여 준다. 이어 노화와 죽음의 의미작용을 다루고 마지막으로 물리적 개체화에서 존재자의 근본구조로 제시된 위상학과 연대기의 관계를 생명적 개체화의 독특한 맥락에서 재구성하는 것으로 이 장은 끝이 난다.

(1) 생명체의 개체화 연구의 원리들

물질과 생명의 연속과 불연속

생명적 개체화는 물리적 개체화와 에너지적으로 그리고 조직화 organisation의 측면에서 연속선상에 있다. 에너지의 방출과 흡수라는 면에서 양자가 연속되어 있다는 것은 어렵지 않게 이해될 수 있다. 조직화의 측면에서는 보통 물질과 생명은 다른 것으로 간주되는데 어떤 의미에서 그것들이 연속되어 있다고 할 수 있을까? 일반적으로 생명의 조직화 양상은 물질의 그것보다 질적으로 우월하다거나 아니면 적어도 그것은 물질적 개체들을 통합하는 과정으로서 양적 복잡성을 가진다고 이야기한다. 그러나 시몽동은 양자에서 보이는 조직화의 질서는 같은 종류의 것이라고 한다. 이것은 생명의 조직화가 물질의 수준에 머문다는 것이 아니라 거꾸로 물질이 가진 조직화의 정도가 매우 높을 수도 있다는 것을 함축한다. 사실 고분자 차원의 조직화 양상은 생명체의 기초적 과정에서 그대로 이어진다. 그래서 양자에서 "조직화 과정은 보존되지만 물질에서 생명으로 이행하면서 변형된다transformer"는 것이다159. 여기서 이행이라는 말은 "물리계와 생물계 사이"의 "교환과 교체가능성"을 전제로 하는데 시몽동은 이 전제는 이론적으로 반박할 수 없다고 한다158.

이로부터 다소간 도발적인 결론이 도출된다. 즉 "물리적 개체를 생물학적 사회처럼 생각해야 할지도 모른다"158. 물리적 개체인 결정은 한계 없이 성장하는 반면 생명적 개체는 성장에 한계를 지닌다. 생명계에서 원리상 시공적으로 한계 없이 성장할 수 있는 것은 종이나 군체colonie 또는 사회이다. 그래서 물리적 개체가 생명으로 변형된다면 그것은 생물학적 군ensemble의 수준이 될 것이라는 것이다. 이러한 추론으로부터 시몽동은 생명의 단위는 개체가 아니라 조직화된 군일지도 모른다고 추측해 본다. 다른 관점에서 보면, 즉 군이 진정한 생명적 개체라면, 단일한 생명체는 차라리 개체의 하위수준인 '아개체'sous-individu라고 할 수도 있다. 물론 물리적 개체의 조직화의 수준은 실제의 생명적 집단이 가진 그것에 비해서는 낮지만 생물학적 개체의 수준보다는 적어도 가능적으로는 높을 수 있다. 나중에 나오기는 하지만 여기서 물리적 개체와 유사성을 보이는 것은 사회라기보다는 군체의 삶의 형태이다. 이런 이유로 생명적 개체화라는 개념은 단지 개체인 한에서의 유기체만이 아니라 군체나 사회의 출현까지 확장될 수 있다.

물리적 개체와 생물학적 군 사이에 연속성이 있다면 생명체의 출현조건은 "물리적 존재자의 전개의 중단이며 그것의 분석이지 이미 완성된 물리적 개체들을 통합하는 종합적 관계가 아니다"[158]. 이런 이유로 시몽동은 생명의 개체화가 "물리화학적 개체화 이후에 일어나는 것이 아니라 그 동안에, 그것의 완성 이전에 일어난다"고 가정한다. 그것은 물리적 개체화 과정이 "그 안정적 평형에 도달하지 않은 순간에 그것을 중지하면서 그것으로 하여금 단지 반복될 수 있는 완벽한 구조를 되풀이하기 이전에 확장되고 전파될 수 있게 만든다". 주어진 특이성을 단지 반복적으로 전개시키는 것이 아니라 여러 개의 특이성을 받아들여 양립시키고 증폭시키는 체계가 생명의 특징이다. 그런 의미에서 "생명적 개체는, 말하자면 안정화되지 않고 증폭되는 시발적始發的, naissant 상태의 결정"이라 할 수 있을지도 모른다[152]. 시몽동은 이 가설을 '유형성숙' 개념의 일반화를 통해 더 발전시킨다. 유형성숙은 동물이 어린 상태로 성장을 멈추고 그 상태가 지속되면서 생식기능만 작동하는 것을 말하는데 진화의 한 가지 요인으로 알려져 있다. 생명이 물리적 개체처럼 자신의 에너지적 균형상태에 이르기까지 자신의 잠재력을 소모하고 안정화되는 대신에 불안정한 상태에서 계속 새로운 특이성을 받아들여 스스로 증폭하면서 구조화를 지연시키는 것을 일종의 일반화된 유형성숙 과정으로 간주하는 것이다. 그래서 정신적 개체화는 생명적 개체화의 유형성숙으로서[165], 생명적 개체화는 물리적 개체화의 유형성숙으로서, 동물적 개체화는 식물적 개체화의 유형성숙으로서, 식물적 개체화는 화학적 합성체들의 유형성숙인 것처럼 나타난다[152]. 시몽동이 앞에서 제시한 용어를 사용하여 성숙에 따르는 구조화를 위상학, 사건의 순차적 축적을 연대기라 하면 유형성숙은 위상학과 연대기 사이의 불일치에서 유래하는 생성의 지연이라고 볼 수 있을 것이다.

통합과 분화, 개체성의 정도

생명과 물질이 조직화의 수준에서 유사하다면 생명계에서 개체성의 정도는 조직화가 아닌 다른 기준을 필요로 할 것이다. 시몽동은 '통합'intégration과 '분화'différenciation의 과정을 그 기준으로 제안한다. 고등생명체의 경우 다양한 수준의 유기조직이 층을 이루며 겹쳐 있는데 그 각각의 단위들은 자신의 기원과 원인을 갖는다. 예를 들면 동물의 몸은 세포, 조직tissu, 기관들로 이루어져 있고 이것들의 형성은 분열이든, 공생이든, 자연선택이든, 자신들의 기원이나 외적 원인 혹은 등가물을 갖는다. 각 단계의 조직화에는 한계가 있다. 예를 들어 세포가 무한히 분화되거나 무한히 커질 수는 없다. 그래서 하나의 동물종이 고등한 수준의 조직화를 갖는 것처럼 보인다면 그 이유는 그것이 가장 기본적인 분자적 합성체들에서 시작하여 "이미 정보가 부여되어 있고 통합되어 있는 요소들을 통합하기 때문"이다. 그래서 고등한 동물이라 해도 "고유한 개체성은 상당히 제한된 조직화"에 지나지 않을 수 있다. 개체의 본성 안에는 "그것의 활동의 산물이 아닌 것"이 상당부분을 차지할 것이기 때문이다 160. 생리적 무의식이 존재하는 것은 그 때문이 아닐까. 내 안에 존재하는 무의식이 타자성이라는 것은 시몽동의 가설로 추론하자면 이러한 생물학적 기원을 갖는지도 모른다. 생명적 개체의 개체성을 이해하는 데 통합의 개념이 중요한 것은 그러한 사정에 기인한다.

　생명적 개체화 역시 주어진 정보를 내적 공명을 따라 전파하고 증폭하는 과정이다. 통합과 분화의 관계는 이를 실행하는 과정인데 시몽동은 이것을 변환이라고 부른다. 이 과정은 '양자적' 과정이다. 즉 연속성 속에서 일정한 불연속성을 생산해 낸다. 그런데 생명체는 결정에서 나타나듯이 기존재하는 정보를 전파할 뿐인 공명과는 달리 외적 자극을 받고 그것을 내부에 '동화'élaboration하는 특수한 유형의 공명을 나타낸다. 이러한 특징이 생명체가 가진 변환의 능력을 잘 보여 준다. 생명체가 자극에 자신의 방식으로 반응하고 그것을 동화하는 활동에는 지각, 운동, 정념이 있다. 시몽동에 의하면 심리학적 용어로 표현할 경우, 다양한 정보를 연속적으로 통합하여 저장하는 것이 '표상'(지각)이라면 저장된 에너지를 불연속적으로 분배, 사용하는 것은 (운동적) '활동'이다. 한편 '정념성'affectivité은 "유기체 속에서 다양한 수준에서 변환자transducteur의 역할"을 한다161. 여기서 변환은 물리계의 상전이처럼 직접적이지는 않지만 아마도 정념이 감각자료(정보)를 생명의 특징인 고통과 쾌락과 같은 원초적 감정으로 번역(변환)하는 데서 시몽동은 이를 변환자라고 부르는 듯하다.

정보적 과정의 전체적 수준은 "통합과 분화의 관계에 의해서와 마찬가지로 통합과 분화의 단계들의 수에 의해" 평가될 수 있다. 군은 개체들과 관련하여 통합자이자 분화자이다. 그런데 군이 진정한 생명적 단위라면 동일한 개체의 여러 위계적 단계들 사이에 존재하는 관계 그리고 개체와 군 사이에 존재하는 관계 사이에 본질적인 차이는 없을 수도 있다. 통합과 분화의 '상승과 하강'을 통해 정보의 전달, 내적 공명이 이루어진다. 미시적 과정을 통합하여 눈에 보이는 규모로 확대해 가는 결정에서도 통합과 분화는 존재한다고 할 수 있다. 다만 그것은 성장시에 개체의 경계에서 일어난다. 생명의 경우 개체 내부에서 일어나는 통합과 분화는 개체의 경계에서 일어나는 활동과 독립적이며 후자는 개체와 군, 개체와 환경 사이에서 일어나는 관계의 활동에 해당한다. 한편 생명체 외부에서 군과 군들 사이에서 일어나는 통합과 분화는 군의 구조변화를 야기하는데 이것은 결국 개체의 수준에도 영향을 미친다. 이처럼 외부와의 정보나 에너지 교환으로부터 개체는 그에 상응하는 내적 상관항을 갖게 되고 이를 통해 내적 구조변화가 야기되는 것이다.

한편 생명체는 나중에 설명하겠지만 막의 역할과 더불어 자신의 고유한 내재성을 만들어 낸다. 내재성은 내부환경과 혼동되어서는 안 된다. 생명체는 내부환경의 항상성을 통해 자신의 고유한 안정성을 획득한다. 하지만 동시에 생명체에서 "내재성과 외재성은 도처에 있다". 즉 그것들은 상대적이라고 할 수 있다. 생명체가 무수한 조직화의 층들로 구성되어 있다면 이것은 자연스런 결론일 것이다. 여러 조직들과 기관들 사이에서 원초적인 것들로부터 그것들을 감싸는 조직이 무수히 얽혀 있을 경우 그것들 사이에는 상대적으로 안과 밖의 관계가 성립한다. 시몽동은 이 관계를 특히 "신경계와 내부환경"에서 찾고 있다[61]. 사실 내부환경이라는 말 자체는 내재성과 외재성을 동시에 함축한다. 그것이 변화하는 외부환경과 독립적으로 항상성을 유지하는 한에서 고유한 내재성이라 한다면 이 내재성은 언제나 외부적 조건들과 관련되며 그것들 덕택에 자신 안에서 외적 조건과 동등한 무언가를 만들어 내어 또 다른 내적 변환의 조건들로 삼기 때문에 그러하다. 내재성과 외재성의 문제는 생명체의 위상학을 논하는 이 장의 마지막에서 더 자세히 설명된다.

자신의 활동을 경계에 한정하지 않고 자신의 내부를 가지며 여러 차원의 조직화들 사이에서 통합과 분화를 통해 역동적으로 상호관계를 맺을 수 있는 능력은 생명체에 고유한 것이다. 시몽동은 "생명의 조건은 인과성의 회귀récurrence"라고 말한다162. 이는 인과성의 회귀 또는 회귀적 인과성이라고도 불리는데 하나의 원인이 엄밀히 하나의 결과를 낳는 단선적 과정이 아니라 원인과 결과들이 얽혀 순환되고 반복되는 과정을 말한다. 이것이 바로 생명체로 하여금 특이성들의 양립과 내재성과 외재성의 공존 그리고 '통합과 분화의 무수한 짝짓기'를 가능하게 하는 것이다.

(2) 종적 형상과 생명물질

생명적 개체화의 모범으로서 군체의 개체화

여기서 시몽동은 생명체의 생존 방식과 생식 과정을 발생적으로 고찰하면서 개체화에서 구조가 나타나기 위한 조건을 보여 주려 한다. 시몽동은 물리적 개체화의 모범으로서 결정의 개체화를 고찰한 것처럼 이제 생명적 개체화의 모범으로 강장동물의 삶의 행태를 고찰한다. 시몽동에게서는 범례의 선택이 이론의 중요한 내용을 설명하기 때문에 세부사항까지 들어갈 필요가 있다. 우선 주목할 것은 강장동물은 생명계에서 개체의 모범이 아니라 개체화의 모범으로 채택되었다. 생명계에서 구조와 성장의 면에서 결정과 유사성을 가진 것은 군이다. 따라서 개체가 아니라 군의 개체화 과정에서 출발하면 개체가 생성되는 과정 및 개체와 군의 관계를 알 수 있다. 생명계에서 군은 넓은 의미에서 볼 때 동물의 집단이나 인간의 사회, 개미나 벌의 집단에서 나타나는 다형성polymorphisme, 산호와 히드라 같은 군체(또는 군집)에 이르기까지 여러 형태가 있는데 가장 원초적인 삶의 양태를 보여 주는 것은 군체이다(그림 6). 군체는 그것을 구성하는 개체들이 상대적으로 분리되어 각각의 역

〈그림 6〉 산호의 가지치기

〈그림 7〉 히드라

할분담을 하고 있다는 점에서 다형성과 유사하지만 개미의 집단과는 달리 생리학적으로 분리되어 있지는 않다는 점에서 고등동물의 기관들과 유사하다. 결국 군체는 진정으로 개체와 집단 사이의 중간적 존재방식을 갖는 생명형태라고 할 수 있다.

군체의 개체들은 서로 다르게 분화되어 있고 군체는 그것들을 통합하는 나름의 방식을 가지고 있다. 히드라의 출아과정을 보면 가운데 있는 줄기에 해당하는 부분에서 가지를 뻗어 개체를 만들어 내는 동시에 특정물질이 분비되어 개체들을 분리하는 공간을 채운다.[1](그림 7) 각 개체들은 영양공급, 방어, 생식 등 고유한 역할을 가지고 있다. 그것들은 탄생과 죽음에 있어 시차를 가진다. 즉 모두가 한 번에 탄생하거나 죽지는 않는다. 일부가 죽어도 나머지는 살아남을 수 있고 또 전체의 어디선가는 계속 성장을 하고 있다. 게다가 유성생식을 할 경우에는 군체에서

---

1) 생명체 내부에서 다양한 물질들의 통로가 되거나 기관들의 형성에 도움을 주는 이러한 물질을 생명물질이라고 한다. 일반적으로 결합조직이나 혈액, 림프액 등을 지칭한다.

개체 하나가 따로 떨어져 나와 알을 낳고 죽는 경우가 있다.[2] 수정된 알에서 다시 출아에 의해 군체가 나오는데 시몽동은 이렇게 군체와 군체 사이에서 관계를 맺는 개체의 역할을 '변환적 전파'라고 명명한다. 죽지 않는 군체들 사이에서 죽을 수 있는 개체가 탄생하는 것이다. 시몽동은 이를 "생명적 존재의 양자$_{quantum}$"라고 표현한다[168]. 이는 불연속적이면서 형태변화를 매개하는 개체의 역할을 의미한다. 이처럼 개체는 시간적으로 생명 활동을 전달하는, 전이$_{transfert}$의 역할을 하지만 반대로 공간적으로는 한 군체 안에 통합되기도 한다. 시몽동은 전자를 본능, 후자를 경향이라 함으로써 둘을 구분한다. 본능은 개체의 불연속적 삶(죽음), 경향은 연속적 삶(성장과 통합)과 관련되어 있다. 그래서 본능의 변환적, 창조적 특징은 경향의 일상성, 사회에 대한 귀속성과 구분된다.

성장과 생식, 전개체적 가능성의 이중적 현실화

이와 같은 관점에 의하면 생명계의 모습은 하등생명에서 고등생명에 이르기까지 엄밀한 위계를 이루기보다는 다양성과 복잡성으로 나타난다. 시몽동은 이러한 다양성을 체계적으로 파악하기 위해 그 아래서 '기능적 등가물l'équivalent'을 발견해야 한다고 주장한다. 기능적 등가성을 찾는 것은 생명체가 다양한 외양을 가지고 있지만 동일한 퍼텐셜의 작용으로부터 이해되어야 한다는 전제에서 나온다. 생명체들의 차이는 그것들이 가진 구조와 기능에서 나타난다. 구조는 기능과 밀접한 관련을 가지고 있는데 시몽동은 구조와 기능 간에 바로 등가성 원리가 작동하고 있다고 가정한다[171]. 생명체의 기능은 이원적 측면을 가지고 있는데 그

---

2) 강장동물의 생식 → 용어설명 (73) 참조.

것은 한편 종이나 군체의 현재적 구성원으로 삶을 영위하는 것, 다른 한 편으로는 종적 특징을 전달하고 축적하는 역할이다. 후자가 생식능력과 관련된다면, 전자는 신진대사와 성장 등 현재적 삶에 관련된다. 개체는 이 "두 대립하는 기능들의 상보성의 체계"인데, 생식능력은 "개체의 증폭하는 활동"에 상응한다면[173] 공동체에 삽입된 한에서 생명적 개체는 자신을 성장하게 해주는 구조를 소유한다. 그러므로 "개체가 특정한 신체적 도식을 소유하는 것은 부분적 존재자인 한에서이다"[172].

구조와 기능의 "등가성의 관계는 생명의 내외적 조건들에 따라 개체성과 개체초월성을 교대로 포함하는 혼합된 형태들을 거쳐 전개체적 형태들로부터 개체화된 형태들에 이르기까지 드러날 수 있다"[171]. 개체초월성[3]이란 개체 안에 남아 있는 전개체적 퍼텐셜을 통해 개체들을 넘어서서 그것들 각각을 관통하며 통합하는 힘을 말한다. 강장동물은 그러한 개체성과 개체초월성의 혼합을 잘 보여 준다. 이런 사례들로 미루어 보면 생식능력과 성장능력은 전개체적 상태에서는 혼합되어 있던 것으로 보인다. 편형동물에서 보이는 재생능력은 현재의 삶을 유지하기 위한 것이지만 본래 발생능력과 관련이 있다고 한다. 또 분열번식은 개체의 신체적 도식이 변형되는 것인 동시에 생식이기도 하다. 출아는 성장과 생식의 혼합이다. 다만 고등한 동물로 올라갈수록 두 가지는 두드러지게 구분된다. 거기서는 생식세포와 체세포가 구분되어 생식과 성장이라는 각자의 역할에 충실하다. 결국 유기체와 사회 그리고 군체는 동일한 전개체적 가능성이 생명의 내외적 조건에 따라 구조를 달리하여 변환적으로 실현된 것이라고 할 수 있다. 그러므로 집단은 개체의 구조와 밀접한

---

3) 개체초월성 → 용어설명 (6) 참조

관련을 갖는다. 즉 "개체가 군체를 형성하는 대신에 개체의 형태로 생식을 할 때는, 연속되는 생명적 기능들은(영양섭취, 성장, 기능분화) 개체의 행태들의 새로운 층, 즉 사회적 행태들에 의해 완수됨에 틀림없다"174.

분열번식, 생식의 원형

생식과 성장이라는 생명체의 이중적 기능의 근원에 좀 더 접근하기 위해서 시몽동은 주로 동물학자 라보E. Rabaud의 연구에 기초하여 분열번식과 출아법을 검토한다. 우선 원생동물(단세포 진핵생물)과 후생동물(다세포 진핵생물)에서 나타나는, 분열을 통한 생식의 과정을 상세히 살펴본 다음 강장동물의 출아에 의한 생식을 관찰한다. 먼저 원생동물인 아메바의 분열과정을 보면 핵과 염색체 그리고 세포질이 차례로 둘로 분열되어 각각 새로운 개체들로 탄생한다. 여기서 분열은 이전의 개체의 죽음을 의미하지 않는다. 이전의 개체와 이후의 두 개체 사이에는 완벽한 연속성이 있다. 단지 핵을 형성하는 관계의 변화 즉 "위상학의 변형"이 있을 뿐이다. 한편 아메바는 접합을 통해 번식하기도 하는데 접합 후에는 전체나 일부가 융합된 후 다시 둘로 분열된다. 접합은 필연적으로 두 배우자를, 즉 성적 특징을 갖는 두 배우자를 전제하지는 않는다. 성별의 출현은 개체들 사이의 분화를 의미하는데 이는 환경의 작용으로 나타난다. 라보는 분열번식을 생식의 기본으로 간주한다. 또한 접합의 일부 사례에서 나타나는 성적 특징이 회춘을 가능하게 한다거나 불가피한 과정이라는 것은 옳지 않다. 그것은 "어떤 명백한 이익도 가져오지 않는 복잡화로서" 나타난다177. 무성생식도 동일한 개체의 연장이 아니다. 핵기관에 변화가 있고 이 변화는 수세대마다 주기적으로 일어난다. 무성생식은 개체들의 노화도 죽음도 야기하지 않는 것처럼 보이기는 하지만 사실 그것은 내외적 영향으로 인해 언제나 동일한 개체로 남아 있지는 않기 때문에 불멸의 개체라는 것은 환상이다[174].

후생동물의 원초적인 형태들에서 생식은 독립된 개체들과 군체들 사이의 중간적 양상을 띤다. 거기서 분열번식의 양태는 훨씬 다양하다. 그것은 분열되는 양쪽 부분들이 질과 양의 면에서 서로 동등한가 그렇지 않은가에 따라 동등분열과 비동등분열로 나눌 수 있다. 예를 들어 분열면이 몸의 수직축을 통과하여 완벽하게 동등한 두 부분으로 나누어지는 히드라나 말미잘의 분열번식은 아메바와 같은 원생동물의 분열과 형식상으로 크게 다를 것이 없다. 그러나 여기에 재생이라는 현상이 개입한다. 두 개의 절반이 분리되면 분리된 부분들에서는 세포들이 증식하여 새로운 개체를 완성한다. 그러므로 분열은 재생을 함축한다. 분리된 두 조각이 질과 양의 면에서 서로 다른 경우(비동등분열), 예를 들어 하나의 불가사리에서 분리된 한쪽 다리로부터 완전한 개체가 나오는 경우에도 같은 말을 할 수 있다. 문제는 분열된 두 조각에서 한 쪽은 살고 다른 쪽은 그렇지 못한 경우이다. 이런 형태는 잘린 꼬리에서 새로운 꼬리를 재생시키는 도마뱀과 같이 일반적인 의미의 재생과 같게 되는데 라보에 의하면 그러한 자기절단은 번식이 아니라 방어행동의 일종이다[179].

그럼에도 불구하고 라보는 재생이라는 현상 자체는 생식과 근본적으로 다르지 않다고 본다. 라보의 이런 주장은 바이스만의 생식질연계설에 대한 도전을 함축한다. 그에게 생식의 원형은 분열번식이고 분열번식은 개체의 몸으로부터 출발하기 때문에 몸과 생식질의 구분은 필요하지 않다. 나누어진 조각의 크기가 어떠하든 간에 그것이 새로운 개체로 될 수 있다면 개체 자체가 유전물질인 것이다. 그런 관점에서는 몸의 임의의 부분으로부터 나오는 출아 역시 생식의 일종이고 생식에 있어서 신체의 모든 부분들은 동일한 자격을 갖는다. 사실 바이스만의 이론에서는 생식을 생식질에 국한시키고 개체 개념을 부차적인 것으로서 평가 절하하는 경향이 나타난다. 반대로 라보의 이론에 의하면 개체는 부차적인 것이 아니고 그것의 재생능력 속에서 실질적으로 작용한다. 시몽동이 개체화 이론과 관련하여 강조하는 것은 신체의 모든 부분에서 가능한 "재생은 증폭이라는 생명의 근본 양태"라는 것이다[181]. 이와 같이 발생학적 관점에서 본다면 복잡한 유기체의 유성생식은 생식을 가능하게 하는 개체의 기능이 개체를 이루는 한 요소에 집중되어 독립적 운명을 갖게 되는 일종의 "요소적 개체화 단계"에서 비롯한다고 볼 수 있다. 즉 일종의 '왕국 속의 왕국'처럼 개체 내부에서 또 다른 개체화가 일어나는 것이다. 바이스만의 이론이 적용되는 것은 이러한 경우이다[182].

다양한 발생의 도식들

분열번식과 마찬가지로 출아에서도 개체의 경계가 불분명할 뿐만 아니라 심지어 개체의 독립성이 실종된다고 할 수 있다. 또한 이 두 생식 방법은 공통적으로 미분화indifférenciation와 역분화dédifférenciation의 존재를 보여 준다. 미분화는 결정적인 방식으로 분화되기 전의 가능성의 상태를 말하며 역분화는 이미 분화된 상태를 거슬러 올라가 다시 처음부터 분화되는 것을 말한다. 재생이 바로 그런 경우다. 강장동물 히드라의 출아과정을 보면 처음에 싹들은 서로 분리되기 전에 증식한다. 분열번식에서 재생이 분열을 뒤따른다면 여기서는 마치 재생이 분열에 선행하는 것처럼 보인다. 그런데 싹들이 증식하기 전에 그것들을 이루는 요소들은 미분화된 채로 배의 속성들을 보존하고 있다. 미분화된 세포들은 발

〈그림 8〉 히드라의 군체

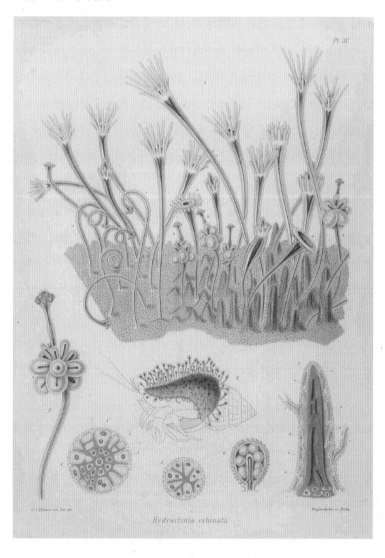

Hydractinia echinata

생세포의 구실을 하면서 싹을 만들어 낸다. 그것들은 특수한 기관들 안에서 통일되어 있는 것이 아니라 자신들이 접하는 상피들에 흩어져 있는 요소들이다. 일단 싹들이 국지화되면 그것들은 증식하는 대신 분리되고 분리된 후에 증식한다. 전자는 분열번식에 가깝고 후자는 출아이다. 물론 여기서 분열은 아메바의 분열처럼 완전히 쪼개지는 것은 아니다. 히드라의 생식에는 분열번식과 출아가 혼합되는데 이렇게 해서 그것은 순수한 개체도 아니고 다형성도 아닌, 그 중간쯤에 머무르는 군체적 생존방식을 탄생시킨다(그림 8).

군체적 생존방식을 보이는 것들 중 강장동물보다 더 원시적인 형태는 해면동물이다. 해면은 가지를 뻗어 성장하나 각 가지는 형태학적으로만 개체이고 어떤 자율성도 갖지 않으며 해면 덩어리 전체와 완벽하게 연속적이고 동질적이다. 그러나 해면 덩어리는 분화된 각 부분을 통합하는 유기적 전체가 아니다. 성장은 다만 생명물질의 양적 증가에 불과하며 어떤 두드러진 분화도 가져오지 않는다. 히드라의 경우에서 영양개충, 생식개충, 방어개충 등으로 분화가 된 것과는 대조적이다.

전체tout에 부분들 이상의 것이 전혀 없기 때문에 전체를 그것이 전체라는 이유로 개체[개체적 전체]라고 말하기는 어렵다. 이 전체는 결코 불가분적인 것이 아니다. 우리가 이 번식한 해면의 일부를 잘라낸다 해도 그것이 손상받지는 않는다. 단지 감소할 뿐이다. 우리는 여기서 구조의 부재 앞에 있으며, 그로 인해 부분들보다 전체에 개체라는 이름을 [애초에] 줄 수도 없고 부분들로부터 개체라는 이름을 떼어내 전체에 갖다 붙일 수도 없다. 왜냐하면 전체는 부분들의 합, 부분들이 형성하는 것의 총량에 불과하기 때문이다. 사실상 이 극한적 사례는 개체성이

부분들과 전체에 동등한 방식으로 속하는 사례이다.186

해면이든, 히드라든, 산호든, 군체에서 전체가 할 수 있는 가장 두드
러진 역할은 방향설정이다. 각 부분은 아무 방향으로나 성장하지는 않
고 전체의 방향에 종속된다. 마치 결정에서 그러한 것과 같다. 이 방향
성에서 시몽동은 "개체화의 첫 단계"를 본다. 그것은 "구조의 시작"이다
186~187. 전체와 부분의 개체화 정도는 반비례한다. 전체가 개체화될수록
부분들은 덜 개체화되고 부분들이 개체화될수록 전체는 낮은 개체화 정
도를 갖는다. 후자의 경우 전체는 부분들의 성장을 억제하거나 촉진하
는 역할에 머문다. 바로 이러한 전체의 역할이 생식에 대해 지배력을 행
사하게 된다. 다른 한편 전체는 무한히 성장하지는 않는다. 결정과 대비
해 보면, 결정이 조건만 갖추어지면 무한히 성장하는 반면 군체의 성장
은 일정한 한계를 갖는다. 군체가 충분히 커지면 그것은 조직화된 여러
개의 군ensemble들로 배분되는데 각각의 군들이 전체에 비해 상대적으로
개체성의 차원을 더 잘 간직하고 있다. 그것들은 서로 연결되어 있으면
서도 단절을 나타낸다. 하지만 이러한 '생리학적 단절'은 필연적 규칙을
따르지는 않으며 우연적인 외부적 영향으로 인한 단절과 엄밀히 구분되
지도 않는다.

여기서 중요한 것은 아마도 위상학적 조건과 형태학적 조건(부분들
간의 연결이나 분리 양태)인 듯하다. 다양한 개체화 과정에서 보이는 기
능적 유비는 형태학적 유비와 상관성이 있다. 시몽동은 이러한 '조직화
된 군들'ensembles organisés의 창조가 생명의 모든 개체화 과정에 공통적으
로 나타난다고 본다. 예를 들어 꽃의 개화, 나무의 발달과정, 군체의 형
성, 심지어 정신적 이미지들의 발생에 이르기까지 연속 속의 단절이 있

고 거기서 나타나는 "형태학적 유비는 집단적 개체성의 형성 과정의 자기 동일성을" 드러낸다고 할 수 있다. "마치 한 역동적 지배력이 하나의 특이성으로부터 군들에 구조를 부여하기라도 하듯" 일이 진행된다. 그래서 "개체의 구조는 그 발생의 도식에 연결되어" 있을지도 모른다[189].

(3) 정보와 생명적 개체화

정보체제, 특이성의 증폭과 전파

강장동물의 범례에서 군체가 전체로서 하나의 개체인가, 아니면 그것은 구분되는 개체들로 이루어져 있는가 하는 문제에 대한 대답은 군체의 개체화 과정을 거슬러 올라갈 때만 알 수 있다. 하지만 그것을 거슬러 올라간다고 해서 결정적인 대답이 주어지는 것은 아니다. 개체는 개체화된 후에도 계속해서 개체화되기 때문에 우리는 매번 어떤 행위$_{acte}$와 마주할 뿐이다. 개체는 "자신을 구성한 활동성의 변환적 관계이며, 그 활동성의 결과인 동시에 동인$_{agent}$"이다[190]. 개체성이라는 것도 그러한 활동의 한 국면에 불과하다. 개체와 개체화 사이의 이와 같은 순환적 정의가 갖는 모호함에 대해 시몽동은 개체 자체가 유전물질이라는 라보의 생각을 빌려와 설명을 시도한다. 예를 들면 아메바가 스스로 이분되면서 개체화될 때 그것의 몸은 유전물질과 유사한 활동성을 전달하는 동시에 개체화의 행위자이기도 하다. 그렇게 해서 변환적으로 (새롭게) 생겨난 개체들은 개체화의 결과인 동시에 또 다른 개체화의 행위자가 된다. 이제 이러한 활동성은 시간을 통해 정보로 전달된다.

그것[개체]은 자신을 구성한 도식을 축적하고 변형하며 개선하고 수

행한다. 개체는 스스로 개체화하면서
그 도식을 전파한다. 개체는 형성과정
의 결과이다. 그것은 완벽학 축약이며
광대한 군을 다시 낳을 수 있다. 개체의
존재는 이러한 증폭하는amplifiant 전이
transfert의 작용이다.[190]

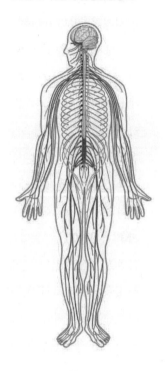

생명체에 있어서 이 증폭하는 전이의
활동은 그것이 가진 특수한 정보전달 체
계와 관련된다. 전체와 부분의 개체성의
정도들은 정보전달 활동의 반비례 함수
로 나타난다. 한 군체의 전체와 부분들 사
이에 이 정보전달 활동이 고루 배분되어
있을 경우 부분들은 불완전하기는 하지
만 일종의 개체들이다. 반대로 전체와 부
분들이 신경망으로 연결되어 정보전달 활동이 중추에 집중된 고등생명
체에서는 전체의 단일한 기능이 부분들을 종속시켜 결국 부분들 각각의
기능적 자율성과 개체성은 약화된다. 이때 개체성의 정도는 단지 형태
학적 기준에 그치지 않고 '기능적 기준'에 의존하게 된다. 기능적 자율
성은 중추신경계의 역할에서 최고에 도달한다. 중추신경계는 정보체계
의 통일을 함축한다(그림 9). 중추는 들어온 정보를 축적하거나 반응으
로 내보내도록 개체를 감시, 억압, 촉진하는 역할을 한다. 그것은 "존재
자로 하여금 스스로를 제어하게 하고 환경을 조절하게" 한다[191]. 군체의
경우 개충들을 연결하는 것이 단지 영양섭취가 아니라 화학적 전언내용

을 포함할 경우 정보체계는 좀더 집중화될 수 있다. 그러나 화학적 전달은 신경전달보다 100배는 느리다.

개체성의 정도가 정보 체제에 의존한다면 정보의 전파 속도, 그것이 관련된 행위나 사건의 지속기간이 중요할 수 있다. 사건의 지속기간에 비해 자극의 전파속도가 빠를수록 존재자 전체가 이에 대한 준비를 하게 되고 따라서 반응가능성은 커진다. 반응가능성은 개체가 정보를 받아들이고 자신의 행위를 조절하는 능력에서 나온다. 이것은 유기체의 기능적 자율성을 나타내며 정보전달 활동에 이어 나타나는 생명적 개체성의 고유한 특징을 이룬다. 구심적 정보가 원심적 반응으로 상당히 빨리 퍼지는 지대는 "동일한 개체성의 일부를 이루는 지대"이다192. 즉 자극과 반응이 반복되는 지대가 개체성의 경계를 이룬다. 신경계는 이러한 활동을 용이하게 함으로써 자율성의 기초인 자가조절을 가능하게 한다. 그래서 "개체의 경계들은 실질적으로 신경계의 경계들이다"193. 물론 반드시 중추신경을 거치지 않는 반사활동이라 해도 자율적 활동이 존재하면 부분적으로 개체성을 갖는다고 말할 수 있다. 예를 들면 "반사운동들과 자외선에 노출된 피부의 색소침착, 국지적인 소름돋음, 미생물의 침입에 의한 국지적 방어반응 등"을 시몽동은 '국지적 개체성'이라고 특징짓는다195, 각주. 한편 히드라와 같이 산만신경계를 가진 군체동물에서 개충들은 모체에서 오는 신경전달내용을 억제할 수 있는 순간 개체화된다고 말할 수 있다. 개충의 내부에서 정보 신호들이 자신에게 회귀récurrence할 때 이는 개체화를 촉진한다. 여기서 개체성은 해부학적 독립성이 아니라 기능적 자율성으로 구성된다. 반대로 전체의 개체성은 느린 반응에 의해 나타난다. 히드라의 한 부분이 독성물질의 자극을 받으면 국지적 반사작용이 일어나지만 몇 초 후에 화학적 전언내용의 전달로부터 군체 전체에 일반적 반작용이 일어난다[194].

개체들 간의 관계 – 다형현상, 기생, 공생

개체와 개체의 관계는 개체들이 맺고 있는 여러 양태의 연합을 통해 알 수 있다. 군체 안의 다형현상은 어떤 의미에서는 개체들 간의 관계처럼 보인다. 거기서는 연속된 전체 속에서 각자의 역할분담이 생리적으로 이루어진다. 하지만 이것은 개체들 상호 간의 영향으로부터 이루어지는 것은 아니며 영양섭취와 생식을 제외하고는 각 역할의 전문화가 그렇게 뚜렷하지도 않다고 한다. 다형성군체와 비다형성군체(해면) 사이의 삶의 양태와 기능적 속성의 차이도 그렇게 두드러지지는 않는다고 한다. 따라서 시몽동은 기생과 공생에서 개체들이 맺는 관계를 살펴 본다. 개체와 개체 간의 관계는, 즉 상호개체적interindividuel 관계는 거기서 분명히 나타난다. 둘 다 어떤 의미에서 상호인과성의 체제로 연결되어 있으나 그 효과의 면에서는 반대된다. 기생은 숙주에 대한 억압으로 이루어지며 기생자는 숙주로부터 양분을 섭취하기 때문에 조직화 수준에서 퇴화를 보여 준다. 기생자 자신의 개체적 자율성을 확보해 주는 기관들이 퇴화한다. 또한 억압이 극단적이 되면 숙주가 죽게 되기 때문에 기생복합체는 파괴된다. 이런 의미에서 기생복합체는 자율적인 개체의 수준 이하의 것으로 간주할 수 있다. 공생은 생명체들이 서로 상대방에게 긍정적인 활동을 가함으로써 선순환 효과를 낳는 형태이다. 공생적 존재자들의 조직화의 총체적 질은 단일 개체의 질을 넘어선다. 두 존재자들에게서 형태학적 퇴화는 드물고 각 개체는 개체로 남아 있으면서 그들이 속한 환경을 변화시킨다. 개체들 간의 관계는 이 환경에 의해 이루어진다. 기생과 공생 사이에는 인과성의 체제와 정보교환 체제에서 근본적 차이가 있다. 공생에서 "연합은 연합되는 존재자들의 개체성을 파괴하지 않고 거기에 겹쳐지는 두번째 개체성과 같은 것을 형성한다". 이것은 사회적 개체성의 모범을 보여 준다. 그러나 모든 형태의 연합에는 일정한 정도의 기생현상이 있고 따라서 "군을 특징짓는 조직화의 수준은 숙주의 수준과 기생자의 수준 간의 차이"라고 볼 수 있다. 구체적 군은 "완전한 사회와 순수한 기생 사이의 중간적인 것"으로 간주될 수 있다[200].

개체성의 구조, 극성의 작용과 양자적 불연속성

이 절의 마지막 중요한 물음은 개체성의 구조는 무엇인가 하는 것이다. 개체는 어떻게 스스로를 구조화하는 것일까? 개체가 발생할 때 구조를 만드는 역동성은 개체를 이루는 몸 전체와 '공실체적'consubstantiel인가 아니면 몇몇 중요한 요소들 안에 위치하는가? 시몽동에 의하면 동물의 변태가 거기에 하나의 실마리를 준다. 변태는 동물이 생존기간 동안에 자신의 외형 및 삶의 양식을 완전히 변화시키는 현상이다. 그것은 개체성이 불변적 단일성으로 이루어진다는 사실을 배척한다.

> 변태는 존재자 자신으로부터 일어나는 일종의 생식이다. 그것은 증식 없는 생식, 유사성 없는 단일성과 자기동일성의 재생산이다. 그것이 일어나는 동안 존재자는 하나의 개체로 남아 있으면서도 다른 것이 된다.[201~202]

그런데 변태에는 알(수정란)로부터 성체의 발생이 일어나는 것과 유사한 데가 있다. 우선 알은 위아래의 두 극으로 나뉘며 수직, 수평으로 반복하여 분열된다(그림 10). 이 과정은 이미 이질적인 것들의 탄생을

<그림 10> 수정란의 분열 과정

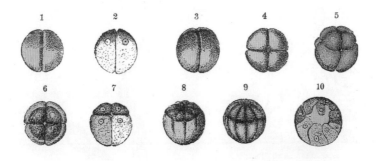

내포한다. 각각의 세포들의 발달은 신체의 서로 다른 부분으로 성장하는 과정이기 때문이다. 번데기 단계를 거치는 변태도 마찬가지다. 여기서는 심층적인 역분화 과정이 모습을 드러낸다. 발생에서이든, 변태에서이든, 몇 가지 기본적 요소들이 조직화 혹은 재조직화를 유도하는 것을 볼 수 있다. 즉 "개체의 구조는 몇몇 요소들로 환원될 수 있으며 이 요소들로부터 구조는 덩어리 전체로 퍼진다". 이러한 설명은 발생학에서 말하는 '유기조직자organsateur의 이론에서 나오는 것인데, 시몽동에 의하면 이것이 시사하는 바는 "생명물질이 우리가 잘 모르는 특정한 장champ들의 자리일 수 있다는 것" 그리고 그것은 결정을 생성하는 무정형물질에 비유할 수 있다는 것이다[201]. 이때 구조는 어떤 방향성, 극성을 따라 "자기 자신과 관련하여 유비적으로" 이루어지면서 전체로 퍼져나간다. 혼동하지 말아야 할 것은 개체성의 구조가 불변적 단일성을 배척한다 해도 개체성의 구조화는 몇몇 요소들의 유비적 역동성으로부터 일어난다는 것이다.

자기 자신과 관련한 유비는 개체 존재자의 특징이다. 그것이야말로 개

<그림 11> 신경계의 정보전달

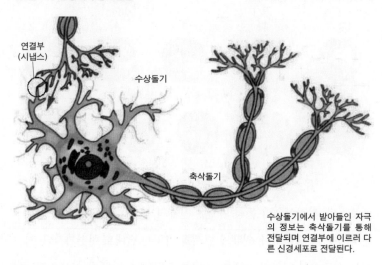

연결부
(시냅스)

수상돌기

축삭돌기

수상돌기에서 받아들인 자극
의 정보는 축삭돌기를 통해
전달되며 연결부에 이르러 다
른 신경세포로 전달된다.

체 존재자를 식별하게 해주는 속성이다. 극성이 생겨날 때마다, 비대칭
성과 방향성과 질서가 나타날 때마다 개체성이 준비된다. 개체화의 조
건은, 타성적이든 생명적이든, 물질로 하여금 극성화될 수 있게 해주는
퍼텐셜의 존재 안에 있다.202

시몽동은 결정의 개체화가 그러한 것처럼 퍼텐셜로 가득한 전개체
적 장champ에서 극성이 생겨나면서 구조화가 시작된다는 최초의 가정을
생명적 개체화에서 되풀이한다. 조직화는 물질과 생명의 수준에서 동등
하게 생겨나고 이것이 생명에서 기능적 삶으로 이행한다. 하지만 물질
의 극성화에 대한 연구는 아직까지 부분적인 것에 그치고 있어서 극성
화와 개체화의 관계를 정확히 밝혀낸다는 것은 가능하지 않다. 다만 시
몽동은 물리학의 양자적 국면, 즉 문턱이라는 개념이 생명의 구조화에

서 역시 중요한 역할을 한다는 것을 강조한다. 그것은 특히 신경계의 작동방식에서 나타난다. 신경계는 단지 전기화학적 전도들의 체계가 아니라 그것들의 여러 수준들이 관계맺는 체계이다(그림 11). 신경중추들은 정보가 지나가는 경로들을 연결하는 '연결부'relais들에 의해 접속되어 있고 연결부는 문턱 구조를 갖추고 있다. 정보의 전달은 어떤 수준에서 일정한 에너지의 문턱에 도달하지 못하면 제로값에 상응한다. 물론 이보다 하위의 문턱을 갖는 연결부가 작동할 경우 정보는 그 안에서 전파가 능한 경로를 향해 방향을 잡는다. 즉 전달경로의 매 수준에서 '전부 아니면 무'라는 법칙이 작동한다. 이는 수준들 간의 불연속성을 야기하는 양자적 특징을 말한다. 에너지퍼텐셜은 연속적이 아니라 불연속적으로 수행된다. 생리적 반응의 기관들, 신경자극에 의한 근수축과 같은 효과기effecteur들의 작용 그리고 중추의 작용 등 에너지를 전달하는 매체들은 이러한 불연속적 과정을 따른다. 그래서 "비록 생리적으로 보면 한 유기체 안에서 모든 것이 모든 것에 연결되어 있다 하더라도 인과성의 다양한 그리고 구조화된 체제들은 양자적 작동 법칙들 덕분에 확립될 수 있는 것이다"[203].

생명적 조직화의 근원, 생명적 개체화를 가능하게 하는 기반은 바로 정보 경로들의 이질성들 사이에서 작용하는 문턱의 효과, 그리고 이 효과들의 체계화로부터 유래한다는 것이 시몽동의 생각이다. 이것이 생명의 정보체제의 기반이 되고 증폭의 과정을 가능하게 한다는 것이다. 시몽동은 생명에 고유한 연결부의 기능을 기술적 개체화에서 제시한 '변조'modulation 기능에 비유한다. 생명체는 그 문턱 구조에 의해 생리적으로 '정보의 변조자modulateur'이다. 물리적 개체에서 정보가 퍼텐셜에너지의 매체 그 자체와 구분되지 않는다면 생명적 개체는 문턱 구조에 의해 만들어진 연결부에 의해 이 매체들을 구분한다. 이 각각의 매체들 사이에서 정보의 변조라는 기능이 덧붙는다. 그렇게 해서 생명체는 "영양섭취를 하여 에너지를 만들고 입구 또는 기억을 가지며 효과기의 체계를 갖는다"[203].

(4) 정보와 개체발생

내적 문제상황의 해결로서의 개체발생

개체성의 구조는 생물의 개체발생으로부터 구체적으로 드러난다. 발생학이 보여 주는 생명체의 형성 과정은 그 기제가 상당히 밝혀진 최근까지도 여전히 경이의 대상이 되고 있다. 시몽동은 정보이론에 기초한 자신의 개체화 이론으로부터 개체발생의 순차적 단계들을 꼼꼼이 살펴보고 있다. 성체인 한에서 생명체의 활동은 자가조절하는 항상성을 기반으로 이루어진다. 하지만 개체발생은 항상성을 넘어서는 역동성을 필요로 한다. 시몽동은 개체발생을 설명하기 위해 '내적 문제상황' problématique(또는 '문제제기')라는 개념을 소개한다. "개체발생은 해답에서 해답으로 완전한 안정성 즉 성체에 이를 때까지 도약하는 항구적인 문제제기"이다[205]. 발생하는 개체는 상반되는 요소들, 불균등화된 요소들이 제시하는 정보를 전달하고 소통하게 하면서 내적 공명과 증폭에 의해 새로운 차원으로 넘어가는 과정이다.

막 개체화된 존재자는 상반되는 요소들의 짝들의 형태 아래서 정보를 담지하는 체계로 간주될 수 있다. 이 짝들은 내적 공명으로부터 응집을 갖게 되는 개체화된 존재자의 일시적 통일성에 의해 연결되어 있다. 준안정적 평형의 항상성은 그 안에 불균등화disparation가 존재하는 이 영역들을 소통활동에 의해 연결해 주는 응집의 원리이다. 그때 발생 développement은 개체가 전언내용으로서 전달하는 내적 문제들을 한 단계씩 차례로 해결해 가는, 구조들과 기능들의 순차적 발명으로서 나타날 수 있을지도 모른다[204].

내적인 문제들을 순차적으로 해결해 가는 과정은 구조의 형성과 기능들의 완성을 통해 이루어진다. 생명적 개체화에서 구조와 기능의 발명, 증폭, 새로운 공리계의 형성, 문제의 해결 등의 용어는 같은 것을 지시하고 있다는 것을 염두에 두도록 하자. 생명체에 있어서 문제의 해결은 긴장의 무화가 아니다. 형태이론이 보여 주는 안정화된 형태의 평형은 구성적 역동성을 무시하고 있다. 개체발생은 형태의 자가구성적 과정으로서 불균등하게 남아 있는 요소들로부터 구조와 기능들이 체계적 통일성을 얻는 과정이다. 긴장의 무화는 죽음에 이를 뿐이고 완전한 균형에 이른 안정적 평형은 개체의 빈약화, 퇴화에 지나지 않는다. 생명체가 문제를 해결한다는 것은 문제들을 무화시키는 것이 아니라 그것들을 "준안정성의 평형 속에서 보존"하고 "긴장들을 양립가능하게" 하는 것이다[205].

시몽동은 발생학에 기초하여 아동발달의 유형을 연구한 교육심리학자 게젤A. Gesell의 이론을 원용하여 개체발생의 과정을 보충한다. 우선 생명체의 발생은 뇌와 꼬리를 잇는 축을 기본으로 하는 극성에서 시작하여 감각기관을 비롯한 여러 기관들의 대칭성으로 완성된다. 전자가 단일성의 원리라면 후자는 이원성의 원리다. 성체로 성장하면서 기능들과 구조들은 분리되는 동시에 유기적으로 재결합된다. 시몽동의 용어로는 분화와 통합의 이중운동이다. 이러한 기제에 따라 아동의 운동발달이 일어난다. 운동발달을 주도하는 성숙maturation의 과정은 유전적 기제에 따라 일어나지만 이것이 개체화를 완전히 결정하는 것은 아니다. 여기서 시몽동이 주목하는 것은 기관들의 대칭이라는 이원성과 발달 방향의 일원성 혹은 통일성 사이의 긴장이다. 시몽동은 이러한 이원성이 유전 기제에서도 이미 나타난다고 본다. 그는 유전 기제를 정확하게 제시하지는 못하지만 "유전적 특징은 미리 결정된 요소가 아니라 해결해야 할 문제가 아닐까"라고 말한다. 즉 그것은 "불균등화 관계에 있는, 서로 구분되면서도 통합된 두 요소들의 쌍"이라는 것이다. 시몽동의 생각에서 중요한 것은 이러한 불균등화 관계를 극복하면서 즉 문제를 해결하면서 나타나는 새로운 차원은 '의미작용'signification을 산출한다는 것이다. 불균등화된 요소들이 함축하는 정보는 발생 안에서 실현되기 때문에 발생은 "의미작용들의 구조기능적 실현"이다206. 달리 말하면 문제의 해결이 곧 의미의 산출이다. 문제가 없다면 의미도 생겨나지 않는다. 이는 물질의 개체화에서는 볼 수 없는 생명적 개체화의 독특한 특징이라할 수 있다.

시몽동이 사용하는 불균등화disparation라는 말은 본래 심리생리학에서 쓰이는 용어이다. 왼쪽 망막과 오른쪽 망막은 각각 2차원적 이미지를 지각하는데 그런 상태에서 그것들은 통합이 불가능한 불균등화 상태에 있다. 그것들이 보는 각도가 다르기 때문이다. 그것들은 2차원에서는 겹칠 수 없고 3차원에서만 통합될 수 있는데 이러한 통합은 새로운 공리계의 출현을 전제한다. 새로운 공리계는 두 이미지를 그 자체로 통합하는 것이 아니라 모든 세부사항을 새로운 전체에 통합하는 것이다. 이는 추상이나 일반화 과정이 아니다. 지각은 공통적인 것을 보존하는 것이 아니라 특수한 것들을 보존하고 그것들을 전체 안에 통합시킨다. 그래서 "지각은 두 개의 특수한 것들 사이의 갈등을 이용하여 그것들을 통합하는 더 우월한 체계를 발견한다. 지각적 발견은 환원적 추상이 아니라 통합이고 증폭시키는 작용이다"[207]. 한편 지각은 더 근본적으로는 감각자료들을 통합함으로써 이루어진다. 그러나 이는 칸트에서 그러하듯이 선험적 형식에 질료의 무규정성(감각적 잡다)을 통합하는 과정과는 전혀 다르다. 감각은 "환경과의 관계를 지시하는 감각기관들의 미분적 작용" 즉 분화 활동이며 지각은 감각의 "미분적 활용"으로서 감각적 분화 활동을 통합한다. 감각과 지각은 불균등화된 쌍으로서 "이미 형성된 구조기능적 표본들을 이용하여 수행되는 개체발생"이다[208].

시몽동은 생명체의 개체화를 설명하기 위해 감각과 지각의 사례를 들고 있지만 이것은 사례에 그치는 것이 아니라 심리적 개체화와 생명적 개체화가 연속되어 있다는 것 그리고 둘 다 분화와 통합에 의해 진행되는 증폭이라는 것을 보여 준다. 이 내용은 나중에 정신적 개체화로 연결된다. 한편 이어서 다루는 적응의 문제는 불균등화를 이루는 쌍이 개체 내부와 외부 환경 사이에서 나타나는 경우이다.

개체와 환경의 관계, 개체화 과정과 장의 위상학

개체발생으로 형태를 갖춘 개체는 환경 안에 던져질 때 어떻게 행동하며 환경과 어떠한 방식으로 관계를 맺게 될까? 일반적으로 개체발생 과정에서 유전기제에 의한 내적 강제를 강조하는 생물학자들은 환경과의 관계에서는 적응adaptation에 의한 외적 강제를 주장한다. 사실 적응의 개념은 생명의 진화를 설명할 목적으로 고안된 개념이다. 하지만 시몽동이 우선 주목하는 것은 진화의 과정 자체보다는 생명체가 환경과 관계

맺는 행동, 심지어 환경을 창조하는 한에서의 행동이다. 시몽동은 인간의 행동을 역동적 환경-장 속에서 연구한 쿠르트 레빈K. Lewin의 장이론을 비판적으로 검토하면서 개체발생으로부터 행동과 환경의 관계에 이르기까지 일관된 방식으로 자신의 설명을 이어간다. 레빈에 의하면 환경은 목적을 이루고자 하는 개체의 운동에 대립하는 힘들로 구성된다. 그것은 개체의 행동에 반작용을 행사하는 역동적 장이다. 생명체와 환경의 힘들 사이에는 갈등이 있고 개체는 환경에 적응해야 한다. 적응은 결국 문제를 해결하는 것이고 레빈에게 있어서 이는 "장을 새롭게 구조화하여 이 장의 위상학을 변형하는 것"이다209.

장이론은 개체가 장에 종속될 수밖에 없다는 소극적 측면과 문제를 해결하기 위해서는 장의 위상학을 바꾸어야 한다는 적극적 측면을 보여준다. 하지만 시몽동은 장의 위상학을 변형하기 위해서는 개체화 과정을 감당하는 존재자가 있어야 하는데 장이론에는 그것이 결핍되어 있다고 본다. 우선 주체와 환경을 구성하는 요소들 간의 불균등화라는 조건이 필요하다. 불균등화 상태에 있는, 양립불가능한 요소들이 새로운 체계에 완전히 새로운 방식으로 통합될 때 장의 위상학은 변형된다. 그런데 불균등함은 단지 대립이 아니다. 불균등함의 해소를 위해서는 요소들 간에 일정한 공통성이 존재해야 한다209. 레빈에 의하면 주체와 환경을 대표하는 각각의 힘들은 서로 밀고 당기면서 공통성을 발견할 수 없을 정도로 대립한다. 그러나 개체의 적응행동은 환경으로부터 자신과 유사한 요소들을 이끌어 내는 것, 즉 주체와 환경 간에 관계를 맺는 과정이다. 게다가 불균등한 요소들을 통합하는 이 과정은 엄밀히 말해 단지 힘들의 위상학적 변형을 넘어서는 새로운 차원의 발견이다. 이로부터 '의미작용'이 생겨난다. 따라서 행동은 의미를 탄생시킨다. 의미를 탄생시키는 것은 적극적 개체화이다. 환경에 대한 수동적 적응은 이러한 적극적 개체화를 설명할 수 없다. 반대로 적응은 항구적인 개체화 과정이다.

항구적 개체화라는 개념에서 알 수 있듯이 개체화는 문제를 해결하는 생명의 모든 활동에 적용되는 개념이다. 행동은 지각에 수반된다. 지각이 감각들의 불균등화를 해결하는 것이라면 행동은 지각적 우주들의 불균등화, 비정합성을 해결한다. 환경은 있는 그대로 주어지는 객관적 존재가 아니다. 예를 들어 양분의 추구라는 관점, 포식자로부터의 도피의 관점, 성욕의 관점 등 다양한 관점에 따라 다른 서로 불일치하는 지각세계들이 존재한다. 그래서 "환경은 지각 세계들을 단일성 안에 통합할 수 있는 생명체에 대해서만 존재"한다. 생명체의 적응행동이 환경을 창조하며 "행동 이전에는 경로도 없고 통합된 우주도 없다"211. 형태이론과 장이론은 환경이 하나의 전체로서 주어진다고 가정하는데 여기에는 또한 그것이 안정된 평형을 이룬다는 가정이 있다. 시몽동에 의하면 안정적 평형은 준안정적 평형으로, 형태의 개념은 정보[형태부여]의 개념으로 대체해야 한다. 불균등화와 불일치는 준안정성에서 생겨나는 것이고 이를 해결하는 것도 준안정적 평형을 유지하고 변경하고 연장하는 한에서 가능하다.

개체화는 개체발생에서부터 생명체 내부와 외부에 걸쳐 있는 모든 활동에 이른다. 생명은 "개체화 과정의 일련의 변환으로 또는 순차적 해답들의 연쇄"이다. 이 과정에서 얻어진 해답들은 이후의 해답들에 병합되어 생명은 점점 더 복잡하고 고차적인 형태들로 정교화된다. 진화의 과정도 바로 이런 상황을 반영한다. 시몽동에 의하면 "진화는 엄밀히 말해 완성이 아니라 통합이고, 퍼텐셜들을 축적하고 구조들과 기능들을 모으면서 자기 자신 위에 점점 더 의존하게 되는 준안정성의 유지이다"213. 하지만 시몽동은 진화의 구체적 기제나 철학적 의미에 대해 충분히 검토하지 않는다. 다만 생명적 개체화의 핵심적 기제로 제시한 유형성숙의 개념을 진화의 단서로 제시할 뿐이다.

> 개체화는 어떤 방식으로 긴급한 문제의 잠정적이고 극적인 해결이다. 그러나 다른 한편 개체화는 유형성숙 과정과 직접 연결되어 있기 때문에 진화의 뿌리이다213, 각주.

노화와 죽음

이제 시몽동은 노화와 죽음에 대한 설명을 시도한다. 우선 노화와 죽음은 유한한 개체들의 운명이다. 생명적 개체화를 '일반화된 유형성숙'이란 거시적 관점에서 접근할 때 유한한 개체들은 군체나 사회적 삶 또는 분열로 영원히 생존하는 것들과 더불어 개체화의 여러 측면들 중 하나에 지나지 않는다. 노화는 개체화의 과정 이후에 남는 흔적, 찌꺼기로서 개체화에 완벽하게 통합될 수 없었던 어떤 것, '먼지'와 같은 것이다. 시몽동에 의하면 죽음에는 외적 조건과 내적 조건에 따라 두 가지 종류가 있다. 우선 외적 조건들에 맞서 문제해결에 실패하거나 생명적 공리계(개체-환경의 짝) 자체가 무너지는 경우 즉 외적 우연에 의해 어쩔 수 없이 대면해야 하는 죽음이 있다. 이는 생명체와 환경의 준안정적 평형의 파괴로 이어지고 '개체화의 덧없음'을 보여 준다. 다른 하나의 죽음은 내재성 아닌 내재성, 즉 내부에 있는 외재성에 의한 것이다. 개체화가 순차적인 과정을 거치며 안정적 평형에 근접함에 따라 개체화된 체계는 엔트로피의 증가를 겪게 된다. 잠재력은 사라지고 새로운 개체화의 싹은 나타나지 않은 채로 이미 활용된 에너지의 찌꺼기는 개체를 둔하게 만든다. 이러한 노화에 이어 수동적 죽음이 나타난다. 이것이 수동적 죽음인 이유는 "세계와의 대면으로부터 나오는 것이 아니라 내적 변형들의 수렴으로부터" 나오기 때문이다. 그것은 "개체발생의 반대급부"이다[214]. 유리관 속에서 배양된 유기조직들은 계속해서 성장하지 못하도록 자주 손질해 주면 미분화된 상태로 한없이 유지된다고 한다. 이는 유독성 물질이 축적되지 못하기 때문이다. 성장은 분화이고 분화는 구조화, 기능적 전문화이며 분화된 조직은 머지않아 죽을 운명에 처한다. 노화는 재생능력의 감소를 보여주는데 이미 분화된 조직은 새롭게 분화될 능력을 잃는 것이다. 반면 조직이 성장하지 못하도록 계속 손질해 주면 그것은 언제나 "발달의 동일한 지점으로" 돌아간다[214]. 유형성숙이 그러하듯이 이 미성숙한 조직은 새로운 개체화의 기반이 될 수 있는 가능성을 가지고 있다.

따라서 고등동물에서 보이는 분리된 개체들에 있어서 노화와 죽음은 필연적이라 할 수밖에 없다. 군체는 노화와 죽음에서 벗어난 것처럼 보인다. 하지만 군체와 달리 분리된 개체에는 특별한 것이 있다. 앞서 생명체에 있어서 문제의 해결은 의미작용을 낳는다고 한 바 있는데 이제 시몽동은 분리된 개체들에서 의미작용을 다룬다. 분리된 개체는 탄생과 죽음 사이에서 "그것들에 의미를 부여하는 실존의 지위를 가지고 **성숙하는 존재**"이다. 성숙maturité은 탄생과 죽음이라는 두 극단적 현상들의 중심에 있다. 성숙한 개체는 "가장 완전하게 자신의 기능과 일치"하며 "세계 안에서 구조화되고 세계를 자신 안에서 구조화한다"[215-216]. 여기서 세계란 집단을 말한다. 개체화는 개체 안에서만 이루어지는 것이 아니라 개체를 넘어서는 집단 안에서 개체가 가진 특이성을 증폭시킨다.

개체에게 집단적인 것의 탄생은 제2의 탄생이다. 그것은 의미 창조의 기반이다. 의미는 개체화된 필멸의 존재들로부터 나오는 것이 아니다. 성숙한 개체는 '집단적인 것'le collectif 안에서 "지금, 여기를 넘어서는" 의미를 구현한다. 기능의 완전한 실현을 의미하는 '엔텔레케이아'는 "집단적인 것을 따르는 개체화"에서 가능하다[216]. 개체들의 집단은 군체와 다르다. 집단은 잇따르는 개체들을 통해 노화되지 않는 점에서 군체와 유사하지만 군체가 "영속적 현행성actualité" 속에 고정되어 있다면 집단은 "현재 안에서의 개별적 생성들의 만남"이며 이러한 **"현재의 현전présence에 의해 과거와 미래는 차원들이 된다"**는 점에서 그것들은 심층적 차이가 있다[217].

> 군체나 생명적 군은 존재자의 다양한 부분들 안에서 영속적인 현행성을 순환시킨다. 고등종들에서는 가속화된 개체발생과 그것의 상관항인 노화가 집단적인 것의 이 현행성과 관련하여 개체를 앞뒤로 상전이시킨다déphaser[216]

이처럼 분리된 개체는 집단에의 참여를 통해 새로운 차원에 통합된다. 행동이 지각적 불균등성을 3차원에서 통합하고 의미를 부여하듯 개체 속에서 양립불가능한 두 측면, 탄생과 노화는 집단의 현재성 속에서 과거와 미래라는 새로운 의미와 공리계를 획득한다.

생명체의 위상학적 구조

물리적 개체화의 마지막에서 본 바와 같이 생명체의 개체화 과정의 말미를 장식하는 것은 위상학과 연대기에 관한 고찰이다. 위상학과 연대기의 관계는 개체의 현존재성을 설명하기 위해 시간과 공간이라는 추상적 개념보다 훨씬 더 구체화된 내용을 보여 준다. 우선 생명체를 이해하기 위해서는 그것을 이루는 물질적 조성을 넘어서 그것의 고유한 위상학, 즉 "그 특수한 공간 유형, 내부성의 환경과 외부성의 환경 사이의 관계"를 알 필요가 있다. 시몽동은 생명체가 유클리드적 공간으로는 접근할 수 없는 위상학을 가진다고 보는데 생명체를 유기화학으로 만들어진 물질로부터 합성하고자 하는 모든 시도는 유클리드 공간을 기초로 하기 때문에 근본적인 난점을 가질 수밖에 없다. 생명체의 속성은 결정화 과정에서 고려된 "구조적이고 에너지적인 조건들 훨씬 이상으로 일정한 위상학적 조건의 유지, 자가 유지로 나타난다". 먼저 생명체의 내적 기능들이건, 외부 자극에 대한 반응들이건 "모든 기능들의 기저에서 재발견되는 속성들 중 하나는 세포 투과성의 극성$_{polarité}$과 비대칭이라는 특징"이다[224]. 이것은 생명체에서 막$_{membrane}$의 역할의 핵심적 중요성을 보여 주는 것이다. 막의 극성이란 외부 물질의 유입에 선택적 투과를 행사함으로써 내부를 특정한 방식으로 응집시키는 특성이다. 생명체를 외부와 구분하는 이 막의 존재는 내부환경과 외부환경 사이에 비대칭성을 산출하면서 내부환경을 유지하게 해준다. 그런데 단세포 유기체에서 막은 내부와 외부를 절대적인 방식으로 분리하기 때문에 그 역할은 비교적 명확한 반면 다세포 유기체에서는 내부와 외부에 여러 개의 층이 존재하기 때문에 막의 위상학은 상당히 복잡해진다. 예를 들어 호르몬을 직접 혈액으로 내보내는 내분비선의 관점에서는 유기체의 일반적 내부환경은 외부환경이 된다. 영양분을 선별적으로 동화하고 흡수하는 내장이나 배설기관들처럼 외부와의 통로 역할을 하는 기관들은 유기체의 외부라 할 수도 있다. 따라서 복잡한 유기체에는 여러 수준의 내부성이 있

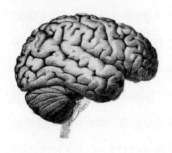

〈그림 12〉 뇌피질의 접힘

고 이것들은 "절대적 내부에서 절대적 외부로 나아가는, 내부와 외부의 변환적 중개"를 구성한다[225].

　가장 원시적인 단세포 생명체에서부터 위상학은 그것을 물체와 구분해 준다. 다만 유기체가 복잡해지면 신경계와 더불어 통합과 분화의 위계적 구조가 나타나는데 시몽동은 이 구조에 특권을 부여해서는 안 된다고 본다. 왜냐하면 그것은 단지 "최초의 [위상학적] 구조를 지탱하고 확장하기 위한 중개와 조직화의 수단"에 지나지 않는다고 보기 때문이다[225]. 사실 통합과 분화의 활동은 앞서 내적 공명을 따라 정보를 전달하고 증폭시키는 생명의 고유한 개체화 방식이라고 한 바 있다. 통합과 분화의 결과로 나타난 복잡성은 생명 형태들에서 개체성의 다양한 정도를 나타낸다. 하지만 이 과정이 결정에서는 경계에서 일어난다면 생명체에서는 내부에서 일어나기 때문에 내부와 외부를 가르는 위상학적 기준이 우선한다고 보는 것이다. 그러므로 위상학은 통합과 분화의 구조보다 더 근본적인 것이다. 한편 위상학은 진화과정에서 유기체의 공간적 문제들을 해결하는 방법이기도 하다. 예를 들어 신피질의 발달은 피질의 접힘에 의해 일어난다(그림 12). 따라서 감각기관에서 오는 자극이 대뇌피질에 전달될 때 유클리드 공간은 위상학적 공간으로 전환된다. 반대로 신체의 반응도식은 위상학적 구조를 유클리드적 구조들로 전환한다.

　생명체의 위상학적 구조가 결정과 같은 물체의 구조와 다른 점은 그것이 자신의 내부에 '연대기'를 함축하고 있다는 점이다. 결정의 연속적 성장에서 과거는 아무런 역할을 하지 않는다. 결정의 예측가능한 반복적 구조는 과거를 압축하여 정보를 새롭게 처리할 여지를 남기지 않는다. 반대로 생명체에서는 과거 전체가 내부 공간의 내용을 구성하며 그것은 경계에서 외부 공간에 반영될 수 있다.

> 사실상 위상학에는 거리가 없다. 내부 공간 안에 있는 생명물질의 총량이 생명체의 경계 위에 있는 외부 세계에 능동적으로 현전한다. 지나간 개체화의 모든 산물이 거리가 없이 지연됨도 없이 현전한다. 내부 공간의 일부가 된다는 사실은 단지 유클리드적 의미에서 '안에 있다'는 것이 아니라, 기능적 효력을 지연시키지 않고, 고립도 관성도 없이 경계의 안쪽에 있다는 것을 의미한다.[226]

생명체의 연대기는 순차적으로 일어난 모든 것을 압축한다. 그것은 양적 시간, 균일한 시간이 아니라 위상학과 마찬가지로 불연속성, 인접성, 봉인enveloppement을 내포한다. 위상학과 연대기는 감성의 선험적 형식이 아니라 "개체화하는 생명체의 차원성"을 형성한다. 즉 인식 조건이 아니라 존재 조건이라고 말할 수 있겠다. 그것들은 언제나 짝을 이루어 나타난다[227]. 한 물질이 막의 내부에 있다는 것은 그것이 과거 안에 포획되어 있다는 것이고 외부에 있다는 것은 동화되든, 거부되든 다가올 미래를 의미한다. 과거와 미래의 대면이 생명체의 현재를 이룬다. 현재는 "내부와 외부, 과거와 미래의 관계의 이러한 준안정성"이다.

시몽동은 앞에서 생성을 '위상학과 연대기의 불일치'로 인해 나타난다고 한 바가 있는데 이제 "위상학과 연대기는 생명체의 개체화 안에서 일치한다"고 말한다[227]. 하지만 이는 이미 개체화된 존재자에 대한 이야기다. 생성 자체는 위상학과 연대기의 불일치에 의해 가속화되며 개체화된 존재자는 일시적으로나마 자신의 연대기를 자신의 위상학 안에 붙잡아 둘 수 있는 것이다. 결정은 완성이라는 것을 모르기 때문에 환경조건이 허락하는 한 계속해서 개체화되지만 생명체는 개체화되면서 스스로 자가구성의 한계를 짓는 동시에 그 한계를 기초로 하여 다시 개체화되는 순환적 발생과정 속에 있다. 이것이 생명체의 독특한 위상학적 구조를 만들어 내고 자신에 고유한 연대기를 소유하는 이유이기도 하다.

2. 정신적 개체화

정신적 개체화는 독립적인 개체화가 아니다. 그것은 생명적 개체화의 연장인 동시에 집단적 개체화라는 또 다른 생성과 짝을 맺고 있다. 물질적 개체화와 생명적 개체화 사이에 존재하는 불연속성은 꽤 두드러져 보인다. 비록 후자가 전자의 증폭과 지연으로 출현한다고 해도 초기부터 둘을 가르는 위상학적 조건은 그것들 간에 깊은 간극을 보여 준다. 하지만 정신적 개체화는 생명적 개체화에 상당히 밀착되어 그것을 연장하고 있다. 생명은 계속되는 문제상황에 대한 해결로서만 나타나기 때문에 절대적 완성이 없는 개체화들의 연속이며 정신적 개체화는 그러한 생명적 문제상황에 대한 하나의 독특한 해결로서 나타난다. 그런데 정신적 개체화의 커다란 특징은 집단적 개체화를 동반한다는 점이다. 그 이유는 "정신적 존재자는 자신 안에서 자신의 고유한 문제상황을 해결할 수 없기" 때문이다[29]. 그것은 집단적인 것에 대한 호소를 필요로 한다.

생명, 정신, 집단을 관통하는 퍼텐셜을 '개체초월성'transindividualité이라 부른다. 이것은 각각의 개체화 이후에도 남아 있는 전개체적 하중으로서 개체를 넘치기 때문이다. 생명적 개체에서 정신적 개체로 전달되는 개체초월성은 구체적으로는 정념적 특징, 즉 '정념성'affectivité을 의미하는데 이는 막연한 느낌의 차원을 넘어서서 생명적 활동을 가능하게 하는 퍼텐셜 정도로 볼 수 있다. 이는 또한 정신적 개체화에 한정되지 않고 '집단적인 것'le collectif의 개체화의 조건이 된다. 개체들은 개체초월적 실재를 통해 함께 집단적 단위로 생성하는데 이것이 집단적 개체화이다. 따라서 집단적 개체화가 없이는 정신적 개체화도 없으며 그 반대도 성립한다. 두 종류의 개체화는 직접적인 상호의존을 통해 일어난다. 시몽동은 정신적 개체화를 '내적' 개체화라 하고 집단적 개체화를 '외적' 개체화라고 묘사한다29.

이런 관점에서 정신과 생명의 관계는 새로운 양상을 띤다. 시몽동은 생명적 개체화 연구의 초기 단계에서 이미 이에 대한 깊이 있는 논의를 하고 있다. 서양철학의 전통에서 생명은 흔히 신체적 특징으로, 정신은 신체를 넘어서는 것으로 인식되어 왔다. 그러나 시몽동에 의하면 정신과 신체는 형상과 질료의 관계(아리스토텔레스)도 아니고 두 개의 다른 실체(데카르트)도 아니며 평행관계(스피노자)도 아니다. 연속적인 모든 개체화가 그러한 것처럼 "정신적인 것은 생명체의 개체화의 지연ralentissement으로서, 생명적 생성의 최초의 상태의 유형성숙적인 증폭으로서 개입한다"165. 그것은 무로부터의 출현도 아니고 이전의 개체화에 대해 다른 판본을 제시하는 것도 아니다. 즉 "개체화는 전체나 무의 법칙을 따르지 않는다. 그것은 양자적 방식으로 갑작스런 도약에 의해 수행된다"166.

정신적 개체화가 실체의 활동이 아닌 이유는 그 활동 자체에서도 설명된다. 정신적 개체화는 하나인 것이 아니라 다수의 또 다른 개체화들의 결합이다. 생명적 개체화는 갈등 상황에서 양립불가능한 모든 요소들을 새로운 공리계 안에 통합시켜 문제를 해결한다. 일반적으로 정신의 활동으로 거론되는 감각, 지각, 상상, 추론 등은 질료적 다양성 및 능동적으로 인식하는 주체라는 이분법적 구도에서 이해해서는 안 되고 동일한 생명적 개체가 새로운 공리계에서 문제를 해결하는 차원들로 이해되어야 한다. 따라서 각각의 정신적 활동은 그만큼의 개체화들이며 정신적 개체화는 이 다양한 개체화의 통합으로 나타난다. 물론 이 통합이라는 것은 산술적인 의미가 아니고 각 개체화를 양립가능하게 만드는 문제 해결의 시도의 결과이다. 시몽동은 지각$_{perception}$과 정념$_{affection}$의 역할을 양대 축으로 하여 정신적 개체화 과정의 설명을 시작한다. 지각과 행동은 외적 우주를, 정념과 감정은 내적 우주를 통합하는 정신적 작용이다$_{255}$. 정신적 개체화는 지각적 문제들과 정념적 문제들 간의 불균등성, 양립불가능성으로부터 촉발되어 이를 해결하고자 하는 데서 유래한다.

지각과 행동은 생명적 차원에서 이미 문제를 해결하는 장치들이고 그 경우 정념의 규제를 받는다. 생명체는 항구적인 변화에 대처하는 일정한 구조적 장치를 가지고 있는데 이는 정념이 가진 선호와 배제라는 특성에서 유래한다. 캉길렘에 의하면 생명체는 쾌락을 추구하고 고통을 회피하는 '역동적 양극성'에 따라 주어진 문제를 해결하는데 이에 따라 각 생명체에 고유한 규범들이 만들어진다. 규범을 만드는 생명체의 능력을 규범성$_{normativité}$이라 하며 이것은 정념의 '규제적'$_{régulatrice}$ 활동에 기원을 갖는다. 정신적 개체화가 나타나는 것은 생명적 활동에서 규제적 정념성이 더 이상 문제를 해결할 수 없을 때이다.

생명이 문제상황에 처하게 되는 것은 그것이 지각과 행동의 이원성을 포괄하여 단일성으로 용해될 역량을 갖추지 못하고 지각과 행동으로 구성된 전체와 병행할 경우이다. 생명체의 모든 문제들이 규제적 정념성의 단순한 변환성에 의해 해결될 수는 없다. 정념성이 더 이상 해결하는 힘으로 개입할 수 없을 때, 그것이 이미 개체화된 생명체 내부에서 영구화된 개체화에 해당하는 이 변환성[정념적 변환성]을 더 이상 작동시킬 수 없을 때 정념성은 생명체 속에서 중심 역할을 벗어나 지각-행동적 기능들 주위에서 정돈된다. 그러면 생명체는 온통 지각-행동적이고 정념-감동적affectivo-émotionnel인 문제상황으로 가득차게 된다. 정신적 삶에 대한 호소는 생명체를 퍼텐셜로 풍부한 준안정적 긴장 상태에서 [그대로] 보존하는 지연과 같은 것이다.165

(1) 지각 단위들의 개체화 그리고 의미작용

관념연합론과 형태이론

지각의 문제는 무엇보다 '대상'을 인식하는 것이다. 대상이란 감각소여들이 정처 없이 부유하는 혼돈된 상태가 아니라 분리되고 구분된 단일성 혹은 하나의 전체성으로 드러나는 어떤 것이다. 관념연합론은 이러한 지각 대상이 감각적 요소들의 연합으로 또는 좀더 안정된 경우에는 그러한 연합의 '습관'으로 이루어진다고 본다. 이 이론의 난점은 대상의 '내적 정합성'을 끝내 설명할 수 없다는 것이다. 요소들이 우선하고 그것들이 수동적으로 혹은 우연적으로 결합하는 경우에 요소들 간에 '실체적 유대관계'를 말할 수는 없을 것이다. 만약 수동적 종합인 습관이 이러한 견고한 정합성을 가져온다면 오히려 거기에 일종의 "숨겨진 본유주의innéisme"가 있지 않은가를 물어야 한다[229].

　　지각 대상이 수동적 종합의 결과가 아니라 통일성과 역동성을 가진 에너지적 상태라고 보는 시몽동은 연합론을 넘어서서 형태이론을 논의한다. 형태심리학은 지각 대상의 단일성이 유사성, 인접성 외에도 연속성, 호소력prégnance, 폐쇄성, '좋은 형태' 등의 법칙에 따라 단번에 파악된다고 본다. 좋은 형태의 원리에 의하면 대상이 인지되는 것은 호소력을 가진 전체성의 형태로서이며 요소들의 단순한 결합으로서가 아니다. 시몽동은 지각이 결국 유기체의 문제라면 전체성으로 파악되는 것은 당연하다고 여긴다. 다만 형태이론이 설명하지 못하는 것은 형태 발생의 문제이다. 만약 형태가 결정된 것으로서 미리 주어져 있다면 그것의 발생은 수수께끼로 남는다. 하지만 생명적 개체발생이 비결정적인 과정이듯이 지각적 형태의 발생도 결정된 내용의 전개가 아니다. 시몽동에게는 이 역시 개체화의 문제다. 예를 들어 물리계의 개체화는 에너지적 긴장 상태가 최고조에 도달해 있을 경우 미세한 자극에 의해서도 일어날 수 있다. 이러한 국부적 사건의 돌발은 불확실성을 내포한다. 마찬가지로 생명계에서도 생명체들의 군과 환경 사이의 긴장 상태가 최고일 때 예측불가능한 형태의 발생이 있다. 일반적으로 진화에서 종분화 과정을 환경의 선택압에 의해 설명하는 경우가 이에 해당한다고 볼 수 있겠다. 힘들 사이의 양립불가능성의 관계를 의미하는 이런 긴장 상태는 심리적 영역에도 적용될 수 있다. 쿠르트 레빈은 물리학의 장이론에서 영감을 받아 지각장 이론을 제안하고 지각이 일정한 에너지 체계système 안에서 형성된다고 주장한다. 레빈은 주체와 세계 사이의 긴장과 갈등이 심리적 장場, champ에 통합된다고 하는데 좋은 형태는 지각장의 힘들 사이에서 균형이 이루어진 상태이다. 하지만 형태심리학자인 레빈은 형태의 발생으로서의 지각을 설명하지 못하고 있다. 시몽동에 의하면 지각작용이 일어나기 전에 주체와 환경 간에는 긴장과 갈등이 준안정적 퍼텐셜로 존재하며 그 양립불가능성의 상황을 해결하는 것이 바로 지각작용이다. 지각은 "양립가능성의 발견"인 동시에 "형태의 발명"이다[231]. 바로 이 과정을 통해 긴장들은 심리적 장에 통합되어 그 구조의 일부가 된다.

형태심리학의 좋은 형태는 심리적 문제상황의 특징인 준안정성의 퍼텐셜을 고려하지 않는다. 특히 안정된 주체를 대상으로 하는 심리학 실험실에서 나온 결과는 형태들의 발생을 연구하는 데 적합하지 않다. 예를 들어 좋은 형태들로 간주되는 원이나 사각형 같은 단순한 형태들은 적은 양의 정보를 지니고 있어서 지각장에서 단위들을 분리해서 파악하는 데는 불충분하다. 어린아이들에게 맹수에 대한 지각이 지워지지 않는 각인을 남긴다는 사실은 지각이 단순한 기하학적 도식에 가까운 형태들이 아니라 공포와 공감을 야기하는 '신체적 도식'에 가깝다는 것을 보여 준다. 즉 지각에서 중요한 것은 "전체적 정향orientation과 극성" 그리고 "긴장, 퍼텐셜"과 같은 역동적 내용이다[232]. 극성이란 예를 들어 동물을 지각할 때 "머리에서 꼬리에 이르는 축과 그것이 취하는 방향을 발견하는 것"이다.

지각에 대한 정보이론의 설명

지각은 단지 고정된 형태의 파악이 아니라 시간적 과정이기도 하다. 공간적 구조와 시간적 계열 사이의 상호교환이나 번역을 연구하는 것은 정보이론의 일이다. 정보이론에서는 이러한 번역을 위해 다수의 신호들

<그림 13> 파르테논 신전의 조각들

로 이루어진 정보량의 교환을 제시한다. 그러나 형태이론과 정보이론은 공통적으로 형태의 생성의 조건을 알려주지 않는다. 또한 이 두 이론 사이에는 어떤 양립불가능성이 있다.

대상의 지각을 설명하는 데 있어서 정보이론의 특성과 문제점은 무엇인가. 다음의 사례들로부터 생각해 보자. 사진과 영화, 녹음기, 비디오테이프 등은 한 상황을 시간적이고 공간적으로 기록하는 장치들이다. 공간적 구성에 해당하는 사진에서 세부사항을 나타내는 정보는 유탁액의 선명도(해상도)에 좌우되는데 이것은 화학적으로 결합된 은銀 입자들의 수에 기초한다. 이 수가 충분하지 않으면 대상의 형태는 희미하게 된다. 녹음테이프는 공간적 질서를 시간적 순서로 전환하는 장치이다. 예를 들어 하나의 디스크 위에 그것의 구성요소인 플라스틱 재질의 분자적 고리의 크기보다 작은 세부사항을 새길 수는 없는데 이 한계를 넘어가면 소리는 배경잡음과 섞이게 된다. 영화처럼 움직이는 세부사항을 기록하고자 할 경우 시간적인 동시에 공간적인 신호들이 상호작용한다. 단위시간당 전달되어야 할 세부사항들의 수를 계산하여 공간적 구성체들과 시간적 계열들 사이에 지각적, 기술적으로 일종의 타협이 이루어진다. 빠른 운동은 초당 25개, 느린 운동은 초당 5개에서 7개 정도의 이미지가 필요한데 이는 그러한 타협의 산물이다. 신호들의 수로 나타난 정보량은 세부사항의 복잡성을 드러내 준다. 그런데 이러한 정보량이 형태이론에서 말하는 좋은 형태를 알려주지는 않는다. 신호들은 말하자면 무작위적이어서 임의의 형태들에 동일하게 작용한다. 베르그손은 고대인들의 특권적 지각과 근대인들의 영화적 지각을 비교하면서 고대의 형상이론은 전자에, 근대과학의 법칙이 후자에 기초한다고 지적한 바 있다.(그림 13) 형태이론과 정보이론의 관계는 특권적 지각과 임의적 지각과 같은 관계를 보여 준다. 예를 들어 한 무더기의 모래의 이미지를 전달하는 데 사각형이나 원의 이미지를 전달하는 것보다 더 많은 양의 신호가 필요하다. 즉 많은 정보량이 반드시 의미 있는 내용을 전달하는 것은 아니다.

지각적 강도의 개념

형태이론이 질로서의 정보를 제공한다면 정보이론은 양으로서의 정보를 제공한다. 그러나 두 입장 모두 정보의 의미를 제공하는 데는 한계가 있다. 가장 풍부한 지각이 반드시 기하학적 단순성이나, 면밀한 세부적 분석을 조건으로 하지는 않는다. 시몽동은 정보의 질과 양 아래에는 "강도intensité로서의 정보"가 존재한다고 주장한다. 정보의 강도란 무엇인가? 그것은 정보의 양으로는 파악할 수 없는 어떤 '극성'의 작용으로부터 나온다. 예를 들어 '강한 명암의 대조'나 형태들의 '비규칙성' 같은 것이다. 그런데 이는 "생명적 역동성에 의해 방향이 잡힌 주체를 가정한다"[238]. 실험실의 주체가 아니라 구체적 상황에 처한 주체를 "그의 성향들과 본능들과 열정과 더불어 고려해야 한다." 주체는 세계 속에서 다양한 감각 자극이 가진 극성을 따라 자신의 위치와 방향을 정한다. 이때 안내자의 역할을 하는 것은 신호의 양이나 기하학적 형태들이 아니라 빛과 색, 어둠, 냄새, 열 등 감각적 자극들의 '구배'gradient를 따라 주체에게 느껴지는 강도이다. 좋은 형태가 선험적인 것으로 보이는 지각의 틀을

〈그림 14〉 식물의 굴성

제공한다면 정보량은 세부사항을 채운다. 하지만 그것으로 충분하지 않다. 그것이 우리에게 어떤 의미로 다가오기 위해서는 주체가 세계와 맺는 관계, 주체와 세계 사이의 '매개'가 필요하다. 마치 "신호들이 주체와 세계의 짝짓기를 가능하게" 하기라도 하듯 말이다[238]. 식물이 빛과 같은 외부 자극에 굴성tropisme을 보이듯이, 지각에도 극성이 있어서 이것이 지각 단위들의 분리에서 지배적 역할을 한다(그림 14). 그것은 자극의 강도에 이끌려 방향을 잡은 주체로부터 일어나기 때문이다. 즉 지각은 "주체 안에 내포된 형태들을 수용된 신호들에 유비적으로 연결함으로써 [대상의] 조직화organisation를 제시한다. […] 지각 행위는 질과 양 사이의 중개이다. 그것은 강도이다."[239]

강도의 개념은 정신적 개체화를 이해하는 데 핵심이 되는 개념이기 때문에 좀더 자세히 살펴볼 필요가 있다. 강도는 일상적으로는 감각 또는 지각이 내외적 자극에 의해 느끼는 강렬함의 정도이다. 강도 개념이 철학적 개념으로 부상한 것은 들뢰즈G. Deleuze와 더불어서라고 할 수 있다. 철학사적으로 보자면 칸트가 '선험적 감성론'의 부분에서 내적 시간 계열을 점하는 것으로 간주한 내포량quantité intensive 개념이 내적 감각의 강도에 대해 최초로 언급한 것이라고 할 수 있다. 18세기 프랑스 철학자 멘 드 비랑P. Maine de Biran도 강도를 정념affection과 관련해서 논한 바 있다. 그에 의하면 자극의 강도는 상응하는 정념을 낳고 정념은 지각에 반비례한다. 가령 눈에 들어오는 빛의 강도가 너무 강렬할 경우 명확한 지각을 할 수 없다. 따라서 명료한 지각을 위해서는 적절히 조절된 자극의 강도가 필요하다. 한편 19세기 말 베르그손은 감각의 강도를 외적 원인의 증감에 의해 측정하려고 한 페히너Fechner의 심리물리학을 비판하면서 의식 내적 상태는 양화할 수 없다고 주장한 바 있다. 그렇다면 의식은 강도의 차이를 느낄 수 없는 것일까? 베르그손은 강도를 질과 양 사이의 '사생아적 개념'이라고 하면서 강도의 느낌을 내적 의식의 질적 변화 중 하나로 용해시킨다. 과연 강도는 순수하게 심리적인 것일까, 아니면 이는 물리적 변화에 엄격히 대응하는 것일까. 페히너는 최초로 감각의 강도를 외적 자극의 변화에 따르는 내적 상태의 '미분적' 변화로서 측정하려는 시도를 한 사람이다. 그는 외적 원인과 마찬가지로 내적 상태 역시 수학적으로 파악 가능하다고 본 점에서 베르그손의 비판을 받는다.

한편 시몽동은 지각이나 감각이 외적 자극, 정보의 양으로 결정되지 않는다고 본 점에서는 베르그손의 입장에 가깝지만 베르그손이 내적 상태에서 강도를 말할 수 없다고 본 반면에 시몽동은 거기서 강도의 독특한 존재를 주장하는 점에서 그와 다르다. 강도는 차이로서 나타날 때 지각 내용의 질을 구별하게 해준다. 시지각의 예를 들면 한 장소에서 빛을 사방에 균일한 강도로 조명할 경우 형태들을 인지하는 것은 매우 어렵다. 설혹 색깔과 형태가 다르다고 하더라도 그러하다. 반대로 같은 형태, 같은 색이라고 하더라도 빛의 강도가 다르게 조명될 경우에는 그 뉘앙스 차이와 대조를 손쉽게 지각할 수 있다. 가령 동일한 회색의 다양한 구배는 빛의 강도차가 있을 경우에 뚜렷이 지각된다239. 물론 강도의 지각은 심리적 현상이다. 강도의 '미분적 문턱'이라는 것이 있는데, 이는 감각이 일정한 구배, 다양한 정도를 가질 때 의식이 각각의 차이를 변별하게 해주는 최소의 값을 말한다. 심리적 강도의 문턱은 그에 해당하는 물리적 과정인 빛의 진동수 문턱과 일치하지 않는다. 빛의 진동수는 지각할 수 있는 것보다 훨씬 더 미소한 영역에서 측정되기 때문에 그것을 구분하는 문턱은 심리적 강도의 문턱에 비해 훨씬 낮다. 그러므로 물리적 변화가 미세하게 일어날 때는 그것은 심리적 강도로 인지되지 못한다. 따라서 물리적 변화가 강도의 변화로 수렴되는 것은 분명하지만 후자가 전자에 엄밀히 대응하는 것은 아니다.

강도의 미분적 관계와 지각의 구조화

미분적 사고는 시몽동의 개체화 이론에서 중요한 역할을 한다. 시몽동은 물리적 대상들이 "미분적 관계들의 더미"라고 본다. 대상은 "다양한 상황들을 관통하면서 스스로를 유지하고 서로 겹쳐 있는, 문턱들과 수준들의 조직"이다235. 무한소적 양들의 결합으로부터 어떤 '양자적인' 관계를 통해 문턱들과 수준들이 생겨나고 이들이 물리계를 이룬다. 이 양자적 관계들은 고정된 기하학적 세계를 만드는 것이 아니고 퍼텐셜들의 긴장 속에서 일어나는 갑작스런 변화를 반영한다. 지각은 형상과 질료가 정적으로 결합한 대상을 파악하는 것이 아니라 대상의 변화하는 국면들과 그 관계들의 다양성과 통일성을 파악하는 것이다. 그렇기 때문에 지각 또한 강도들의 미분적 변화로 이루어지는 양자적 관계라고 할 수 있다. 시몽동은 칸트의 감성적 다양성 대신에 "강도적 다양성"을 제시한다. 칸트에게서 주체의 선험적 형식과 감성적 다양성이 대립한다면 강도적 다양성은 주체와 세계의 역동적 관계에 의해 이루어진다. 즉 주체는 "지각적 문제가 제기된 체계의 일부를 이룬다". 그것은 비유하자면 결정이 되기 전의 "과포화된 용액" 혹은 "과잉결정된surdéterminé 장"이라 할 수 있고 지각은 이 체계에 내포된 "질적이고 강도적인 이질성의 양상들을 통일"하며 "긴장들을 조직화된 구조로 변형하는 해결

책"이다[240]. 세계와 주체가 만들어 내는 과포화성, 과잉결정으로 인해 가역도형[4]처럼 중복되는 해결책이 있을 수도 있으나 안정화되는 과정에서 그것은 하나의 형태로 수렴하게 된다. 그러나 형태의 호소력을 주는 것은 형태의 안정성(질)도 아니고 정보량도 아니다. 그것은 바로 강도에서 유래한다. 강도는 주체와 세계의 관계장에서 유래하기 때문에 완전히 물리적인 차원이라고는 할 수 없다. 또 두려움, 강렬한 욕망 등으로 인해 지각체계의 양립불가능성과 긴장이 높아질수록 지각의 호소력은 강해진다.

(2) 개체성과 정념성

정념-감동성과 잠재의식

시몽동은 의식 속에서 형태이론이 지각적 관계를 특권화했다고 본다. 정신에는 그에 못지않은, 심지어 더 근본적인 영역이 있는데 그것은 정념성의 영역이다. 시몽동은 정념이라는 말에 자신만의 독창적인 의미를 부여하며 또 이를 매우 포괄적으로 사용하기 때문에 이 절에서는 그 용도와 범위를 파악하는 것이 중요하다. 시몽동은 정념들이 나타내는 다양한 현상을 더 커다란 범주로 표현하기 위해 정념성affectivité이라는 말을 주요한 개념으로 사용한다. 또는 정념성이 감동, 감정과 같은 상태로 변화하는 면에서 정념-감동성affectivo-émotivité이라는 복합어를 사용하기도 한다. 일반적으로 정념성이란 생명체가 명료한 의식을 가진 주체가 되기 전에 막연히 쾌와 불쾌, 호감과 반감 등을 나타내는 감정émotion

---

4) 가역도형 → 용어설명 (103) 참조.

의 특징이다.[5] 여기서 감정으로 표현된 것은 내면의 동요, 동적인 성질을 나타내는 점에서 감동의 산물이다. 따라서 이를 상대적으로 정적인 정서sentiment와 구분해야 한다. 사실 감정은 어느 정도 의식적인 것인데 정념은 감정 이전에 그것을 형성하는 의식, 무의식적 재료를 이루는 내적 상태들이라고 할 수 있다. 시몽동은 특히 정념성에 의식과 무의식의 매개라는 특징을 부여한다. 생명에 이어 정신의 본성도 일관되게 양자적 특징으로 설명된다. 우선 정신은 베르그손이 말하는 순수한 내재적 단일성도 아니고 연합론자들이 말하는 무수한 요소들의 결합도 아니다. 의식은 무수한 정념적 다양성이 '양자적인' 방식으로 "분화와 통합"을 거치며 구성된다242. 정념성은 의식과 무의식을 매개할 뿐 아니라 주체와 다른 주체들 그리고 주체와 세계를 매개한다.

정신분석학은 의식과 무의식을 대립시키는데 이때 무의식은 종종 의식 위에 투사된 정신현상이다. 실제로 프로이트는 농담 등에서 나타나는 무의식의 언어적 표현을 주목했으며 라캉에게서는 언어의 사용과 더불어 무의식 자체가 형성된다. 비록 프로이트가 무의식의 힘을 자체로서 인정한다고 해도 그것은 언제나 의식 속에 특정한 징후로서 나타난다. 반대로 시몽동은 의식과 무관하게 "주체의 행동 능력에 해당하는 무의식의 근본적인 층"이 있음을 주장한다. 이는 생리적 무의식에 가까운 것으로서 심리학자 자네의 잠재의식le subconscient이 바로 그러하다. 무의식을 이와 같이 새롭게 정의한 다음 시몽동은 "의식과 무의식 사이의 경계에 잠재의식의 층이 있는데 그것은 본질적으로 정념성이자 감동성émotivité이다"라고 주장한다243. 다시 말하면 시몽동은 일반적으로 무의식을 자

---

5) 잠재의식 → 용어설명 (104) 참조.

네의 잠재의식과 유사한 의미로 사용하면서도 잠재의식이라는 용어 자체에 의해서는 의식과 무의식 사이에 있는 또 다른 층을 지시하는 것이다. 그러나 그는 이 층을 이루는 정념성 또는 정념-감동성의 내용을 설명하기 위해서는 융c. G. Jung의 신화 분석에서 사용되는 집단무의식 개념에 의지한다. 신화와 같은 집단적 표상은 행동의 공통성도 아니고 의식적 표상의 공통성도 아닌 정념적, 감정적 수준에서 생겨난다는 것이다.

정념적 의사소통

정념-감동적 기능들은 개체화에서 "상호주관적인 의사소통"의 기초가 된다. 소통은 언어적이거나 신체적일 수도 있지만 시몽동에 의하면 그것은 기본적으로 잠재의식들의 소통이다. 왜냐하면 소통은 인간과 인간 사이에서만이 아니라 인간과 동물 사이에서도 가능하기 때문이다. 소통은 개체와 전체로서의 종 사이에서 일어나는 것이 아니라 구체적인 개체들 사이에서 일어난다. 그것은 공감이나 반감과 같은 체험된 소통으로서 개체들 사이에 깊이 뿌리내린 관계를 의미한다. 이러한 정념적 관계는 개체의 죽음으로 인해 사라지지 않는다. 따라서 정념-감동성의 영역이 소통의 기반이라면 죽음이나 영원성의 문제에 대한 표상과 개념 규정도 달라질 수밖에 없다. 우선 영원한 것이 있다면 그것은 개체로서의 개체가 아니라 정념-감동적 기반을 가지는 변환적 존재자이다. 변환적 존재자란 개체화 과정을 감내하는 존재자로서 전개체적 실재로부터 현재에 이르기까지 스스로의 상을 가지고 있고 동시에 환경 및 다른 개체들에 연결되어 있는 존재자이다. 이런 존재자는 시몽동의 존재론적 가정으로 보인다. 그래서 개체의 죽음은 단지 그것의 '내재성'과 관련해서 일어나는 일이고 완전한 죽음은 그의 주위 환경의 소멸과 더불어 일어난다. 환경이 소멸되지 않는다면 개체는 죽음 이후에도 부재한 상태로 세계 속에서 영속된다. 죽은 자들을 불러내는 의식인 '네퀴아' 속에서 말이다. 개체존재자들의 잠재의식은 이렇게 무수한 부재로 이루어져 있으며 그것이 종교적 감정의 기반이 된다. 살아 있는 개체들은 "개체성들의 구멍들" 즉 '상징'이자 '음적négatif 존재'들이며 이것을 채우는 것이 정념성과 감동성이다244. 이 비유는 개체의 자기의식이 상호주관적인 정념-감동성을 재료로 하여 서서히 구성되는 것임을 보여 준다. 즉 "개체는 단지 자기 자신만으로 구성될 수는 없다"245.

정신성과 집단적 개체화의 바탕으로서의 정념

정념성은 정신성spiritualité과 집단적 개체화의 동시적 근원이다. 생명적 개체화로부터 잔존하는 전개체적인 것의 하중은 정념-감동성의 형태로 전달된다. 정신성은 다음 절에서 상세히 논의되지만 생명적 개체화에서 이미 구성된 지각과 행동체계 그리고 원초적 정념으로부터 구성되는 감정을 통합하는 활동이며 이로부터 주체의 탄생이 유래한다. 그러므로 정념-감동성을 제외한 정신성이라는 말은 추상에 불과하다. 물론 인간은 때로 정신의 위대한 작품을 통해서 개체의 한계를 초월하는 불멸성의 감정을 갖는다. 하지만 불멸성은 현재에 대한 밀착, 즉 감각, 지각 그리고 행동이 없다면 그 의미를 가질 수 없다. 정신성은 이러한 현재적 활동들과 분리된 실체적 개체성을 갖지 않는다. 다른 한편 정신성이 진정한 의미를 갖는 것은 집단적인 것 속에서이다. 즉 "정신성은 분리되고 밀착된, 단독이면서 집단의 구성원인 존재자의 의미작용이다"246. 개체화된 존재자는 자신 안에서 개체화되지 않은 채 잔존하는 전개체적인 것의 하중을 통해서 집단적인 것과 통합된다. 이때 정신성은 "개체화된 존재자와 집단적인 것의 관계를 의미화"하는 것이다. 전개체성을 이루는 정념은 신체적인 상태나 감정적인 상태로서보다는 운동으로서 더욱 적극적 역할을 한다. 쾌락과 고통, 슬픔과 환희 같은 정념적 상태는 "개체적인 것과 전개체적인 것 사이의 관계 주변에서 일어나는 극단적 이탈"이다. 전개체성의 이론과 관련하여 정념을 역동적으로 정의한다면 그것은 전개체적인 것과 개체 사이에서 일어나는 '교환과정'이고, 이러한 운동의 결과이자 변형된 상태가 정념적 상태를 이룬다. 그래서 "적극적인 정념적 상태들은 구성된 개체성 그리고 전개체적인 것의 현실적 개체화 운동 사이의 공조$_{synergie}$"를 보여 주는 반면 소극적인 정념적 '양태들'은 둘 사이의 '갈등상태'를 보여 준다. 전개체적 상태는 종종 '무규정자'에 비교되므로 그와 같이 일반화하면, "정념-감동성은 자연적 무규정자와 현실적 실존의 **지금 여기**$_{hic\ et\ nunc}$ 사이에서 일어나는 운동이다. 바로 이 정념-감동성에 의해, 무규정자가 자신을 집단적인 것 속에 병합시키는 현재를 향해 상승하는 작용이 주체 안에서 일어나게 된다" 247.

지각-행동, 정념-감동의 평행적 기능, 주체의 탄생과 집단적 개체화

정념성은 또 "규제적$_{régulatrice}$ 가치"를 갖는다. 그것은 캉길렘의 규범성과 같이 생명체 내부에서 문제해결을 위한 장치로서 기능하기도 하지만 또한 전개체적 상태와 개체 사이의 관계연관에 따라 두 영역 사이에서 개체의 행동을 조절하고 집단적인 것을 이에 조화시키는 데 소용되기도 한다. 그렇게 해서 여러 주체들 안에서 작용하는 전개체적 실재의 하중 즉 정념성이 "집단적 개체화"의 바탕이 된다. 집단적인 것은 "개체초월적 현존"$_{présence\ transindividuelle}$이다. 정념성이 감정$_{émotion}$을 선행하며 집단적인 것과 개체를 매개한다면 "감정은 개체초월적 현존 속에서 이루어지는 개체화"이다. 즉 감정은 집단적인 것 속에서 주체의 탄생과 더불어 생겨난다.

정신의 개체화에서 정념과 감정 그리고 지각과 행동이라는 네 가지 활동의 관계는 단순하지 않다. 우리는 시몽동의 생각을 다소 단순화된 위상학적 구도로 그려 보려 한다. 정념-감동성은 주체 안에서 "만남, 그리고 현존의 감정과 행동"을 예고하며 이것들을 통해 실현된다. 정념의 활동은 현재적 행동으로 이어져야 의미가 있다. 이때 행동이란 생리적인 것도 아니고 지각적 문제와 관련된 것도 아니며 단지 "감정인 한에서의 행동"을 의미한다. 즉 감정 자체가 어떤 행동, "행동의 개별화된 측면"이라는 것이다. 그것은 감정이 정념성 속에 있는 양립불가능한 상태들을 해결하는 행동이기 때문이다. 그러나 이런 의미는 예외적인 것이고 주로 행동은 지각과 관련해서 이야기된다. 우리가 이미 본 것처럼 지각 역시 양립불가능한 강도차를 해결하는 것인데 이 역시 행동으로 나타난다. 이때 말하는 행동은 감정과는 달리 세계와 관계하는 행동이다. 정념적 문제를 해결하는 감정(행동) 그리고 지각의 문제를 해결하는 행동은 '평행' 관계에 있다. 행동과 감정은 "양립가능성이라는 우월한 질서의 발견, 공조의 발견, 준안정적인 평형의 보다 상승한 수준에서 일시적인 해결의 발견"이라는 공통점을 갖는다[247]. 다른 말로 하면 행동은 지각을 의미화하고 감정은 정념성을 의미화한다.

지각은 (생명적) 개체 내부에서 이미 구성된 구조와 기능을 이용하는 반면 정념성은 개체에 통합되지 않은 전개체적 특징을 가져오기 때문에 열린 상태로 있으며 더 풍부한 내용을 갖는다. 지각과 정념성 사이에는 어떤 '불균등화'가 있다. 이 불균등화를 그 자체로 해결하는 것은 불가능하고 변환적 과정을 통해 즉 전개체적인 것으로부터 집단적인 개체화로 가는 과정을 통해서만 해결할 수 있다. 행동이 지각의 문제를 해결하고 감정이 정념의 문제를 해결하는 것은 개체가 집단적 개체화에 참여함으로써 가능하다. 한편 감정이 개체존재자 안에서 이루어지는 집단적 개체화라면 행동은 집단적인 것에 참여하는 한에서의 집단적 개체화이다. 집단적 개체화는 행동과 감정의 '공명'을 가능하게 하는 "우월한

〈그림 15〉 정신적 개체화의 구도

그림에서 화살표는 개체화의 방향을 가리킨다. ↔ 표시는 갈등과 긴장상태를 말한다.

개체화"이다. 여기서 시몽동은 '주체의 구성'이라는 흥미로운 문제에 접근한다. 주체는 개체와 달리 정신성이 나타날 때 비로소 구성되며 따라서 집단적인 것과의 통합을 필요로 한다. 개체는 각각의 개체화의 결과이지만 "주체는 집단적인 것의 개체화 속에서만 자기 자신과 일치할 수 있다. 왜냐하면 거기서는 개체화된 존재자와 그 안에 있는 전개체적 존재자가 직접적으로 일치할 수 있기 때문이다". 자기의식을 가진 주체는 개체가 자신 안에 내재하는 전개체적 실재성을 의식할 때 가능하다. 주체가 세계 속에서 자신의 방향을 설정함으로써 이 세계는 하나의 방향, 약동을 갖게 된다. 주체가 방향을 갖는 것은 바로 감정에 의해서이다. 감정에는 "암묵적인 행동"이 있다. 이러한 행동의 방향이 주체와 세계의 근원적 관계를 가능하게 한다. 그래서 "감정은 행동의 형태로 세계 속으로 연장된다. 마치 행동이 감정의 형태로 주체 속으로 연장되는 것과 같다"248.

정신성은 "동일한 정상으로 올라가는 두 대립된 사면들, 즉 행동과 감정의 결합"이며 "행동의 사면은 주체로부터 벗어나 객관적 영원성에 자리잡는 한에서의 정신성"을 표현하고 "감정의 사면은 주체로 침투하는 한에서의 정신성, 주체 안으로 역류하여 그것을 순간 속에서 부풀어 오르게" 하는 "정신성"을 표현한다[249](그림 15). 시몽동은 감정이 결핍된 행동은 무심한 영원성의 빈약한 구조, 과학으로 나타난다면, 행동이 결핍된 감정은 집단적인 것을 의례의 형태로 감정의 유지에 종속시키는 종교로 나타난다고 한다. 양자는 각각 정신성의 절반의 실현에 지나지 않는다. 시몽동에게서 지성에 대한 고찰은 보이지 않는데 정념-감동성으로 나타나는 전개체적 실재성을 강조하는 그에게 지성은 아마도 지각, 행동의 축의 끝점에 있을 것이 분명하다. 이 역시 베르그손, 메를로퐁티와의 연장선상에서 이해되어야 한다.

생명체에서 감각, 정념, 지각의 관계

이 절의 마지막 부분에서 시몽동은 정념적 현상들에 대해 구체적인 내용을 보충하는데 여기서 감각, 정념, 지각에 대한 시몽동의 독창적인 견해를 볼 수 있다. 우선 정념성은 '문제적 본성'에 속하며[251] 세계가 존재자를 '문제화'하는 두 가지 유형이 정념과 감각이다[252]. 시몽동에게서 '문제적', '문제화'라는 표현은 물질적 개체화와 생명적 개체화를 구분하는 단서의 역할을 한다. 물질의 개체화가 '힘들 간의 양립불가능성과 긴장의 해소'라면 생명의 개체화는 '문제의 해결'이기 때문이다. 그러므로 생명의 출현이 세계와 존재자 간의 문제적 대립으로 나타난다면 그 핵심에 정념과 감각이 존재한다. 정념과 감각은 생명체를 극성화한다. 즉 생명체에게 두 대립된 방향을 제시한다.

감각은 빛과 어둠, 위와 아래, 내부와 외부, 오른쪽과 왼쪽, 더위와 추위의 양극성에 따라 정돈된다. 정념은 즐거운 것과 슬픈 것, 행복한 것과 불행한 것, 흥분시키는 것과 우울하게 하는 것, 쓰라림과 지복félicité, 비루하게 하는 것과 고상하게 하는 것의 양극성에 따라 정돈된다. 쾌락과 고통은 이미 정념의 정교화된 국면들이다. 그것들은 존재자 전체를 따르는 차원들이다. 반면 최초의 정념적 성질들은 쾌락과 고통에 따라 서로 통합되지 않으면 서로 간에 엄밀하게 양립하지 않을 수 있다. 쾌락과 정념은, 그 관계를 비판적 어휘로 표현하자면, 정념적 소여라기보다는 차라리 정념성의 **"선험적 형식"**forme a priori이다.252

감각이 아직도 신체적인 차원에서 나타나는 성질이라면 정념은 이와 혼합되어 있으면서도 이를 넘어서서 막연한 감정적인 특질로 이행하는 과정이다. 이 과정은 쾌락과 고통이라는 차원을 통과하며 이것이 생명체의 실존을 구성한다. 감각의 양극성은 무수한 '미분적 구배'들을 포함하고 생명체는 이에 대하여 자동반응이 아니라 굴성에 따라 자신의 방향을 정한다. 그것은 감각의 양극단을 종합하는 것이 아니라 "미분적 감성의 최대치에 상응하는 중심 위로 모인다. 하나의 중심이 있고 이와 관련하여 각 유형의 실재에 대한 관계가 전개된다. […] 생명체는 구배 속에서 **최적**의 구역을 찾아 헤맨다. […] 그것은 종합이 아니라 변환이다. 가장 뜨거운 것과 가장 차가운 것은 중심과 관련하여 대칭적으로 전개된다. 녹색과 노란색도 색의 매개체와 관련하여 대칭적으로 나온다"253.

한편 정념은 단지 느껴진 것이 아니라 "스스로 변화할 수 있는 힘을 가진 생리적 상태"로서 "주체의 생성 안에 삽입"되며 "시간적 구조들로 통합"된다. 예를 들어 "욕망, 점증하는 피로, 추위의 엄습은 정념성의 국면들"이다254. 그래서 감각의 구배가 있는 것과 마찬가지로 '생성의 구배'라고 할 만한 것도 있다. 그러나 정념들은 그 자체로는 양립불가능하며 주체 안에서 감정으로 현실화되기를 기다린다. 마지막으로 지각은 앞서 본 것처럼 감각적 구배들로부터 나타나는 강도장의 문제, 지각체계의 긴장을 구조로서 조직화하는 해결책이다. 기본적으로 그것은 감각들 간의 불일치, 불균등의 문제를 해결하는 것으로 탄생한다. 하지만 갈등과 모순은, 부유하는 상태로서 하위의 차원에 속하는 감각이나 정념의 수준에 존재하는 것이 아니라 그것들을 통일하는 지각과 감정에 고유한 것이다. 감정과 지각은 일종의 닫힌 체계이고 자신의 존재를 지속하고자 하는 경향이 있기 때문에 서로 자신의 존재를 주장할 경우에 배타적이 된다. 그것들은 준안정적인 체계를 구성한다. 감정은 존재자를 하나의 '태도'에 가두고 지각은 '관점'에 가둔다. 그것들을 중개하는 것이 바로 집단적인 것 또는 개체초월적인 것의 존재이다. 생명체와 세계는 집단적인 것 안에서 통일된다.

(3) 개체발생의 문제제기와 정신적 개체화

이 절에서는 정신적 개체화가 신호들을 의미로 해석하는 인식 과정을 통해 세부적인 '개별화'로 나아가는 과정과 정신이 인격체로 구성되는 과정 및 정신의 여러 고차적인 활동들을 살펴보고 있다.

의미작용의 탄생, 개체화와 개별화
우선 정신적 개체화의 기준으로서 '의미작용'signification이란 무엇일까.

사실 생명체의 개체화를 다루는 대목에서 시몽동은 불균등성을 해결하는 각각의 생명적 개체화를 이미 의미작용이라고 부른 바 있다[204]. 이 자리에서는 주로 인식기능과 관련하여 논의가 이루어진다. 내외의 자극은 정보 신호들로 전달되는데 생명체는 이를 받아들이면서 의미화한다. 또는 의미화 가능한 것만을 받아들인다. 예를 들어 가시광선은 빛의 일정한 스펙트럼 내에서만 나타난다. 정신의 작용은 "신호들의 군 안에서 의미작용을 발견하는 것"이다[257]. 따라서 시몽동이 말하는 의미작용은 고도의 텍스트 해석기능이 아니라 기본적인 인식기능을 지시한다. 여기에서도 앞에서 본 지각기능부터 개념구성을 통한 인식 그리고 이런 토대 위에서 개별자에 대한 인식에 이르기까지 여러 단계가 있을 수 있다. 개체화는 이전의 함수들로는 통합할 수 없는 긴장이 새로운 공리계 안에서 통합되는 것이고 개체화 이전에 존재하던 신호signal들은 개체화와 더불어 의미작용으로 전환된다. 긴장은 구조 속에 반영되어 상대적 안정을 찾는다. 과거에 양립불가능했던 시간성과 공간성은 새로운 시공적 체계 속에서 '호환'된다compatibiliser. 공간적 존재는 순서를 갖는 존재가 되고 시간적 존재는 조직화된다. 구조와 발생이 상호전환되는 것이다. 그래서 "개체는 시간 속에서 자신의 구조의 함수로 생성하는 존재자이며, 자신의 생성의 함수로 구조화되는 존재자이다"[257]. 신호들이 공간적이거나 시간적인 한 단면을 지시한다면 의미작용은 시공을 포괄한다. 그것은 구조와 기능의 두 방향을 표현한다.

의미작용은 신호들의 문제제기에 해답을 발견하는 것이고 이는 개체의 내부와 외부에 영향을 줌으로써 개체와 세계의 관계를 점점 명료하게 해준다. 정신적 작용은 개체화를 계속하면서 개념과 사유를 탄생시킨다. 이와 같이 점점 세분화되는 정신현상을 설명하기 위해 시몽동은 개체화에 덧붙여 '개별화'individualisation라는 개념을 소개한다. 정신적 개체는 단독으로 존재하지는 않으며 생명적 개체화의 바탕 위에서 일어나는데 이 과정은 환경에 새로운 문제가 일어날 때마다 계속된다260. 개체화된 존재자는 이미 구조화된 존재자여서 어떤 종류의 인식 형식을 갖는다. 개별화된 존재자는 정보 신호들을 받아들이고 그것에 대해 행위하는 "경험적 주체"이다. 시몽동은 이를 각각 칸트의 '초월적 주체'와 '경험적 주체'에 비교한다. 초월적 주체에서 인식의 보편성이 가능한 것은 그것이 '개체화의 동일한 기초'를 가지기 때문이다. 하지만 개체화는 보편성을 향한 과정은 아니다. 따라서 시몽동은 그것이 '권리적 보편성'임을 강조하면서 개체화가 자신의 기반 위에서 더욱 세분화된 개별화 과정을 향해 열린 과정임을 주장한다258. 사실 인식의 주체와 대상을 발생과정 속에서 고려하지 않는다면 칸트에게서 감성의 형식과 감각적 소여들이 일치하는 이유는 설명할 길이 없다. 시몽동에 의하면 그 이유는 그것들이 개체와 환경으로 나누어지기 이전의 "동일한 원초적 실재로부터 유래하기 때문"이고 또한 "인식의 **가능성의 조건들**은 사실상 개체화된 존재자의 **실존의 원인들**"이다257.

개별화된 존재자는 독특성singularité을 가지고 우발성에 노출되며 이런 점에서 타인과 구별되는 존재자이다. 대체로 시몽동은 개체화를 종적 차원에서 나타나는 특성들과 연관시키고 개별화를 인간의 특수한 상황과 연관시킨다. 그래서 환경과의 관계에서 우리가 갖는 보편적 감정, 생명체로서의 실존을 보호하는 힘들(공포, 우주적 경탄)은 개체화의 수준과 관련되고, 익숙한 지각, 규칙적 사건 등은 개별화의 수준과 관련된다. 개체화된 존재자와 개별화된 존재자는 '인격체'personnalité 안에서 통합된다. 개체화된 존재자는 성적 구조를 가지고 있으므로 구체적 개인

personne은 성적 특징과 개별화된 사건적 역사를 갖는 인격체이다. 따라서 인간들 사이의 관계 유형도 복합적일 수밖에 없다. 개별자들 상호간의interindividuel 관계와 개인들 상호간의interpersonnel 관계는 다르다. 개별자들 상호간의 관계가 '공동체'와 무관하다면 개인들 상호간의 관계는 '공동체'의 매개를 필요로 한다. 타인과의 관계에서 나타나는 관계는 인격체들의 관계이다. 우리가 한 사람, 한 여자, 한 남자를 지각하는 것은 개체화된 생명체의 수준에서도 가능하고 습관적으로 익숙해진 개별화의 수준에서도 가능할지 모르지만 지각된 사람은 언제나 누군가와 관련해서만 여자이고 남자이며, 건강한 사람이고 허약한 사람이다. 따라서 인간적 의미를 가진 존재자로 인지되는 지점에는 공동체가 개입하게 되며 이로부터 현존재성(바로 그 사람)의 인식이 가능해진다. 이 지점이 개체화와 개별화가 일치하는 지점 즉 인격체의 의미로 인지되는 지점이다. 따라서 "의미작용은 두 종류의 실재, 즉 개체화와 개별화의 긴밀한 결합에 의해 주어진다"260.

정신적 개체화는 생명적 개체라는 무대 위에서 새롭게 일어나는 개체화이자 개별화이다. 사유가 새로운 개체화의 결과라면 신체는 연합된 환경이다. 그래서 그것들은 평행적 관계가 아니라 서로 보충하는 관계이다. 심신관계의 까다로운 문제들은 심신의 발생을 추적할 때만 이해할 수 있다. 시몽동의 다음 말은 심신이원성이라는 문제도 결국 개체화로부터 개별화로 가는 과정에서 나타난 것임을 보여 준다.

개체화된 존재자는 처음에는 **하나의** 영혼âme이나 하나의 신체를 갖지 않는다. 그것은 개별화되면서, 단계적으로 분할되면서 그와 같이 구성된다. 엄밀히 말해 정신적 개체화는 없고 신체적인 것과 정신적인 것을

낳는 생명체의 개별화만 있다.[261]

신체와 정신은 생명체 안에서 동질적인 방식으로 통일되어 있었으나 정신적 개체화 이후에는 "기능적이고 관계적인 단일성"[261]을 유지한다. 생명체에 제기된 문제들을 해결하기 위해 정신적 수준에서는 도식화, 신체적 수준에서는 전문화가 나타나고 이 둘의 상보적 짝으로서 정신-신체의 이원성이 나타난다. 그러나 이 이원성은 결코 완벽하지 않다. 그것은 "생명체로부터 개별화되지 않는 것, 따라서 분할에 저항하는 것에 의해 유지된다"[261]. 즉 전개체적 하중에 의해 심신의 통일성이 여전히 유지된다는 것이다. 한편 인격은 한 번에 완전히 이루어지는 것이 아니고 여러 위기상황을 거치며 구성되기에 임계적 특징을 갖는다. 그것은 개체화와 개별화의 결합으로 나타나서 어떤 구조를 갖는데 이 구조가 해결할 수 없는 문제들이 지속적으로 나타날 경우 다른 것으로 대체된다. 그 경우 과거의 인격을 구성하던 요소들은 새로운 인격에 재통합되거나 일부는 통합되지 않은 채로 남아 있다. 인격이 성숙할수록 이러한 잔재는 완벽하게 통합된다.

초월성, 내재성, 발생적 일원론

초월성transcendance과 내재성immanence의 문제 그리고 이로부터 구성되는 형이상학적 입장들은 인격성의 단계에서 상상된다. 개체화되고 개별화된 한에서의 존재자는 자신의 근원을 알 수 없기 때문에 외부에 자신을 투사하여 모든 것의 근원적 원리로서의 초월적 존재를 상상하거나 또는 자신의 내부에서 세계 전체를 다시 만들고자 한다. 베르그손처럼 말하자면 이는 이미 만들어진 것으로부터 생성의 과정을 조합하는 것이라

할 수 있다. 마찬가지로 심신이원론은 본래 정신신체적psychosomatique으로 하나인 생명체를 그 기원으로부터 분리한 다음 그것들의 관계를 재구성한 것으로서 시몽동은 이를 이중실체론bisubstantialisme이라 부른다. 베르그손의 순수기억과 습관기억의 이원성도 시몽동의 비판을 피해 가지 못한다. 동물과 인간의 대립도 심신이원론과 동일한 대립을 갖는다. 동물은 인간과 같이 대상의 표상을 갖지 못할지도 모르지만 본능적 행동을 넘어서는 갈등반응이 있고 따라서 적응행동이 가능하다. 본능이 개체화에 속한다면 동물에게는 개별화에 해당하는 행동도 있다. 시몽동이 제시하는 "진정한 일원론"은 기능작용과 구조들의 다양성이 통일성을 이루는 일원론, 그러면서도 "가능적 이원론의 차원을 포함하는, 그러한 일원론"이다. 그것은 '발생적génétique 일원론'이며 그 이유는 "발생genèse만이 복수성을 포함하는 단일성을 떠맡을 수" 있고 "이원성과 단일성의 유일한 양립가능성은 존재자의 발생 안에, 개체발생 안에 있기" 때문이다[266].

심리적 개체성

앞의 내용이 개체화를 주로 인식론과 심신이론 등 철학의 고전적 문제와 연관해서 다루었다면 시몽동은 이제 심리학과 사회학 등 인간과학의 관점에서 정신의 존재 및 활동을 서술하면서 자신의 이론을 공고히 한다. 따라서 여기서는 정신적psychique이라는 용어보다는 심리적psychologique이라는 용어가 주로 사용된다. 두 용어는 외연적으로는 동일한 영역을 지칭하지만 뉘앙스가 다르다는 것에 주목하는 것이 좋다. '정신적'이라는 말이 형이상학과의 연관성이 깊다면, '심리적' 혹은 '심리학적'이라는 말은 19세기 심리학의 탄생 이후에 나온 용어이기 때문에 과학과의 연관성이 깊다고 할 수 있다. 우선 시몽동은 심리학이 언제나 사회학적 관점을 암묵적으로 내포하고 있다고 주장한다. 이 지적이 함축하는 바는 무엇보다 심리학이 규범적 판단에서 자유로울 수 없다는 것이다. 비록 그것은 개체만을 대상으로 객관적 연구를 한다고 가정하지만 정신병리학이라는 학문의 존재만을 보더라도 정상과 비정상의 문제를 전제하고 있음을 인정하지 않을 수 없다. 그런데 정상성의 문제를 사회에 대한 적응으로부터 설명하려는 자연과학주의적 시도는 혼동을 야기할 수밖에 없다. 이런 시도에서는 마치 물질계에 중력의 법칙이 작용하듯이 사회에서도 적응은 필연적인 것이고 따라서 규범은 이에 따르는 데서 자연스럽게 나온다고 본다. 이런 입장의 심리사회학은 개체와 개체 자신과의 관계를 도외시하는데 사실 신경증은 단지 사회부적응의 문제이기보다는 자기 자신과의 관계 문제인 경우가 대부분이다. 심리학은 개체존재자의 내부에서 관계라는 측면을 도외시하기 때문에 "절대적 실체론이나 절대적 역동론"에 이른다[269].

심리적 영역에서 실체론이 연속적 생성을 외면한다면 역동론은 안정된 구조를 외면한다. 시몽동은 후자의 예로서 의식을 시간적 실재로 정의한 베르그손을 든다. 물리적 영역에서부터 심리적 영역에 이르기까지 시몽동이 강조하는 것은 연속적인 동시에 불연속적인 질서의 공존, 즉 변환적 차원이다. 시몽동은 베르그손은 심리적 원자론의 악습으로 인해 공간적 질서를 혐오하고, 따라서 '표층자아' 대신에 '심층자아'를 제시하는 데 그쳤다고 비판한다. 반면 생성과 존재를 조화시키고자 하는 시몽동은 둘 간의 관계로부터 심리적 개체를 정의한다. 심리적 개체는 "변환성을 가진 한 영역의 정합성cohérence"[269]으로 이루어진다. 그것은 변환적 실재이고 변환이란 영역을 달리 하면서 구조화하는 생성이다. 구조는 동시적인 것들의 관계이고 생성은 순차적인 것들의 관계이다. 그래서 "심리적 영역에서 존재의 가치를 갖는 관계는 동시적인 것과 순차적인 것의 관계이다. 엄밀히 심리적인 변환성의 영역을 구성하는 것은 이 관계의 여러가지 양상들이다"270. 예를 들어 우리는 지나간 경험들을 상기하며 이들을 현재의 동시적 표상으로 만든다. 또한 현재의 행동을 하기 전에 미래에 일어날 그것의 과정과 결과를 분석하고 예측할 경우 동시적 표상은 순차적 표상으로 변환된다. 동시성과 순차성 사이의 이러한 밀접한 관계가 생물학적 개체에서는 그렇게 두드러지지 않는다. 생명체도 기억을 가지므로 과거의 경험은 현재에 통합되기는 하지만 반대로 현재를 과거로 투사하는 능력은 갖지 않는다. 이 능력은 '반성'réflexion의 능력이며 정신에 고유한 것이다. 반성은 지나간 과거와 현재 그리고 미래까지도 동일한 수준에 놓을 수 있다.

심리적 개체성의 영역은 스스로를 부양하고 유지하는 '자가구성적인auto-constitutif 역동성'이다. 이러한 역동성 전체가 문제제기적 성격을 갖는다. 정신적 개체는 문제에 대한 반성적 자각을 통해 해결을 시도할 때 나타난다. 개체는 소여인 동시에 해결의 요소로서 이중의 역할을 하며 "이 이중의 역할에 의해 그는 자기 자신을 문제삼게 된다"271. 일시성, 유한성, 순환성이 개체의 특징을 이룬다. 특히 문제는 개체 자체와 분리될 수 없게 얽혀 있다. 자기 자신이 곧 문제이고 해결하는 것도 자기 자신이다. 하지만 해결은 개체의 생존기간 안에서만 의미가 있기 때문에 문제는 개체로 하여금 그의 유한성을 뼈저리게 느끼도록 해준다. 심리적 개체는 또한 고유한 공간을 갖지 않고 어떤 '양가적'ambivalente 관계에 속해 있다. 그것은 동시성과 순차성을 연결하는 동시에 내재성과 외재성의 교착chiasme 지점에 있다. 그것은 또한 물리적 실재와 생물학적 실

재 사이의 경계에 있다. 반성적 의식은 생물학적 실재와 관련하여 '탈중
심화'하고 세계와 자아의 '암묵적 관계'를 단절하는 동시에 그것들 사이
에 새로운 관계를 세운다271. 이처럼 관계로서 활동하는 정신으로부터
주체와 대상이라는 이원성이 구성된다. 주체와 대상은 변환적 활동인
정신적 개체화의 산물이며 고정된 실체가 아니다.

개체초월적 우주, 문화세계

개체 속에 남아 있는 전개체적 퍼텐셜은 정념성의 형태로 집단적 개체
화에 통합된다. 정념성은 개체 내부에서 의식과 무의식을 소통하게 할
뿐 아니라 개인들 간의 잠재의식적 소통을 가능하게 한다. 정신적 개체
화와 집단적 개체화는 독립적이 아니라 서로 수반된다. 심리적 세계는
개체에 고유하게 속하는 영역을 갖는 것이 아니라 심리적 개체들의 관
계로 구성된다. 그것은 외부를 내재화하고 내부를 외재화하면서 변환적
으로 수행된다274. 집단적 개체화를 다루는 곳에서 보겠지만 집단은 개
체들로 이루어진 사회체를 바탕으로 하며 심리적 개체는 집단의 신념,
가치관 등을 내재화하면서 구성된다. 이런 의미에서 심리적 세계는 차
라리 "개체초월적인 우주"이다272. 심리적 개체성은 개체초월성의 확립
과 동시에 확립된다. 문화는 어떤 의미에서 개체초월적인 것이라고 할
수 있는데 그것은 고유한 실체를 갖는 것이 아니라 개체들이 기록이나
증언을 통해 제기된 문제를 전달하며 이를 다시 현실화하고 의미화하는
작용으로 이루어진다. 그러나 시몽동은 여기에 몇 가지 개념적 구분을
제시한다. 문화가 '개체 상호 간의 관계'를 전제한다는 점에서 그것은
개체의 '탈중심화'를 야기한다. 그러나 이러한 탈중심화는 타인에 의해
일어나며 "개체 자체에 의한 개체의 진정한 문제제기"를 은폐할 수 있

다. 그런 의미에서 문화는 중립적이다. 예를 들면 우리가 수동적으로 하나의 문화 속에 통합되어 있을 때 우리는 주어진 규범이나 가치들을 받아들이거나 선택하며 이를 거의 벗어나려고 하지 않는다. 반대로 개체초월적 실재는 "자기 자신을 문제삼는 주체"들로 이루어진다. 반성하는 주체는 고독 속에서 자신에게 문제를 제기하면서 고립과 시련을 경험하고 그 끝에서 '개체초월적 관계의 현존'을 발견한다. 이는 종교적 맥락을 선행하며 오히려 종교적 힘들의 기초가 된다. 이렇게 이해되었을 때 개체초월성은 베르그손의 열린 사회, 열린 종교의 정신과 가까워진다. 특히 시몽동이 "모든 종교들의 근원은 일부의 사회학적 사상들이 보여 주고자 한 것처럼 사회가 아니라 개체초월적인 것이다. 이 힘이 사회화되고 제도화되는 것은 그 다음이다"273라고 말할 때 이는 열린 종교와 닫힌 종교의 관계를 보여 주는 듯하다.

인식주체의 발생

이 절의 마지막 부분은 사유, 기억, 상상 등과 관련된 인식 주체의 기능을 개체발생과 관련하여 논의하는 매우 난해한 내용인데 우리는 전반부의 인식주체에 관한 내용을 간략히 소개하고 후반부는 생략하기로 한다. 생성의 관점으로부터 시작한다면 시몽동의 주장대로 개체발생은 "인식론과 이를 따르는 존재론을 선행하는, 진정한 제1의 철학"이 될지도 모른다278. 우선 데카르트의 코기토를 발생론적으로 재구성한다면 어떨까. 사유는 존재를 앞설 수 없으므로 주체는 자기 자신의 고유한 발생을 목격할 수 없다. 코기토는 주체의 진정한 발생을 구성하는 것은 아니다. 그것은 의심하는 주체인 자아의 존재를 가정하기 때문이다. 다만 주체는 자신으로 회귀하면서 의심을 거둘 때(코기토의 발견) 주체의 개체화의 조건을 알 수 있게 해준다. 그 과정은 이러하다. 주체는 의심하는 작용 속에서 자신을 의심의 대상으로 삼기 때문에 여기에 일종의 분열이 존재한다. 의심하는 주체와 의심된 내용은 동일한 실재의 두 측면이지만 의심된 내용은 새로운 의심의 대상이 되면서 의심하는 주체와 거리를 두게 된다. 거리두기는 기억이다. 그리하여 "기억의 과정은 주체 존재자의 비대칭적 분열이며 주체 존재자의 개별화이다. 기억이 된 정신적 재료, 또는 차라리 기억의 내용은 현행적 자아에 연합된 환경이다"278. 시간의 흐름 속에서 보자면 "나는 의심한다. 그러므로 존재한다"고 말할 때 의심은 순간적으로 지나가면서 나의 존재를 정초하는 기억 내용이 된다. 이 지나간 의심(내용)과 현재의 의심(활동) 사이에는 거리가 존재하는 동시에 인과적 순환성이 작용함으로써 주체의 단일성을 구성한다. 즉 주체는 "나는 의심하기 때문에 존재한다"와 "나는 존재하기 때문에 의심한다"의 순환성 속에서 확보된다. 그런데 인과적 순환성과 거리는 상호 모순된다. 순환성은 자아의 통일성을 가능하게 하기 때문에 거리(여기서는 시간적 거리)를 은폐한다. 그로부터 데카르트는 "작용을 실체화"하고 사유실체로서의 영혼을 만들어 낼 수 있었다279. 자아는 사유하는 한에서만 존재한다. 그러나 이것은 잠이나 의식의 상실이라는 문제를 설명할 수 없기 때문에 또 다른 문제를 야기한다.

3. 집단적 개체화

(1) 개체적인 것과 사회적인 것, 집단의 개체화

개체화 사회는 어떤 연관을 맺고 있을까? 정신적 개체화에 대한 고려만으로는 이를 명확하게 알 수 없다. 사회는 개인들의 합도 아니고 독립된 실체도 아니며 "자신의 현존을 미래와 과거 사이의 상관관계의 형태로 소유"하는 생성의 한 양태이다. 앞서 시몽동은 영원한 현행성을 반복하는 군체의 삶과 대비하여 집단은 자신의 생성을 현재와 관련하여 앞뒤로 상전이시키는 존재라고 말한 바 있다. 즉 사회적 생성의 특징은 현재를 과거와 미래와 더불어 형성한다는 것이다. 바로 이 현재 속에서 개인과 사회가 만난다. 그러므로 개인이 사회에 통합되는 과정은 얼핏 본다면 양자가 가진 시간의 동시적 통합이어야 할 것이다. 하지만 사회 속에는 개체의 과거와는 다른 집단적으로 보존된 과거가 있다. 따라서 개인과 사회의 시간이 일치할 수도 있지만 그렇지 않을 수도 있다. 사회는 "개체적 행동이 통과해야 하는 일정한 상태들과 역할들의 조직망réseau을 제시"하며 개인은 이를 통해 자신의 미래를 사회에 투사한다. 개인은 사회적 과거 속에서 "진정한 기억보다는 이러저러한 행동을 향한 경향과 추진력" 그리고 "자신의 미래의 역동성과 연합할 수 있는 것"을 이끌어 내는 데 주력한다. 개인이 사회에 통합된다는 것은 "신체-정신적인 존재자의 미래에 내재하는 힘을 따라서가 아니라 조직망을 따라서 그것과 일치하는 것이다"285. 이런 과정을 통해 개인적 과거와 사회적 과거가 부담없이 연합될 수도 있지만 반대로 사회적 환경은 종종 개체와 대립하는 것으로 나타나기도 한다. 개인이 사회에 통합되는 것은 그가 "스스로를 탄생시킨 개체화의 운동으로부터 단순히 유래한 것만이 아니라 그 스스로 그것을 연장하고 영속시키는 한에서이다"286. 사회는 개체들의 단순한 공존이 아니라 개체화된 존재자와 사회적 관계의 복잡한 양태를 창출하는 집단적 개체화로부터 이해되어야 한다.

집단적 개체화

시몽동은 '집단적 개체화'의 개념을 통해 집단의 발생 및 집단과 개체의 관계를 고찰한다. 이는 관계의 실재론이라는 그의 기본적 개념을 연장하고 있다. 감정이나 잠재의식적 정념의 형태로 전달되는 전개체적 실재성을 토대로 하여 개체와 개체, 개체와 그것이 속한 집단 그리고 집단들 상호 간의 관계에 이르기까지 개체화는 관계적 활동의 양상이다. 시몽동은 영국의 사회학자 타이펠H. Tajfel이 제시한 내집단in-group과 외집단out-group의 개념을 실마리로 논의를 시작한다. 내집단은 개인들 간의 과거와 미래가 일치하여 "유비적인 방식"으로 관계를 맺을 수 있는 집단이며 외집단은 그 반대이다. 즉 내집단은 개인이 긴밀히 속해 있는 집단으로서 개인은 가치관, 신념 등에 있어서 자신을 이 집단과 동일시하며 외집단은 개인이 속하지 않은 집단이다. 시몽동에 의하면 자아의 경계는 내집단의 경계로까지 확장되기 때문에 내집단을 '주체의 사회체corps social'로 간주할 수 있으며 사회의 연구는 단지 개체와 집단 사이의 경계보다는 오히려 내집단과 외집단 사이의 경계와 관련된다286. 물론 이 경계는 유동적이다. 내집단은 개체의 기원이며 미래의 잠재력이기도 하다. 일상적 삶은 내집단에서 영위되며 개체의 현존과 사회적 현존 사이의 기능적 유비에 의해 개체는 개인적 개체화를 넘어서 사회적 개체화를 발견하게 된다. 내집단은 개체적 인격 안에 내재하기 때문에 사회적인 것과 개체적인 것이 직접 대립하는 것은 아니다. 사회는 실체로서 존재하는 것이 아니라 "관계들의 체계, 관계를 내포하고 그것을 부양하는 체계"이기 때문이다287.

집단들 상호 간의 관계는 이와는 다르게 접근되어야 한다. 심리학주의는 내집단과 개체의 관계를 확장하여 그것을 설명하는데 이는 내집단과 외집단 간에 불연속성이 있음을 간과하는 것이다. 이들 간에는 독특한 관계가 새로이 개입한다. 사회학주의 역시 이러한 관계를 무시하고 사회성을 실체화한다. 시몽동에 의하면 두 입장 모두 실재에 근거하지 않는다. 사회적 특징과 심리적 특징 이전에 단지 인간적 특징이 있을 뿐이고 이로부터 출발하여 두 가지가 분리된다는 것이다. 심리적 특징으로 사회적 특징을 설명하려는 심리학주의는 개체가 '적응성'이나 '문화변용의 능력'과 같은 "개체적 실존을 넘치는 심급들"을 가지고 있다는 것을 알지 못한다. 사회학주의는 이러한 전개체적 특징을 사회적 특징으로 간주한다. 심리학주의와 사회학주의의 대립은 커다란 오해를 낳는다. 예를 들어 노동이 야기하는 인간관계의 문제를 심리학주의는 개체들이 필요를 충족시키는 사실로부터 설명하는데 이는 사회적 문제를 사회적 통합 이전에 개체들 간의 '상호심리적 관계'로 해소시킨다. 필요의 충족은 인간의 본질처럼 간주되고 인간은 영혼과 신체로 이루어진 한에서 '육체노동'과 '지적 노동'이 구분되며 그것들 간의 위계도 나타난다[288]. 반면 사회학주의는 노동을 정치경제학적인 관계를 통해 즉 '사회 안에서 자연에 대한 인간의 착취'로 본다. 노동은 사회적 관계 속에서 '교환가치'로 실체화되며 사회적 관계는 외집단으로 고려된 계급들 간의 갈등관계로 환원된다. 계급은 내집단을 구성하는 사회체의 내재성을 반영하지 않는다.

　심리학주의와 사회학주의 외에 인간학주의anthropologisme의 입장을 보아도 생명성과 분리된 인간만의 특유성으로부터 출발한다면 거기에 사회적 본질을 부여하든, 개체적 본질을 부여하든 그것은 일종의 본질주의가 된다. 여기서부터 사회적 관계를 도출하기는 어렵다. 따라서 시몽동은 '관계적 활동의 원리'로부터 출발하는 인간학을 제안한다. 이때 관계는 어느 특정한 관계를 특권화하지 않는 모든 차원의 활동이다. 노동을 다시 예로 들면 그것은 단지 인간과 자연의 연관인 것만이 아니라 사회적이고 심리사회적이고 정신적이며 신체적인 모든 국면에서 인간의 관계적 활동과 관련된다. 노동은 특히 상업이나 전쟁이 그러한 것처럼 내집단과 외집단 사이의 연관을 전제한다. 한편으로 각각의 외집단은 서로와 관련하여 어느 정도는 개체처럼 취급될 수 있지만 다른 한편 각각의 내집단은 원자적 개체들의 집합이 아니라 개체적 인격들의 복잡한 착종이다. 내집단은 공통의 경향, 본능, 신념, 신체적 태도, 의미작용, 표현을 공유하는 점에서 '집단의 인격'이라는 것을 가지며 이는 집단의 구성원 각자의 개체적 인격들의 '공통 환경'을 구성한다. 이런 상황을 '집단의 개체화'라고 할 수 있다. 하지만 그것은 개체의 인격과 동시발생적이다. 이는 집단의 개체화와 동시에 "내재성의 집단 안에서 이 개체적 인격들의 회복recouvrement이 자가구성적인 구조와 기능의 역할을 한다"는 점에서 그러하다[289]. 다시 말하면 이미 만들어진 개체적 인격들이 집단 내에서 회복된다는 것이 아니고 개체와 집단이 갈등과 긴장 속에서 동시에 문제를 해결하면서 스스로 안정화된다는 것이다. 여러 개체들이 완전히 구성된 상태에서가 아니라 각각 미결정적 긴장과 잠재력을 가진 상태에서 동시에 결정될 때 집단의 개체화가 존재한다. 시몽동은 이를 모액으로부터 상호연관된 두 개의 결정이 동시에 결정으로 생성되는 '동시결정화'syncristallisation 현상에 비유한다[290]. 이는 모나드적 개인들의 이성적 결정으로 이루어지는 사회계약과 다르다. 또한 이미 구성된 집단에서 새로운 개체들을 받아들일 때 일어나는 재통합도 마찬가지로 '개체화 과정'에 해당한다. 이러한 끝없는 재통합이 집단적 인격을 부양한다.

이처럼 집단이 개체들의 총합으로 형성된다는 단순한 생각은 더 이상 유효하지 않다. 개체들은 언제나 집단의 개체들이며, 반대로 집단은 언제나 개체들의 집단이다. 양자는 동시적이며 독립적이지 않다. 집단은 개체상호적 실재가 아니라 "더 넓은 층위에서의 개체화의 보충"이다. 다른 한편 집단은 실체로서 개체를 규정하거나 기존재하는 틀을 개체에 부여하는 것도 아니다. 집단의 실재성은 오로지 그것이 생성임에 기인한다. 모든 개체화하는 생성이 그러하듯이 집단은 "구조를 작용으로 작용을 구조로 상호전환할 수 있다는 것을 수용하지 않으면, 그리고 관계적 작용이 존재의 가치를 갖는 것으로 고려되지 않으면 생각될 수 없다"290. 심리학주의와 사회학주의는 개체와 집단의 심층적인 관계맺음을 고려하지 않고 그것들 각각을 실체화하는 "분자적이고 몰적인 두 가지 다른 수준에서의 실체론"이다291.

집단의 개체화와 생명적 개체화

생명계에서 집단과 개체의 관계는 종적 특징과 관련되는데 이 세 가지의 관계를 명료하게 설명하기는 매우 어렵다. 만약 사회성이 종적 특징에 귀속된다면 집단에 통합되지 않은 개체는 불완전하다고 해야 한다. 과연 그러할까? 이 문제에 대한 대답은 생명종의 형태학적 특징에 의존한다. 벌이나 개미와 같이 사회적으로 전문화된 개체들에게는 사회성이 종 안에 내재한다고 할 수 있으나 기능적으로 독립적인 개체들은 생태학적 조건 등 내외적 조건에 따라 집단과 유동적인 관계를 맺는다. 이때 집단은 개체의 불완전함을 보여 준다기보다는 관계 활동의 양태이다. 인간의 경우 군집생활과 독립생활이 모두 가능하다. 그래서 특정한 목적이나 상황에 따른 연합이 가능하다. 노동의 특징을 이루는 연합이 그러하다. 그러나 생명의 유지와 같은 종적 필연성이 아니라 개체의 수준으로 가면 인간은 여전히 새로운 문제를 제기하는 불완전한 존재자이다. 시몽동에 의하면 "최초의 종적 개체화 위에서 인간은 또 다른 개체화를 추구하고 있는 것처럼 그리고 두 가지 개체화를 잇달아 필요로 하고 있는 것처럼" 보인다293. 생명적 과정이 채워 줄 수 없는 미완의 무언가가 바로 집단의 개체화를 요구한다.

　　인간에게는 자연적 욕구의 충족을 위한 기능적 집단의 특징을 넘어서는 어떤 '초기능적인hyperfonctionnel 것'이 긴장과 퍼텐셜의 형태로 남아 있다. 이것이 정신적 개체화를 가능하게 하는 '내재성'의 영역이다. 게다가 이 특징은 단지 인간에게 고유한 것이라기보다는 동물에게도 가능성으로 존재할지 모른다. 인간이 가지는 동물에 대한 개념 규정이 종적 특징에 머문다는 가정 아래서만 정신적 개체화가 인간에 고유하다고 말할 수 있을 것이다. 종적 특징은 자연에 대한 적응반응을 말하는데 시몽동은 이로부터 노동하는 집단의 자연적 필연성을 이끌어 낸다. 노동은 생물학적 개체화에서 유래한다고 보는 것이다. 그런 이유로 노동을 인간의 본질로 보는 맑스의 입장은 수정이 필요하다. 노동은 인간이 종적 수준에서 세계와 관계하는 방식이지만 유일한 방식은 아니다. 노동을 위한 연합은 개체상호적인 관계이고 개체초월적인 관계는 아니다. 그런 이유로 노동이라는 하부구조에 의해 결정되는 상부구조가 진정한 집단적 개체화를 산출할 것인지 의문을 제기할 수 있다. 사회 속에는 "인간에 의한 자연의 착취와 다른 하부구조들도 있을 것이고, 환경과의 관계 양태들 중에는 제작의 관계 및 노동을 관통하는 것과는 다른 것들도 있을 것"인데 거기서 유일한 하부구조를 주장할 수는 없기 때문이다294.

개체초월성과 개체상호성

시몽동은 이 맥락에서 개체초월성과 개체상호성interindividualité의 개념을 좀더 상세히 비교, 정리하고 있다. 개체상호성이 개체들 간의 외적인 관계를 의미한다면 개체초월성은 개체 안에서 개체를 넘어서는 것이다. 그것은 "개체 안에 침전되어 개체에 의해 실려 가지만 개체에 속하는 것이 아니며 개체로서의 존재 체계의 일부를 이루는 것도 아니다"295.

> 개체 상호 간의 관계는 개체에서 개체로 간다. 그것은 개체들에 침투하지 않는다. 개체초월적인 작용은 개체들이 함께 존재하게끔 하는 것이다. 개체들은 마치 퍼텐셜들과 준안정성, 기대와 긴장을 포함하는 체계의 요소들과 같다. 개체초월적 작용은 또 병합된 내재성의 이러한 문제를 통합하고 해결하는 구조와 기능적 조직화의 발견이다. 개체초월적인 것은 마치 개체에서 개체로 가듯 개체 안을 관통한다.294

생명적 개체화는 자신이 가진 퍼텐셜을 모두 고갈시키지는 않는다. 그런데 개체초월성은 단순히 개체화되지 않은 퍼텐셜로 남아 있는 것이 아니라 적극적으로 집단과 정신의 동시적 개체화를 가능하게 하는 힘으로 작용한다. 그것은 "생물학적, 생물-사회학적, 개체 상호 간의 관계들 위에"294 있다. 그래서 각 개인에 잔존하는 전개체적 실재의 하중은 타인의 그것과 만나 새로운 구조와 기능을 창출한다. 이러한 개체초월적 힘은 다양한 개체적 인격들을 서로 착종시키고 '의미작용'에 의해 서로를 소통시킨다. 그 경우 개체들 간의 관계는 기능적으로 분화된 생물학적 관계도, 단순한 외적인 연합도 넘어서서 새로운 개체화의 바탕이 된다. 정신적, 집단적 개체화 이전에 생명적 개체화로부터 잔존하는 고갈되지 않은 힘, 계속해서 새로운 생성의 바탕이 되는 힘이라는 점에서 이는 베르그손의 '생명의 약동'élan vital 개념과 유사성이 없지 않은 것처럼 보인다. 시몽동은 이를 의식하고 있으나 그것들을 명백히 구분한다. 개체초월성의 힘은 개체적인 것도, 사회적인 것도, 생명적인 것도 아니다. 그것은 생명적 개체화를 선행하는 퍼텐셜이며 이는 물리적 개체화 이전에 아낙시만드로스의 무규정자로까지 거슬러 올라가기 때문에 생명적으로 한정할 수 없다. 또한 시몽동은 매번의 영역별 개체화를 양자적 불연속성으로 설명하기 때문에 생명적 개체화와 정신적 개체화 사이에 연속성을 두는 베르그손과는 차이가 있다고 할 수 있다.

존재의 상들로서의 전개체적 실재와 정신적 실재

개체초월적 실재와 개체의 관계는 한마디로 규정하기 어렵다. 이미 보았듯 개체초월적 실재는 개체화된 존재자를 넘어선다. 하지만 그것은 개체에 내재적인 동시에 외재적이기도 하다. 다만 그것은 구조화되지 않은 퍼텐셜이기 때문에 개체와 관련하여 내외라는 위상학적 관계를 창조하는 것이 아니고 다음과 같은 관계로 설명할 수 있다. 그것은 개체 내부에서는 반성에 의해 개체 자신을 문제시함으로써 자신을 초월하려는 시도를 가능하게 하고 외부적으로는 행동, 정념, 감정을 통해 다른 개체들을 관통하여 집단적 개체화를 가능하게 한다. 전자는 종교성, 후자는 사회성을 낳으며 이는 공통적으로 개체의 단독성을 넘어서려는 시도이다. 어느 경우든 내재성과 외재성 그리고 초월성은 개체화된 존재자와 동일한 수준에서 말할 수 없다. 시몽동은 이 상황을 결정화 과정 속에서 개체화된 결정 부분과 무정형의 모액이 공존하는 사태에 비교한다296. 상전이 과정에서 서로 다른 차원의 상들이 공존하듯이 정신적 개체화 또한 단일한 개체를 넘어서려는 시도 속에서 서로 다른 상들의 공존을 낳는다.

집단적 인격은 개체화된 존재자들의 인격의 총합이 아니라 전개체적 실재로부터 개체화된 실재이며 개체의 입장에서 볼 때는 환경의 구실을 하기도 한다. 집단적인 것 속에서 전개체적 실재는 "집단적 의식과 집단적 신체성으로 양분된다"296~297. 정신적 개체화 이후에 전개체적 잔재로부터 영혼과 신체가 양분되듯이 집단은 인간과 마찬가지로 정신적이자 신체적인 짝으로 되어 있다. 집단적 신체는 앞에서 내집단으로 명명한 사회체에 해당한다면 집단적 의식은 의미작용을 가능케 하는 모든 활동들이다. 그리고 개체의 노화로부터 정신과 신체의 통합에 균열이 가듯이 사회도 마찬가지다. 집단의 노화는 집단의 현재를 유지하고 집단의 신체와 영혼의 결합을 유지하게 해주는 신념, 의견 등이 더 이상 현실적 의미를 산출하지 못할 때 일어난다. 그때 "사회적 현재는 더 이상 통합된 현재가 아니라 불안정한 현재이다. 노인의 의식이 신체에 직접적으로 연결되지 않고 거기에 삽입되지 않은 채 한계 없는 여정 속에서 스스로부터 자양분을 공급받는 것처럼 집단의 현재 의식은 섬처럼 고립되고 분리되어 있다"297.

집단의 정신을 기초하는 것은 물론 전개체적 실재이다. 시몽동은 이를 특히 대문자 자연Nature으로 명명하고 아낙시만드로스의 아페이론에 비유한다.

아낙시만드로스Anaximandros가 고안한, 개체화된 모든 형태의 근원인 아페이론ἄπειρον 같은 존재 아래서 자연은 가능적인 것le possible의 실재이다. 자연은 인간과 대립하는 것이 아니라 존재자의 최초의 상이다.

두번째 상은 개체와 환경의 대립이고, 환경은 전체와 관련한 개체의 보충이다.[297]

시몽동은 앞에서 전개체적인 것을 상 없는 실재라고 하였는데 여기서는 최초의 상이라고 말한다. 문맥에 따라 이해하는 것이 좋겠다. 자연이라는 용어 때문에 그럴 수도 있겠다. 아무튼 개체 속에 잔존하며 개체와 함께 실려가는 전개체적 실재의 하중은 자연이다. 개체와 환경의 탄생이 두번째 상이고 집단적인 것의 탄생이 '세번째 상'이다. 집단적 개체화는 각 존재자가 실어나르는 전개체적 실재의 하중, 이 아페이론, 이 자연들(본성들)을 결합하고 그것들 사이의 불균등성을 구조화하는 것이다. 이 과정은 곧 소통과 함께 의미를 만들어 내는 작용이며 개체는 이를 통해 집단적 인격에 참여한다.

(2) 의미작용의 조건으로서의 집단적인 것

의미는 언어를 앞서는가 아니면 그것은 언어로부터 유래하는가 하는 문제는 오랫동안 해결되지 않은 논쟁적 문제이다. 시몽동은 명백히 의미작용이 언어를 앞선다고 보는 입장이다. 언어는 정보를 실어나르는 도구이자 표현의 매개자일 뿐이며 "의미는 존재자들의 연관이지 순수한 표현이 아니다"[298]. 시몽동이 우선 강조하는 것은 집단적인 것, 개체초월적인 것의 현존이다. 정보의 전달은 이를 해석하는 존재자들의 집단을 전제한다. 즉 개체들 사이에서 정념이나 감정, 인식과 행동의 측면에서 소통이 가능해야 한다. 그러나 이러한 집단은 미리 주어지는 것이 아니고 의미작용과 더불어 구조화된다. 신화나 의견, 신념, 태도 등은 이렇게 해서 생겨난다. 결국 의미작용은 개체에 연합된 전개체적 실재가 조직화되어 집단적 개체화를 낳을 때 가능하다. 따라서 의미는 개체를 넘어서는 전개체적인 하중이 존재자들을 관통하는 데서 유래한다. 이것은 언어가 사회를 전제한다는 평범한 생각을 넘어서서 의미의 토대가 자연이라는 존재의 깊이에 뿌리박고 있음을 보여 준다.

> 한 존재자 혹은 여러 존재자들에게서 나오는 전언내용message의 의미를 발견하는 것은 그것들과 함께 집단적인 것을 형성하는 것이고 그것들과 함께 집단의 개체화로부터 개체화되는 것이다.298

성적 특징과 의미작용

특이하게도 시몽동은 전개체적 자연과 개체화된 존재자 사이에 성적 특징sexualité을 개입시킨다. 성은 개체화가 된 이후의 인간 개체에 속하는 특징이 아니라 개체화가 이루어지기 전의 상태에 연결되어 있다. 성이 의미를 갖기 위해서는 개체 밖의 짝을 필요로 하기 때문이다. 전개체적 자연이 개체의 정신-신체적 관계로 분화될 때 성적 특징이 반영되면서 개체존재자들 사이에 비대칭이 산출된다. 그러므로 성은 개체에 남아 있는 순수하게 무규정적인 하중이 아니라, 개체초월성을 반영하면서도 어떤 방식으로 구조화되어, 개체에 내재하는 특징이다. 그것은 개체화가 이중의 양태로 나타나게 함으로써 개체화를 '미결en suspens 상태'로 내버려 둔다299. 시몽동은 플라톤의 자웅동체의 신화가 신화일 뿐이라는 사실을 상기하며 완전한 개체화는 존재할 수 없다는 것을 다시 한 번 강조한다. 성은 존재자로 하여금 그것이 존재하기 위해 타자를 필요로 하지 않는 완벽한 '자기성'aséité을 갖고 있지 않다는 것을 상기시켜 줌으로써 집단을 향한 운동을 자극한다. 프로이트는 성을 현실적 개체 안에 한정하여 성의 특징들을, 근본적인 경향이기는 하지만 개체 내부의 경향들과 동일시하였다. 시몽동에 의하면 성적 특징은 주체로부터 이해되어야 한다. 주체는 언제나 집단과 세계를 향해 있으며 자신 안에 개체화된 상태와 전개체적 하중을 동시에 가지고 있기 때문이다. 그래서 시몽동은 정신병이 "성적 특징의 형태를 띠는 개체화의 양태와 개체 안에 갇히지 않고 주체 안에 있는 전개체적 실재의 하중 사이의 갈등에 관련"되는 것이 아닐까 추측한다[300]. 정신병을 앓는 것은 개체가 아니라 주체이기 때문에 해결은 순수한 개체 속에 있는 것도 아니고 경험적 사회성에 통합되는 것도 아니다. 심리적 긴장의 균형을 찾는 것은 집단의 다른 주체들 속에 있는 개체초월적 본성을 마주하여 의미작용을 발견하는 것이다. 여기에 주체존재의 선택의 여지가 나타난다. 성적인 개체로 태어나는 최초의 개체화가 자연적인 것이라면 집단적 개체화는 주체의 '선택'이 된다. 비록 개인이 몸담고 있는 사회체에는 필연적 요소가 있지만 집단이 가진 정신적 요소는 이와 다르다. 그래서 시몽동은 다음과 같이 말한다.

> 전개체적 상, 개체화된 상, 개체초월적 상은 완벽하게는 아니지만 부분적으로 자연, 개체, 정신성의 개념들이 지시하는 것에 상응한다. 주체는 대상의 상에 대립된 존재자의 상이 아니라 존재자의 세 가지 상들의 밀집되고 체계화된 통일성이다.[302]

극단의 항들과 중간지대, 감정

생성을 이해하는 것을 가로막는 장애물은 바로 형상질료적 도식이다. 생성의 구체적 과정인 개체발생이 넓은 의미에서 형태를 갖추는 과정이기는 하지만 그것을 양극단의 항들인 형상과 질료로 분리하여 그것들의 종합을 통해서 이해하는 것은 매우 불충분하다. 시몽동에 의하면 이것은 발생의 중간 과정을 놓치고 있는데 정작 중요한 것은 바로 이 '중간 지대'zone médiane이다. 영혼과 신체, 개인과 사회 등의 이원성도 마찬가지로 "존재자를 구성하는 실재의 모든 스펙트럼"을 양분하는 '가공물'들이다303. 집단적인 것은 이러한 극단적 항들 간의 관계가 아니라 그러한 항들로 분리되기 이전의 실재로부터 개체화되는 생성, "스펙트럼으로 전개되는 존재 자체"이다. 이렇게 존재자를 그 '활동의 중심'에서 출발하는 것으로 보는 시각이 '변환적' 시각이다. 이 활동은 관계의 활동, 즉 "정보와 인과성의 교환의 상호적 체제"이자 내적 공명에 기초하는 관계 맺음의 활동이다303.

이 중간지대는 다름 아닌 전개체성의 영역이고 집단적 개체화와 관련하여 구체적으로 지시한다면 감정이다. 감정은 개인적인 것만도 아니고 사회적인 것만도 아니다. 우선 감정은 개체의 안전을 보장하는 적응 반응으로 설명할 수 없다. 감정은 오히려 부적응을 야기할 수도 있다. 감정은 개체화된 존재자의 기능만으로는 설명할 수 없고 개체 안에 잔존하는 전개체적인 것의 퍼텐셜로부터 이해해야 한다. 이것은 집단적 개체화에 참여하면서 감정으로 구조화된다. 감정은 주체 내부에서 본다면 전개체적인 것의 하중과 개체화된 존재자 사이의 갈등을 보여 주며 주체 외부에서는 소통을 통한 의미작용의 발견이다. 내부의 갈등은 이미 구조화의 시작이며 이는 집단적 개체화를 통해서만 안정될 수 있다. 따라서 감정은 내재성과 외재성에 모두 속해 있다.

감정적 잠복성은 주체의 자기 자신에 대한 부적합성이며 그의 본성의 하중과 개체화된 실재 간의 양립불가능성이며, 주체에게 그가 개체화된 존재자 이상의 것이라는 사실, 그가 자신 안에 차후의 개체화를 위한 에너지를 지니고 있다는 사실을 알려준다.306

정신적 개체화와 집단적 개체화의 관계

시몽동 책 『개체화』의 내용은 여기서 끝난다. 『개체화』의 결론에서는 전체를 다시 정리하면서 주요 개념들, 특히 까다로운 사변적 개념들을 중심으로 재설명을 시도한다. 매우 심오하고 추상적인 내용으로서 본문의 내용을 어느 정도 이해한 경우에는 좀더 명확한 관점을 가질 수 있지만 그렇지 않은 경우에는 더 어려움을 줄 수 있다. 거기서는 정신적, 집단적 개체화와 관련된 내용은 새로이 등장하지 않는다.

우리는 집단적 개체화의 내용을 정신적 개체화와의 관계 속에서 나름대로 정리하면서 본문에 대한 설명을 마치고자 한다. 앞서 살펴본 내용의 핵심을 전달하고자 하기 때문에 일부 중복된 인용이 있을 수 있다. 정신적 개체화에 있어서 시몽동의 독창적인 점은 주체의 구성이 집단적 개체화와 동시적이라는 주장이다. 주체는 자기 자신 속에서는 언제나 스스로와 불일치한 채로 남아 있다. 그것은 "집단적인 개체화 속에서만 자기 자신과 일치할 수 있다"248. 집단적인 것은 어떻게 정신적 개체화에 개입하는가?

한 가지 사례로 시작해 보자. 시몽동은 정신의학자 민코프스키E. Minkowski를 인용하는데 그에 의하면 한 젊은 정신분열증 환자는 "거리에서 한 여자를 본다는 사실이 왜 자신에게 일정한 감정을 야기하는지" 의문스러워 했다는 것이다260. 환자는 한 여자의 지각과 자신이 느낀 감정 사이에 어떤 관계가 있는지를 알지 못하는 것이다. 이 사례는 지각과 감정 사이에 어떤 양립불가능성이 존재한다는 시몽동의 생각을 지지하는 것 같다. 그렇다면 정상인의 경우 지각과 감정을 자연스럽게 이어주는 것은 무엇일까? 이 내용은 정신적 개체화의 핵심을 이룬다. 우선 정신적 개체화는 생명적 개체화를 연장하면서 나타나는 어떤 '의미화' 작용이다. 이 작용은 이미 생명적 개체화에서 나타나는데 거기서 의미라는 것은 생명체가 처한 문제상황을 해결하는 데서 나온다. 앞에서 본 것처럼 내외의 자극에서 유래하는 정념적 상태들은 쾌락과 고통이라는 정념을 통해 정돈된다. 임의의 정념들은 두 가지 범주를 통해 나름의 의미를 부여받는 것이다. 물론 이는 무의식적이거나 의식적이라고 해도 아직 애매모호한 느낌의 수준이고 정확히 규정되는 성질의 것은 아니다. 한편 지각 또한 생명체의 수준에서 문제해결이 가능하고 그러한 한에서는 일정한 의미의 창출이 있다고 할 수 있다. 그러나 지각과 정념의 양립불가능성의 문제를 해결하는 것은 또 다른 문제로서 여기에는 새로운 공리계가 요구된다.

시몽동이 설명을 위해 앞서 제시한 구분을 참조하자. 우선 '개별화' individualisation라는 개념이 있다. 이것은 개체화를 연장하고 있으나 그 바탕 위에서 좀더 세부적인 범주들로의 분화를 가능하게 한다. 개체화된 존재자는 생명적 차원에서 구조화되어 있고 따라서 종적 특징을 나타내며 또한 성적으로 분화되어 있다. 생명적 차원에서는 거대한 힘에 대한 공포나 경탄과 같이 존재자의 실존에 직접적으로 관련된 감정이 나타난다. 한편 개별화된 존재자는 특수한 상황에 처해 있고 자신만의 '독특성'singulrarité을 지니며 여러 '우발적' 경험과 감정들을 갖게 된다. 이런 점에서 개별화된 존재자는 스스로를 다른 개별화된 존재자와 분리할 수 있다. 그러나 개별화된 존재자들이 직접 서로 관계하는 것은 아니고 인간과 인간의 관계는 무엇보다 '인격체'들의 관계이다. 인격체로서의 개인은 개체화된 존재자와 개별화된 존재자의 통합이다. 즉 생명적 존재자라는 종적 바탕 위에서 자신만의 독특성을 가진 것으로 드러나는 존재자이다.

인격체는 타인과 소통하는 존재이다. 타인과 관계하는 것은 개체화된 존재자나 개별화된 존재자 각각의 자격으로는 불충분하다. 예를 들어 우리는 한 사람, 한 여자 혹은 한 남자를 만난다. 누군가가 사람이고 여자이고 남자라는 날 것의 인식은 생명적 개체화나 개별화의 차원에서도 가능하다. 그러나 이러한 인식이 의미를 창출하기 위해서는 관계망 속에 들어와야 한다. 예를 들어 우리는 또 젊은이나 노인, 환자나 건강한 사람을 만난다. 시몽동의 지적에 의하면 "사람들은 이 관계에서 절대적으로 젊거나 늙은 것이 아니고 타인보다 더 젊거나 더 늙은 것이다. 사람들은 더 강하거나 더 약하다. [누군가가] 남자 또는 여자라는 것은 여자와 관련하여 남자이고 남자와 관련하여 여자라는 것이다"[259-260]. 이러한 관계적 인식은 원자적인 개별자 상호 간의 관계에서는 나올 수 없고 공동체에 의한 중개를 필요로 한다.

이와 같은 관계적 인식이 불가능할 경우 지각과 감정은 자신들만의 세계에 고립된다. 개체화된 존재자들은 각자 개별화를 향해 운동한다. 개별화된 존재자는 다른 개별화된 존재자들과 관계맺음의 운동을 하게 된다. 이 두 종류의 운동은 모두 의식적 소통이 아니라 정념성이라는 전개체적 퍼텐셜의 개입으로 이루어진다. 정념성은 명확한 경계나 규정을 가진 것이 아니고 개별화 이전의 차원에서 개체들을 소통하게 하는 공감의 요소이다. 위 사례의 환자의 경우 집단에의 통합에 문제가 있고 공동체의 매개를 거치지 않은 지각은 감정으로부터 분리된 채로 남게 된다. 시몽동은 애초에 심리적 세계가 자신만의 고유한 영역을 갖지 않는다고 본다. 왜냐하면 정신 활동의 기초를 이루는 사유의 도식들이나 행동방식, 감정의 표현은 이미 어떤 '문화'에 통합되어 있기 때문이다. 이로부터 개인은 의식적이든, 무의식적이든 가치나 행동의 선택 기준이 되는 범례를 수용하게 된다. 다만 이 경우 개인은 문화세계를 수동적으로 받아들이는 것이므로 개인이 자기 자신을 문제삼는 정신의 고유한 활동은 억제된다.

흔히 반성적 의식으로 나타나는 고차적인 정신활동은 정념과 지각을 넘어서서 개체가 자기 자신을 문제상황으로 설정하는 데서 시작한다. 심리적 개체는 독립된 영역을 갖는 것이 아니라 고독 속에서 자기 자신을 끊임없이 문제삼는 활동 자체이다. 개체가 자신을 문제삼는 이유는 자신 속에서 양립불가능한 채로 남아 있는 모순들, 긴장들 때문이다. 이렇게 자신을 문제삼는 활동은 자신을 넘어서기에 이른다. 그래서 정신적 개체화가 도달하는 곳은 '개체초월적transindividuel 우주'이다[272]. 개체초월성은 자신의 안에 깊이 침잠하는 것도, 자신의 밖으로 나가는 것도 아니다. 그것은 "모든 외재성과 모든 내재성 사이의 진정한 관계"이며 내재성과 외재성의 '경계'에서 개체가 스스로를 '넘어서는 차원'이다[274]. 개체초월적 우주는 예를 들어 종교성의 토대가 될 수도 있지만 또한 종교를 포함하여 모든 집단적인 신념, 가치관 등이 그 안에서 형성되는 관계적 우주이다. 개체는 자신을 넘어서면서 개별자인 한에서의 다른 개체들을 만나는 것이 아니라 개별화되기 이전의 존재자, 규정되지 않은 존재자들을 만난다. 개체의 입장에서 개체초월성은 자기 자신을 넘어서는 것이지만 개체들의 입장에서는 그것들을 '관통'하는 것이다. 문화가 개체 상호 간의 관계를 전제하는 반면 개체초월성은 오히려 문화 이전에 문화를 가능하게 하는 힘이라고 할 수 있다. 바로 이런 이유로 개체들은 자신들의 문화를 만들고 새로운 문화에 적응하며 또 문화를 자신의 방식으로 전유하는 '문화변용의 능력'을 보여 준다. 이는 개체적 실존을 넘어서는 차원에 속한다.

정신적 개체화와 마찬가지로 집단적 개체화도 한 번으로 끝나는 것은 아니다. 개체가 생성의 결과인 동시에 끝없는 생성의 잠재력을 보유하듯 사회도 마찬가지이다. 사회는 현재 속에서 과거를 간직하고 미래를 향해 가는, 생성하는 실재이다. 이런 이유로 사회는 심리학주의에서 생각하듯이 개인들의 집합도 아니고 사회학주의에서 생각하듯이 독립적인 사회적 실체가 존재하는 것도 아니다. 개인들은 언제나 집단에 속하는 개인들이며, 반대로 집단은 언제나 개인들로 이루어진 집단이다. 생성하는 실재로서 사회의 경계는 유동적이며 계속적인 개체화 과정을 거친다. 이미 어떤 방식으로 구성된 집단은 세대를 이어가면서 또 외부에서 새로운 개인들을 받아들이면서 매번 새롭게 재통합의 과정을 거친다. 이러한 과정 속에서 집단적 인격은 계속 갱신된다. 사회는 고정된 것이 아니라 앞서 보았듯이 "관계를 내포하고 그것을 부양하는 체계"이기 때문이다[287].

결론을 대신하여

우리는 2부의 서론 「개체화 개념의 이해」에서 시몽동 책의 서론과 결론
에 해당하는 내용을 동시에 참조하여 개체화 이론의 대강을 설명하였
다. 때문에 여기서는 시몽동의 결론을 대신하여 이 새로운 철학의 의미
를 소개하고자 한다. 앞서 서양철학사 속에서 시몽동이 차지하는 위치
를 간략하게 살펴보았는데 아마 이러한 사적 고찰의 중요성은 아무리
강조해도 지나치지 않을 것이다. 우연인지는 몰라도 생성철학의 흐름
은 형이상학의 불가능성을 선언한 칸트 이후에 오히려 더욱 풍부하게
전개되는 것을 볼 수 있다. 쇼펜하우어나 니체, 베르그손에게서 이미 볼
수 있듯이 생성철학은 과거에 비합리주의라고 분류된 철학들에서 만개
하고 있다. 아마도 그것은 이 새로운 시도가 지성이라는 협소한 영역을
넘어서는 감정이나 의지, 정념, 신체 등 생명과 관련된 훨씬 더 포괄적
인 역량에 힘입을 때에만 그 진면모를 드러내기 때문이 아닐까. 그래서
이를 종합하는 새로운 생성의 논리가 필요한 것은 자연스러운 일일 텐
데 이를 과거의 비합리주의라는 부정적 특징으로 호명하는 것은 더 이
상 온당하지 않다. 이미 니체의 '힘에의 의지'라는 개념이 그러한 시도
의 포문을 열었고 베르그손에게서는 시간과 잠재성의 의미, 화이트헤드

의 과정에 대한 숙고를 비롯하여 캉길렘, 시몽동, 들뢰즈에 이르기까지 현대의 생성철학은 점차로 과학적 성과까지 포함하여 그 세부적 윤곽을 드러내고 있다. 여기에 시몽동은 과학과 철학을 관통하는 전개체적 퍼텐셜의 개념으로부터 관계의 존재론에 이르기까지 생성을 존재에 결합하겠다는 야심찬 기획을 추진하고 있다. 이제 생성철학 혹은 생성의 존재론은 어느 정도 자신의 논리를 갖추어 가고 있다고 감히 진단해 본다. 물론 그 경우 존재론이라는 말은 칸트 이전에 사용된 불변적 실체나 원리에 기초하여 존재와 세계를 재단하고 분류하는 방식으로 이해되어서는 안 된다. 그것은 거꾸로 존재자의 발생 조건을 탐구해야 하고 부단한 생성이 안정화되는 방식을 제시해야 한다. 즉 그것은 발생적 존재론이 되어야 한다. 이와 같은 심층적인 의미의 전도와 더불어서만 그러한 시도는 가지성을 획득하게 될 것이다. 시몽동은 여기서 상당히 분명한 방법론을 보여 준다.

시몽동 철학의 중심 주제인 '개체화'는 물질과 생명, 정신, 집단의 생성 과정을 차례로 다루고 있다. 하지만 시몽동은 생성을 일반화된 개념으로서 탐구하기보다는 독특한 개체의 발생 과정과 발생 조건들을 통해 존재자가 바로 그것이 되게끔 하는 구체적 과정과 동일시한다. 그래서 이 시도는 결정의 형성과정이나 개별적 생명체의 개체발생과 같은 기초적인 사례들에서 출발한다. 시몽동이 의도하는 것은 생성이나 존재의 어느 한 편에서 다른 편을 비판하거나 무화시키는 것이 아니라 생성이 곧 존재의 '구성적constitutif 원리'임을 보여 주는 것이다. 이러한 연구의 결과는 생성과 존재에 관한 전통적인 견해를 완전히 다른 시각에서 보게 만든다. 우리는 그의 시도를 관계의 존재론이라고 규정하였다. 시몽동의 개체화 이론에서 생성은 매번 독특한 관계에 의해, 더 정확히 말하면 관계맺음이라는 활동에 의해 존재를 구성한다. 관계맺음은 이미 구성된 존재자들 사이의 이차적 연관이 아니라 물질에서 생명을 경유하여 정신적, 사회적 존재자들에 이르기까지 존재자를 발생시키는 근본적이면서도 구체적인 작용이다. 바로 이 작용에 의해 생성은 존재와 결합한다. 따라서 시몽동은 관계맺음으로부터 생성과 존재의 화해를 시도하는 문제의식에서 출발한다.

시몽동에게 존재자를 구성하는 관계란 존재자를 발생시키는 동시에 존재자 안에 현전하는 관계를 의미한다. 그러므로 관계맺음으로서의 생성은 존재자의 발생을 주도하고 발생한 존재자의 구조에 반영된다. 결정이나 생명체의 개체발생, 사회집단의 발생은 바로 과정과 구조라는 관계맺음 활동의 이중적 국면을 보여 준다. 그런 점에서 관계는 개체화 이전과 이후에 동시에 존재한다. 관계의 활동은 이미 어떤 종류의 자기 동일성이나 본질을 내포하는 존재자들 사이에서 일어나는 것이 아니라 오히려 바로 이 자기동일성 자체를 구성하는 힘이자 원리이다. 이러한 생각은 전통적 의미에서의 완고한 자기동일성 개념의 해체를 수반하는 동시에 생성이 관계로서 구체화되고 조직화되는 양상을 부각시킨다. 개체화된 존재자는 이러한 관계적 작용의 결과로서 나타난다. 관계는 개체들을 통합하는 추상적인 원리가 아니라 각각의 독특한 개체발생에 의해 개체의 이질성을 보존하게 하는 원리이다.

존재자의 생성은 규정이 불가능한 전개체적 상태가 개체화를 통해 스스로 규정가능한 존재자로 되는 '자가구성적 과정'이다. 전개체적 상태는 양립불가능한 긴장들로 이루어진 에너지퍼텐셜이고 개체화는 우발적 조건인 특이성에 의해 촉발되어 스스로와 관계를 맺는 활동이다. 또한 존재자가 구성되는 과정은 무수한 내외적, 역사적 우연들과의 만남으로 이루어지며 각 존재자들 안에서 고갈되지 않고 남아 있는 전개체적 퍼텐셜은 바로 이 만남을 가능하게 하는 힘이기도 하다. 시몽동이 전개체적 퍼텐셜을 '자연'이라고 부를 때 우리는 발생적 존재론과 자연철학의 양립을 볼 수 있다. 그러므로 우리는 여기서 생성철학의 공통된 문법을 발견한다. 어떤 종류의 힘에의 의지와 힘들 간의 관계(니체) 또는 이질적 경향들의 양립불가능성에 의한 잠재성의 현실화(베르그손) 그리고 우발성과 역사성을 말해야 하고 또한 이 모든 것들의 만남이 필요하다. 우리가 더 나아간다면 아마도 이러한 유사성들은 불교나 동아시아의 기철학에서도 발견될 수 있음직한 것들이다. 어쩌면 우리는 아주 가까이서 우리에게 매우 낯익은 환경으로 존재하던 것을 긴 우회로를 통해 낯선 대상으로 마주하게 된 것은 아닐까.

부록

『형태와 정보 개념에 비추어 본 개체화』에

등장하는 철학과 과학의 전문용어 설명

부록 일러두기

1 용어 뒤에 표시된 쪽수는 원전의 쪽수이다. 원전의 쪽수는 『형태와 정보 개념에 비추어 본 개체화』 국역본의 본문 여백에 표시되어 있으며, 해당 용어가 등장하는 부분의 각주에 본 '용어설명'을 참조하라는 표시가 되어 있다.

2 용어설명의 말미에는 독자들의 편의를 위하여 '용어설명'의 용어들을 가나다 순으로 정리하고 이 책 『시몽동, 개체화 이론의 이해』의 '용어설명' 중 해당 용어가 등장하는 쪽수를 표시하였다.

『형태와 정보 개념에 비추어 본 개체화』에 등장하는 철학과 과학의 전문용어 설명

1) 클리나멘(clinamen) _ 23쪽 하단

고대원자론자 에피쿠로스가 원자들의 낙하운동 속에서 일어난 방향의 이탈을 나타내는 용어. 데모크리토스에서 원자들은 모든 방향으로 운동하며 이합집산에 의해 물질적 현상을 산출하는 것으로 주장되지만 운동의 최초 원인이 설명되지 못한 탓에 에피쿠로스는 원자들이 자연적으로 낙하운동을 한다고 주장하기에 이른다. 그러나 이것만으로는 물체들의 성립과 인간의 자유를 설명할 수 없기 때문에 그는 일단의 원자들이 우연히 운동의 방향을 이탈함으로써 원자들 간에 이합집산이 생기고 이것이 우주 만물의 원천 및 자유의지의 기원이 된다고 주장하였다.

2) 배중률 _ 25쪽 하단

아리스토텔레스 논리학에서 "A는 A이다"로 표현되는 동일률과 "A는 ~A가 아니다"로 표현되는 모순율에 이어서 "A가 아니라면 ~A이다"로 표현된다. 제삼자 배제원리라고도 한다.

3) 음엔트로피 _ 26쪽 중간

본래 슈뢰딩거가 『생명이란 무엇인가』(1944)에서 물리 체계와 반대되는 유기조직 내부의 질서를 설명하기 위해 사용한 부정적 엔트로피(negative entropy)라는 용어를 1956년에 프랑스의 물리학자 브리유앵(Léon Brillouin)이 압축하여(프랑스어로는 néguentropie로 표기하며 시몽동이 사용한 négentropie는 오류이다) 정보의 의미로 사용한 데서 유래한다. 이미 미국의 정보이론가 섀넌(Claude Shannon)과 사이버네틱스학자 위너(Norbert Wiener)도 정보를 엔트로피와 반대되는 양으로 간주했지만 브리유앵은 이를 음엔트로피라는 용어로 통일할 것을 제안했다.

4) 크기의 등급(ordre de grandeur) _ 26쪽 하단

물리적 크기를 어림잡아 나타내는 방식인데 예를 들어 태양계의 직경이나 전자의 전하 값을 나타낼 경우 10을 단위로 그것의 몇 승과 같은 식으로 나타내는 방식이다. 미터, 센티미터, 데시미터, 데카미터, 나노미터 등이 그러한 사례이다. 하지만 시몽동은 이 용어를 좀더 일반화하여 미시계와 거시계, 중간계 또는 그 사이에서도 그 크기 차이로 인해 서로 매개와 소통이 어려운 세계들을 표현할 때 사용한다. 말하자면 측정을 위한 개념을 존재론적 개념으로 사용한다고 볼 수 있다.

5) 내적 공명 / 진동수 _ 28쪽 상단, 61쪽 하단

공명은 일상적으로는 울림, 되울림, 반향을 의미한다. 물리적으로는 한 물리계가 특정한 자극의 진동수에 민감하게 반응하는 현상으로 자극이 주어지면 일반적으로 계 전체에 정보와 에너지를 전달한다. 그 이유는 이러하다. 모든 물체는 각각의 고유한 진동수를 가지고 있는데 이때 물체의 진동수를 고유 진동수라고 한다. 물체의 고유 진동수와 동일한 진동수를 가진 외부의 힘이 주기적으로 전달되면 작은 힘의 작용에도 진폭이 크게 증가할 수 있다. 이런 현상을 공명현상이라고 한다. 예를 들면 그네를 적절히 밀면 매우 높이까지 올라갈 수 있다. 라디오나 TV의 채널을 맞추는 것도 라디오, TV 내부 회로의 진동수를 방송국의 전파 진동수와 일치시키는 일종의 공명이다.

6) 개체초월성(transindividualité)과 개체상호성(interindividualité) / 개별화
(individualisation) / 개인(personne) _ 29쪽 중간

개체초월성은 개체 안에 잔존하면서 개체에 완전히 통합되지 않은 전개체적 퍼텐셜의 하중을 나타낸다. 개체를 넘어서는 이 퍼텐셜은 문자 그대로 개체를 넘어서는 정신성(예를 들면 종교성)의 토대가 되고 더 나아가서 각 개체들을 관통하여 그것들을 통합하는 힘으로 작용하기도 한다. 개체상호성이 개체들 간의 외적인 관계맺음의 토대라면 개체초월성은 개체들 각각이 가진 퍼텐셜로부터 개체들 내부에 침투하여 집단적, 정신적 개체화를 통해 새로운 구조화를 낳는다. 개체초월성이라는 말은 생명적 개체화에서 이미 등장하는데 거기서는 생명활동을 기초하고 개체 속에서 넘쳐나는 정념적 특징을 지칭한다. 생명적 개체화는 정신적 개체화의 바탕이 되기 때문에 정념적 특징은 이후에도 계속 남아 있다. 정신적 개체화에 이르면 개체화보다 '개별화'(individualisation)라는 용어가 등장하는데 개별화된 존재자는 한 인간이 다른 인간과 구별되는 특수하고 독특한 맥락에 기초한다. 따라서 이 차원에서 개체상호성이나 개체초월성이라는 말은 '개별자들 상호 간에' 그리고 '개별자를 초월하는' 등과 같은 의미로 이해해야 한다. 프랑스어의 individu는 물체, 생명체, 인간에 동일하게 사용되는데 시몽동이 인간적 개체화를 설명할 때 '개별화'라는 말을 사용하지만 '인간적 개체'(개별자)를 나타내는 명사는 따로 존재하지 않는다. 개인(personne)이라는 말은 인격체를 가진 존재자로서 개별자와는 분명히 구별되고 있기 때문이다. 그래서 우리는 개체화라는 최초의 용어와 통일성을 유지하기 위해 개체상호성이나 개체초월성이라고 번역하지만 이 용어들은 모든 영역에 쓰일 수 있는 표현이라고 보면 된다.

7) 극성(polarité) _ 30쪽 상단

결정의 모액에 씨앗을 넣을 때 이를 둘러싸고 생겨나는 응집현상처럼 일정한 축을 중심으로 방향을 잡는 작용을 의미하며 보통 물리학, 수학, 생물학(굴성)에서 사용되는 용어이지만 여기서는 쾌와 불쾌, 선호와 거부처럼 극단적으로 대립하는 감정적 차원까지 지시한다. 이처럼 대립되는 두 극을 지칭할 경우 우리말로는 '양극성'이라고 새기는 것이 적절하다. 예를 들어 우리말에 경제적 또는 계급적 양극화 현상을 지칭할 때가 그와 같다. 캉길렘은 『정상적인 것과 병리적인 것』에서 쾌락을 추구하고 불쾌를 거부하는 생명의 원초적 특징을 '역동적인 양극성'(polarité dynamique)이라 주장한 바 있다.

8) 불균등성 / 불균등화(disparation) _ 31쪽 중반

형용사 disparate(불균등한, 부조화된, 어울리지 않는)에서 만들어진 용어이지만 보통은 생리학을 제외하고는 거의 사용되지 않는다. 생리학에서는 양쪽 눈에 존재하는 두 개의 망막이 하나의 대상을 볼 때 나타나는 시각들의 차이를 지시한다. 시몽동은 이 개념을 양립불가능한 긴장 상태를 의미하는 일반적 용어로 확장하지만 불균등화는 물리적 의미의 전개체적 상태에서보다는 생명이나 정신적 과정에서 주로 사용된다. 특히 2부의 마지막 장 「정신적, 집단적 개체화」에서 중요하게 다루어진다.

9) 변환(transduction) _ 31쪽 하단

물리학에서는 에너지가 다른 것으로 전환되는 과정, 생물학에서는 바이러스의 감염과정에서 숙주세포(세균)의 유전자가 바이러스의 게놈(genome) 내로 삽입되었다가 바

이러스의 또 다른 감염주기 때 다른 숙주세포로 옮겨지는 것. 한편 기술에서 변환기 (transducteur)는 음성신호를 전기신호로 바꾸는 등 서로 다른 정보적 조건을 중개하는 장치를 말한다. 시몽동의 철학에서 이는 자가구성적 역동성으로서 존재의 발생이나 질적 변화를 지시하는 최대의 광의의 의미로 사용된다. 구체적으로 전개체적 실재로부터 상전이를 통해 개체와 환경으로 분화되는 과정이고 영역별로는 물리적, 생명적, 정신적, 집단적 개체화로 나아가는 각각의 과정을 지칭하기도 한다. 귀납이나 연역, 변증법 등과 대립해서 사용할 때는 직관에 비교되는 역동적 인식기능을 의미하기도 한다.

10) 변조(modulation) _ 45쪽 하단

유무선 통신에서 음성, 영상, 데이터와 같은 신호를 전달할 때에 반송할 전파의 진폭이나 주파수, 위상 등을 필요에 따라 변화시켜 이용하는 기술 용어이다. 예를 들어 AM 방송은 반송파의 진폭(Amplitude)을 변조하고 FM 방송은 반송파의 주파수(진동수, Frequency)를 변조한다. 전자는 수백 킬로미터의 거리까지 신호를 방출할 수 있어 유용하고 후자는 천둥, 번개 등 불규칙한 잡음원에 거의 영향을 받지 않기 때문에 신호전달에 일그러짐이 없다.

11) 계전기(relais) / 3극 진공관(triode) _ 46쪽 중반

계전기는 미리 정해진 전기량에 따라 접점을 여닫음으로써 전기회로를 조절하는 장치를 말한다. 주로 전신, 전화에서 전류의 변화를 중계(中繼)한다. 전자 계전기(relais électronique)는 반도체를 사용하여 동일한 효과를 얻는 장치이다.

진공관(triode)은 유리 또는 금속으로 된 관 속을 진공상태로 만든 다음, 여러 개의 전극을 넣어 전류가 흐르게 한 것으로 유무선 통신 등에 쓰인다. 3극 진공관은 2극 진공관 (diode)의 양극과 음극 사이에 격자(영 grid, 불 grille)라고 불리는 격자 모양의 제3의 전극을 넣은 것이며 이를 이용하여 증폭작용이 가능해진다. 발전기는 배터리 등 다른 원천에서 에너지를 산출하는 장치. 양극과 음극은 특정한 경우에는 반대로 되기 때문에 애노드(anode)와 캐소드(cathode)로 표기하는 경우도 있지만 우리는 일반적으로 통용되는 용어를 사용하기로 한다.

12) 내재적 형상들(formes implicites) _ 55쪽 중반

시몽동이 사용하는 의미는 아리스토텔레스의 내재 형상과는 다르다. 아리스토텔레스는 (순수 형상은 별도로 하고) 형상과 질료를 미리 구분한 후 형상이 질료 안에 존재한다는 것이고, 시몽동은 이른바 질료라고 하는 것 안에 자신만의 독자적인 본질(예를 들면 콜로이드 성질)이 존재한다는 것이다.

13) 아르키메데스 _ 58쪽 하단
B.C. 3세기에 그리스 식민지였던 시라쿠사에서 활동한 과학자 아르키메데스는 참주 히에론 2세의 문제를 해결하기 위해 고심하던 중 부력의 법칙을 발견했다고 전해진다.

14) 맥스웰(James Clerk Maxwell)의 악마 _ 68쪽 상단
열역학 제2법칙을 벗어나는 상황을 만들어 내는 존재로 가정되었다. 가운데 문이 있는 상자의 양쪽 칸에 다양한 속도로 운동하는 기체분자가 들어있다고 하면(빠른 분자는 온도가 높고, 느린 분자는 온도가 낮다), 문을 열어놓고 자연적으로 내버려 둘 경우 이것들은 골고루 섞이면서 평형상태에 이르고 상자 속의 엔트로피는 증가한다. 그러나 어떤 악마가 있어서 빠른 분자들은 왼쪽 칸으로 느린 분자들은 오른쪽 칸으로 가도록 문의 열고 닫음을 통제한다면 엔트로피는 감소할 것이라는 생각이다. 그러나 1949년 브리유앵(Léon Brillouin)은 악마가 분자들을 구분하고 정돈할 때 정보가 필요하기 때문에 여전히 계의 엔트로피는 증가한다고 주장하며 악마가설의 가능성을 부정한다.

맥스웰의 악마

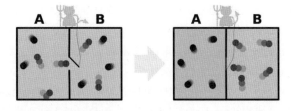

15) 맥놀이(battement) _ 70쪽 중간
서로 진동수가 다른 두 개의 진동이 간섭할 때 나타나는 현상. 예를 들면 악기의 소리들을 조율(modulation)할 때 나타난다. 소리 진동의 진동수는 소리의 고도에 상응하며 각각 사인파로 나타나는데 두 개의 사인파가 간섭하면 그것은 본래의 두 진동을 합한 것의 평균에 해당하는 진동수를 가진 진동이 된다. 두 소리의 진동수 차이는 너무 커서도 안 되고 똑같아서도 안 된다. 동일한 진동수를 가진 진동자는 맥놀이가 아니라 공명을 일으킨다. 진동수가 같으면 진폭이 달라도 공명을 일으킬 수 있다.

맥놀이

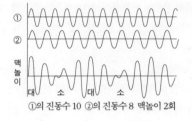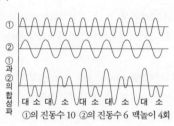

16) 다조파발진기 _ 72쪽 상단

발진기(진동자)는 동조회로나 열이온진공관 등의 증폭소자를 이용하여 직류 전기를 교류 전기로 바꾸는 기구이다. 기본주파수의 정수배가 되는 주파수의 사인(sine)파를 고조파라 하는데 이 고조파들이 결합되어 있는 것을 다조파라 하며 다조파를 발생시키는 장치가 다조파발진기이다.

17) 열과 일 _ 72쪽 상단

한 물리계는 주변과 (역학적) 일과 열을 교환한다. 에너지는 일을 할 수 있는 능력이다. 계의 내부 에너지는 일과 열의 합이다(U = W + Q). 일은 계와 주변 사이에서 에너지를 특정한 방향으로 균일하게 전달하는 것이고, 열은 무질서하게 모든 방향으로 전달되는 것이다. 일을 한다는 것은 무질서한 분자의 배열을 질서 있게 정돈하는 것이어서 계 밖으로 열이 발생한다(소모된다). 즉 역학적 에너지가 열 에너지로 변형된다. 이 과정은 비가역적이다. 즉 변형된(소모된) 열 에너지가 다시 일 에너지로 되지는 않는다. 열은 고온에서 저온으로 전달되며 이때 열을 100% 일로 바꿀 수는 없다. 즉 열 손실이 있다.

18) 열역학 제2법칙 _ 72쪽 상단

프랑스의 공학자 카르노(Sadi Carnot, 1796~1832)는 증기기관의 원리를 분석하면서 열을 동력(일)으로 바꾸는 열기관의 원리를 탐구했다. 그는 열기관이 작동할 때 열의 손실이 있음을 깨닫고 공급되는 열로부터 얻어지는 일의 최대효율을 나타내기 위해 이상적인 가역기구(카르노사이클)를 가정하였다. 이 기관은 열이 높은 온도에서 낮은 온도로 이동하는 것을 이용하여 작동하며 일의 최대효율은 온도차만으로 결정된다. 카르노는 온도차만 유지되면 열 자체는 보존된다고 주장했는데 이 주장은 일이 생성될 때 열이 소모된다는 줄(Joule)의 주장과 모순된다는 것을 톰슨(Thomson, 켈빈경)은 지적했다. 카르노의 열 보존원리는 나중에 에너지 보존원리로 변형된다. 에너지는 형태는 바뀌지만 그 총량은 일정하다는 것이다(열역학 제1법칙). 그러므로 열은 계속 소모되며 소모된 열을 가용 에너지로 되돌릴 수 없다. 독일의 물리학자 클라우지우스(Rudolf Clausius, 1822~1888)는 열이 일로 변화될 때 그 효율은 100%가 될 수 없고 일부는 낮은 온도로 내려간다고 주장했다. 이와 같이 에너지의 자연적 흐름을 되돌릴 수 없다는 것을 열역학 제2법칙이라 한다. 이는 에너지의 양이 아니라 방향성에 관한 법칙이다. 클라우지우스는 엔트로피(무질서도) 개념을 도입하여 이를 설명하였다. 일반적으로 닫힌 계에서 에너지는 가용 에너지가 감소하고 엔트로피가 증가하는 방향으로 흐른다는 것이 카르노-클라우지우스의 원리이다.

19) 브라베(Auguste Bravais, 1811~1863) _ 73쪽 중반

3차원상에서 가능한 결정 구조의 14가지 유형(삼사정계, 단사정계, 사방정계, 정방정계, 등축정계, 육방정계 등이 있음)을 발견했다. 이는 결정에서 규칙적으로 배열되어 있는 원자들의 구조를 묘사하는 것으로 브라베 격자라 한다. 또한 3차원 공간에서 존재할 수 있는 결정 구조들을 이루는 규칙적인 점들의 군에는 32가지가 있다. 사방정계는 길이가 서로 다른 세 개의 직교축을 가지는 결정으로 직육면체나 팔면체로 존재한다. 자연황, 감람석, 백연석 등이 있다. 단사정계는 길이가 서로 다른 세 축 중에서 하나만이 다른 두 축과 직교한다. 직육면체의 사방정계를 밑면은 그대로 두고 옆으로 비스듬히 누인 모양으로 정장석, 휘석 등이 있다. 삼방정계는 정육면체의 결정을 옆으로 비스듬히 기울여 각 면이 마름모꼴이 된 형태이다(이 책 75쪽 도표 참조).

20) 잠열(Latent heat) _ 80쪽 상단

어떤 물질이 상전이할 때 즉, 고체에서 액체(또는 액체에서 고체), 액체에서 기체(또는 기체에서 액체)가 될 때 열을 흡수하거나 방출하게 되는데 이러한 열을 잠열이라 한다. 이 잠열은 현열(sensible heat), 즉 상전이가 일어나지 않은 상태에서 온도변화에 따라 흡수(또는 방출)하는 열보다 매우 크다. 물의 경우 섭씨 0도 얼음(고체)에서 물(액체)로 바뀔 때 1g당 80cal(335J)의 열을 흡수한다. 이러한 열은 같은 양의 섭씨 0도의 물을 80도까지 올릴 때 필요한 열량과 같다. 상전이 온도 및 잠열량 등은 그 물질의 고유한 특성이어서, 물질마다 다르다. 한편 비열은 1g 물질의 온도를 1도 높이는 데 필요한 열량으로 현열의 단위이다. 온도는 입자들의 운동에너지이다. 잠열은 같은 온도에서 분자결합을 해체하는 데 드는 열량이다. 액체가 기체로 될 때(기화열), 고체가 액체로 될 때(융해열) 필요한 열량이다. 기체가 액체로 될 때(액화열) 액체가 고체로 될 때(응고열)는 열이 방출된다.

21) 식별불가능자(l'indiscernable) 동일성의 원리 _ 81쪽 중반
라이프니츠에 의하면 모든 사물은 모든 시간, 모든 장소에서 내적 차이 즉 속성들의 차이에 의해 서로 구별될 수 있다. 이러한 속성들의 차이가 전혀 없는 두 사물은 완전히 동일하다는 것을 식별불가능자 동일성의 원리라 한다.

22) 비존재 _ 92쪽 상단
파르메니데스에게서 운동은 존재가 아닌 것, 즉 비존재이다. 운동이 불가능함을 증명하고자 한 파르메니데스에 맞서 시몽동에 의하면 후기의 플라톤은 운동 즉 비존재가 존재함을 주장하였다.

23) 에피택시(épitaxie) _ 93쪽 하단
서로 공통적이고 대칭적인 요소들을 소유하며, 상호 관련된 방향을 취하고 있는 두 개의 결정을 동시에 성장시키는 기술을 말한다.

24) 기술적인 불 _ 100쪽 상단
스토아학파는 헤라클레이토스를 따라 불을 가장 기본적인 원리로 보았다. 원초적인 불에서 사원소가 나타나고 신적인 숨결에 의해 생기가 부여되어 세계 및 개체들이 출현한다. 불은 세계를 질서 있게 하는 이성과 동일시되어 세계의 탄생은 장인적 혹은 기술적인 행위로 묘사된다.

25) 작용양자 _ 101쪽 하단
플랑크(Max Planck, 1858~1947) 상수(h)로 나타내며 에너지 교환의 입자적 최소 단위이다. 이 생각에 따르면 에너지는 플랑크 상수에 진동수의 정수배(E=hv)를 한 것으로 나타난다. 즉 에너지는 불연속적 양으로 계산이 가능하며 이것이 에너지 양자의 개념이다.

26) 광전효과 _ 102쪽 상단

아인슈타인이 금속에 빛을 쪼여 순간적으로 전자가 발생하는 것을 관찰한 현상으로 빛이 입자와 같은 행태를 보인다는 것을 증명한 실험으로 알려져 있다. 아인슈타인은 플랑크의 에너지양자 개념을 원용하여 이를 증명하였다. 광전효과는 어떤 진동수 이상의 값을 가지는 빛을 이용해야만 얻을 수 있다. 이를 문턱진동수라 한다. 발생하는 전자의 운동에너지는 진동수에만 적용되고(E=hν) 빛의 강도와는 무관하다. 즉 아무리 강한 빛을 쪼여도 문턱진동수를 넘지 않으면 전자가 발생하지 않는다. 하지만 일단 문턱진동수를 넘으면 발생하는 전자의 수는 빛의 강도에 비례한다.

27) 전자기장/전자기파 _ 106쪽 하단

전기장은 전하(전기를 띤 입자)의 전기적인 힘이 미치는 공간을 말한다. 전하가 진동하면 전기장의 변화가 발생하며, 이는 자기장을 생성한다. 이때 생성된 자기장에 변화가 발생하면 새로운 전기장이 만들어지는데, 이 전기장 때문에 또 자기장이 만들어진다. 이렇게 전기장과 자기장이 변화하면서 주변 공간으로 퍼져나가는 것이 바로 전자기파이다. 특정 진동수를 가지는 전자기파는 진동수와 플랑크상수(h)의 곱에 해당하는 에너지를 갖는데 그 최소단위가 양자이다.

28) 케넬리-헤비사이드 층 _ 108쪽 중반

케넬리와 헤비사이드에 의해 발견된 전리층(이온층)으로 단파통신을 가능하게 하였다. 전리층은 전하를 띤 이온 수가 전파 전달에 영향을 줄 정도로 많은 대기의 영역으로 50~800km의 고도에서 나타나며 밀도에 따라 다시 여러 층으로 나뉘어진다. 전리층에 의한 전파 반사로 장거리 무선통신이 가능하다.

29) 마이컬슨과 몰리의 실험 _ 109쪽 중반

에테르의 존재를 확인하기 위해 1881년부터 1887년 사이에 행해진 실험이다. 지구가 빛을 매개하는 에테르 속에서 움직인다고 가정하면 지구의 운동과 같은 방향으로 운동하는 빛의 속도와 지구의 운동과 반대 방향으로 운동하는 빛의 속도는 다를 것이다. 그러나 실제 실험에서 두 방향의 빛의 속도는 차이가 없었기 때문에 에테르 이론은 타격을 입는다.

30) 통로이론 _ 113쪽 중반

뉴턴은 간섭현상을 설명하기 위해 빛의 입자들의 운동에 주기성을 도입한다. 이에 따르면 빛의 입자는 투과를 용이하게 하는 성향(굴절을 야기)과 반사를 용이하게 하는 성향(반사를 야기)을 교차적으로 가진다. 이러한 성향들을 '통로'(accès)라고 부른다. 이것들은 주기적으로 나타나고 굴절성의 정도에 일정한 색깔이 상응한다. 그러나 이런 설명들은 하위헌스의 파동이론에 의해 부정된다.

31) 전파의 종류 _ 116쪽 하단

장파는 파장의 범위가 1~10km 정도이고 주파수가 30~300kHz 정도로 낮으며 지표파를 이용하고 무선항행, 수중통신에 이용된다. 중파는 파장 범위 100~1000m, 주파수 300~3000kHz로 AM라디오 방송, 무선항행 등에 이용되고 지표파와 전리층을 동시에 이용한다. 단파(데카미터파)는 파장 범위 10~100m, 주파수는 3000kHz~30MHz 로 지표면과 F전리층 사이에서 반사되어 멀리 퍼져나가는 성질로 인해 원거리통신에 이용된다. 초단파는 파장 범위 1~10m, 주파수 30~300MHz 정도이며 전리층에 대해 반사되지 않고 직진성이 강하여 원거리통신에 적합하지 않고 텔레비전, FM방송 등에 이용된다. 극초단파는 파장 범위 1m~1cm, 주파수 300MHz~3GHz 정도로 이동통신, 텔레비전(케이블), 자동차 전화, 전자레인지 등에 이용된다.

32) 라에(la Haye) 회의 _ 118쪽 중반

헤이그(Den haag) 밀사사건의 무대인 만국평화회의를 말한다. 1898년 러시아 황제 니콜라스 2세가 제안하고 1차 회의가 1899년 네덜란드의 헤이그에서 개최되었으며 26개국이 참가하였다. 1907년에 열린 2차 평화회의에서는 전쟁과 관련된 관습법의 규칙들(전쟁포로의 문제, 독약사용금지 등)을 제정하였다.

33) 전기분해(éléctrolyse) _ 120쪽 상단

물질에 전류를 가하여 화학적 변화가 일어나게 하는 과정. 예를 들어 물을 전기분해하는 과정을 보자. 물은 전기를 띠지 않으므로 거기에 전해질(용매에 녹였을 때 전기전도성을 갖는 물질)을 넣어 용해시킨다. 그 다음 외부에서 전기를 가하면 양극에서 전자(e^-)가 발생(산화반응)하여 음극으로 이동한다. 음극에서는 수소 이온이 전자를 받아들여(환원반응) 수소 기체가 발생하고 양극에서는 산소 이온이 산화되어 산소 기체가 발생한다. 이온이란 중성 원자에서 전자를 잃거나 얻어 불안정해지는 상태이다. 전자를 잃으면 양전하가 되는데 이를 양이온이라 하고 전자를 얻으면 음전하 상태가 되는데 이를 음이온이라고 한다.

34) 원자가 / 전하 _ 120쪽 상단

원자가는 원자들의 결합능력을 나타내는 수치. 처음에 원자가는 수소원자 하나와 결합할 수 있는 힘을 의미했다. 패러데이는 이것이 요소전기량과 관련된다는 것을 보여 주었고 20세기 초에는 그것이 전자를 주고받음으로써 가능해진다는 것을 확립했다. 전하는 전자 하나가 운반하는 전기량을 말한다. 전자는 양전자와 음전자로 나누어지며 양전자는 양성자를 말하고, 보통 전자라고 할 때는 음전자를 말한다.

35) 몰(mol) _ 120쪽 상단

몰은 물질의 분자량을 그램으로 나타낸 질량이다. 분자량은 분자를 구성하는 원자량들의 합이다. 수소원자의 원자량을 1이라 하고 다른 원자들의 원자량은 이를 기준으로 하여 비율로 계산된 양이다. 원자량은 양성자수와 중성자수를 합한 값이다(수소는 양성자만 가지고 있다). 예를 들어 물(H_2O)의 분자량은 "수소원자의 원자량(양성자수1×2) + 산소원자의 원자량(양성자수 8 + 중성자수 8) = 18"이다. 이에 그램을 붙인 수 18g이 물 1mol의 질량이다.

36) 아보가드로수 _ 120쪽 하단

1몰 안에 들어있는 입자의 수를 아보가드로수(6.02×10의 23승)라 한다. 아보가드로수는 탄소원자(원자량 12)를 기준으로 하여 이를 그램수로 나타낼 때(12g), 즉 1몰의 탄소원자 안에 들어 있는 입자수이다.

37) 크룩스 암흑부 _ 121쪽 상단

크룩스(William Crookes, 1832~1919)는 영국의 화학자, 물리학자로서 1878년 저압의 기체가 들어 있는 밀폐된 유리관에 전원을 연결하여 음극에서 빛이 나오는 것을 발견하였다. 이는 음극선이라 불리는 자유전자의 빔이다. 이 관은 음극관이고 그의 이름을 따라 크룩스관(정확히는 수은주의 압력이 0.1mm 이하의 진공도를 가진 방전관)이라고도 하며 엑스선의 발견에 이용되었다. 전기 방전을 연구하던 중 크룩스는 또한 음극 주위에 어두운 부분을 발견하였는데 이를 크룩스 암흑부(dark space)라 한다. 크룩스 암흑부는 질량이 큰 양이온으로 되어 있고 전기장이 가장 큰 부분이다.

38) 변위전류 _ 122쪽 상단

도선 내에서 자유전자들의 이동에 의해 흐르는 보통의 전류를 전도전류(conduction current)라 하는데 전도전류는 주위에 자기장을 만들어 낸다. 맥스웰은 전도전류가 없는 경우에도 전기장이 있으면 자기장이 발생해야 한다고 함으로써 둘 간의 관계를 예언했는데 이는 실험으로 증명되었다. 이처럼 전도전류가 없는 경우에도 자기 효과에 의해 그 존재가 가정된 전류를 변위전류(displacement current)라 한다. 축전기처럼 끊어진 회로에서 이를 관찰할 수 있다. 변위전류는 빛이나 라디오 전파와 같은 전자기복사를 공간을 통해 전달하는 데 있어 중요한 역할을 한다. 나중에 전자기파로 통일된다.

39) 멘델레예프(Dmitri Mendeleev, 1834~1907) _ 122쪽 하단

원자량(원자의 질량)의 증가 순서로 원소들을 배열하여 주기율표를 완성한 화학자. 이 표에서 동주기에 속하는 원소군은 유사한 속성을 가진다. 당시에 원자량은 아보가드로의 법칙에 따라 측정되었으나 나중에는 양성자수로 결정되었다. 탄소 중에서 안정한 동위원소 12C의 질량을 12로 하고 이를 기준으로 다른 원자의 질량을 결정한다. 동위원소는 주기율표 위의 원자 번호는 같지만 질량수가 다른 원소, 질량수는 양성자수와 중성자수를 합한 값이다.

40) 밀리컨(Robert Andrews Millikan, 1868~1953)의 기름방울 실험 _ 123쪽 중반

밀리컨이 기름방울을 이용하여 전자의 전하량을 측정한 실험. 전기장 속에 놓인 두 개의 금속판 사이에 기름방울을 분무하여 중력과 전기력, 기름방울의 낙하속도와 질량 등의 관계를 통해 기름방울의 전하량을 구하고 이것이 언제나 어떤 값의 정수배로 나타난다는 것을 관찰하였는데 이 값을 기본전하량이라 한다.

41) 윌슨(Charles Wilson, 1869~1959)의 안개상자 _ 124쪽 하단, 136쪽 중반

상부는 유리로 되어 있고 하부는 피스톤으로 되어 있다. 압력을 낮춘 수증기·알코올·아르곤의 혼합기체를 상자 내부에 넣은 후 피스톤으로 단열팽창(냉각)시켜 과포화상태로 만들면 안개가 생긴다. 이때 생성된 안개에 방사선이나 이온화된 입자를 통과시키면 수증기와 반응해 응축이 이루어져 궤적이 보이게 되는 원리이다.

42) 장 페랭(Jean Pérrin, 1870~1942) _ 124쪽 하단

프랑스의 물리학자. 1910~1940년 사이에 파리대학의 교수로 가르치며 주로 원자에 대한 실험적 연구를 했다. 1895년에는 음극선이 음전하를 띤 입자로 구성되어 있다는 것을 증명하였다. 아인슈타인의 영향을 받고 미립자들의 입자성을 발견하기 위한 실험적 노력을 계속했다. 여러 가지 방법을 통해 돌턴이 1세기 전에 예언한 1908년 원자들의 실질적 존재를 입증하였으며 아보가드로수의 정확한 값을 결정하였다. 1926년 물질의 불연속성에 관한 연구로 노벨물리상을 받았다.

43) 수성의 근일점 이동 _ 125쪽 상단

수성의 타원 궤도에서 태양에 가장 가까운 점(근일점)이 매년 조금씩 어긋나게 되는데 이는 뉴턴의 만유인력으로 설명할 수 없다. 아인슈타인은 중력을 특수 상대성이론에 끌어들여 이 현상을 설명하였다. 중력에 의한 시공간의 변형이 그것이다.

44) 룸코르프(Heinrich Daniel Ruhmkorff, 1803~1877) _ 126쪽 상단

독일의 엔지니어로 파리에서 공장을 열고 우수한 전기기구들을 다량 생산했다. 이곳에서 수많은 유도 코일을 제조하였는데 그의 이름을 본딴 룸코르프 코일은 고전압 전류를 생성하는 것으로 기폭장치나 가이슬러관, 크룩스관을 작동시키는 데 사용되었다.

45) 정념(affection)과 정념성(affectivité) _ 127중반, 241 하단

우리가 정념이라고 번역한 affection의 정확한 번역어를 찾기가 쉽지는 않다. 이 말은 현대어에서는 흔히 애착, 애정이라는 의미로 쓰이고 좀 특별하게 의학적으로는 통증, 신체적 증상이라는 의미를 표현하기도 한다. 하지만 철학적으로는 매우 긴 역사를 가진 단어이고 매우 넓은 의미영역을 포함하며 오늘날에도 일상적 맥락과는 달리 본래의 뜻을 간직하고 있다. 어원을 거슬러 올라가면 그리스어의 파토스(pathos)에서 유래한다. 『랄랑드(A. Lalande) 철학사전』을 참조하자면 아리스토텔레스에게서 파토스는 어떤 원인에 의해 "주체에게 수동적으로 일어나는 것들"로서 기쁨, 슬픔, 분노와 같이, 주체의 능동적 행위에 대립하고 무엇보다도 이성적 영혼 안에 나타나는 비이성적 상태이다. 중세의 시작과 함께 아우구스티누스에게서 파토스는 perturbationes animi(마음의 동요), affectus, affectiones, passiones로 다양하게 번역되었고 이 모든 용어는 동의어로 간주되었다(『신국론』IX, 4). 고클레니우스(Goclenius)에 의하면 "affectio는 내적, 외적 원인에 의해서 생겨나는, 존재자의 경향(disposition)이나 상태(état), 변화"를 의미한다.

계속해서 위의 사전에 따르면 18세기까지 passion과 affection은 혼용되었으며 그것들은 영혼의 모든 수동적 현상들을 가리키지만 철학자들마다 조금씩 의미차가 존재한다. 특히 데카르트주의자들에게서 passion은 "동물혼의 흐름으로 야기된 모든 변양태들(modifications) 그리고 거기서 유래하는 운동들"이다. 보쉬에(Bossuet)에 의하면 passion은 "한 대상 속에서 느껴진 혹은 상상된 쾌락이나 고통에 자극받아 그것을 좇거나 그로부터 멀어지는 운동"이다. 한편 스피노자에게서 이 용어들은 매우 세분화되어 중요한 의미연관을 가지게 된다. affection(affectio)은 내외적 원인에 의해 존재자를 변양시키는(modifier) 작용 혹은 그 결과이고 affect(affectus)는 "행동역량을 증가시키거나 감소시키는 신체의 affections"이다. 또 "우리가 이 affection들 중 하나에 대해 적합한(adéquate) 원인일 수 있으면" 그때 affect는 action, 그렇지 않으면 passion이다 (『윤리학』 3부, 정의 3).

일반적으로 affection으로 인한 변양의 결과는 쾌와 불쾌의 신체적 느낌으로 나타나며, 따라서 이런 의미가 affect와 affection에 포함되고 특히 심리학 전통에서 중요한 역할을 하게 된다. 심리학은 19세기 말에 과학으로 확립되기 이전부터 이미 철학 내에서 상당한 역사를 가진다. 18세기 말 프랑스 심리주의 인식론의 원조 콩디약(Condillac)에 의하면 "모든 감각은 쾌와 불쾌의 성질 즉 affective한 성질을 가지고 있다". 19세기 초 멘 드 비랑(Maine de Biran)은 콩디약의 생각을 받아들이면서도 affection을 특히 자아의 주체성을 이루는 의지작용에 대립하는 비의지적(involontaire)인 생명적 상태들로서 "감각으로부터 우리가 개체성이나 자아를 분리했을 때 남아 있는 것", 즉 정신활동의 하부적 재료 같은 것으로 정의한다. 19세기 말 심리학자 자네(Pierre Janet)는 멘 드 비랑의 '비의지적 상태'를 이어받아 '잠재의식'(le subconscient)의 심리학을 세우는데 affection은 잠재의식을 구성하는 핵심 역할을 한다. 20세기의 심리학자 프라딘(M. Pradines)에 의하면 affectivité는 "생명체가 물리적 자극들과 그 표상들에 대해 쾌락이나 고통의 상태로 반응하는 능력"을 말한다(『철학의 일반백과사전』). affect는 특히 쾌, 불쾌의 느낌을 나타내는 '요소적인(élémentaire)' 심적 상태를 말한다. 이런 의미들은 생기론자 캉길렘의 의철학에서도 중심적 역할을 한다.

요약하자면 passion과 affection은 모두 넓은 의미에서는 내외적 원인으로 생겨난 정신적, 신체적 동요나 변화 및 그 결과로 나타난 다양한 양태들을 지시한다. 그러나 19세기 이후부터 passion이라는 말은 과거의 pathos가 지시하던 내용으로는 잘 사용되지 않으며 그 의미는 '열정, 열광, 격정'을 나타내는 것으로 축소되었고 affection도 좁은 의미에서는 내외적 자극으로 생겨난 쾌와 불쾌의 느낌을 지시하게 된다. 하지만 이 두 단어 중에서 내외적 자극을 받아들이고 이에 특정한 방식으로 반응한 결과를 지시하는 과거의 파토스는 affection에 더 남아 있다. 우리말의 '정념'은 주로 고대와 근대의

pathos, passion에 대한 번역어로 사용하는데 오늘날에는 그것이 정열이나 열정으로 번역되는 passion과 혼동될 일이 없기에 우리는 affection을 정념으로 번역하고자 한다. 데카르트나 스피노자 등 근대의 철학을 연구하는 경우에는 passion과 affection을 구분하기 위해 후자를 달리 번역할 필요가 있다. 동사 affecter의 명사형 혹은 그 결과로서의 affection에 대해서는 '변용'이라는 번역어가 있다. 이 용법은 스피노자에게서 특히 중요하다. 한편 현상학에서는 '촉발'이라는 번역어를 사용하기도 한다.

시몽동에서 주제가 되는 affection은 생명체 내부에서 전개체적 퍼텐셜로부터 남아 있으면서 감정을 비롯한 의식 상태들의 재료로 기능하는, 잠재의식의 양태들을 가리키는데 이런 의미에서는 그는 멘 드 비랑과 자네, 캉길렘을 잇는 생기론적, 정신의학적 흐름에 가까이 위치해 있다. 물론 시몽동에게서 정신적 개체화는 집단적 개체화와 결합하기 때문에 정념의 의미는 단순히 심리학 전통을 넘어서는 더 근원적인 힘을 가리킨다. 집단적 개체화를 이루는 정념은 융(C. G. Jung)의 집단무의식 개념에서도 중요한 내용을 빌려오고 있다.

46) 클로드 베르나르(Claude Bernard, 1813~1878) _ 127쪽 중반
실험의학의 창시자. 외부환경의 변화에도 불구하고 생리적 기능들의 항상적인 작용으로부터 '내부환경'(le milieu intérieur)과 항상성(homeostasis)의 개념을 이끌어 낸 것으로 유명하다.

47) 푸앙카레(Henri Poincare, 1854~1912) _ 128쪽 중반
프랑스의 수학자, 물리학자, 철학자, 엔지니어. 광학과 무한소 분석에서 중요한 업적을 이룩하였으며 삼체문제에 대한 고찰에 의해 미분방정식 체계와 카오스 이론의 선구자로 간주된다. 그의 유명한 책 『과학과 가설』은 아인슈타인의 특수상대성이론에 영향을 준 것으로 평가된다. 푸앙카레는 수학의 공리들의 기초를 다루는 문제에서 그것들이 절대적 진리가 아니라 단지 선택의 문제, 편의상의 문제라고 함으로써 편의주의(commodisme)라는 명칭을 얻는다. 이는 나중에 르루아(Eduard Le Roy)에 의해 협약주의(conventionnalisme)로 발전한다.

48) 카메를링 오네스(Heike Kamerlingh Onnes, 1853~1926) _ 129쪽 하단
네덜란드의 물리학자. 저온물리학에 대한 연구와 액체 헬륨을 만든 업적으로 노벨상 수상. 어떤 물질을 절대 영도(-273℃)에 가깝게 냉각시키면 전기 저항이 완전히 없어지

는 초전도(superconductivity) 현상이 나타난다는 것을 발견하였다. 초전도 물질로는 납, 주석 등의 금속이나 합금, 화합물 등 1000여 종이 발견되었다.

49) 양자화(quantification) / 양자수 _ 130쪽 하단
양자화란 연속적인 것으로 생각된 에너지를 불연속적 입자로 가정하는 것으로서 플랑크가 흑체복사를 설명할 때 가정한 에너지 양자와 아인슈타인이 광전효과를 설명하기 위해 가정한 광자를 모형으로 하여 양자역학에 원용된다. 양자수는 원자 내에서 전자의 핵으로부터의 거리, 에너지 상태, 각운동량, 스핀 등에 대한 정보를 말한다. 원자 내에서 전자가 정상궤도를 도는 경우는 안정적이며 외부의 에너지 유입에 의해 여기(excited) 되면 궤도를 이탈, 다른 여러 준위들로 확장한다. 여기상태에서 기저상태로 다시 내려오면 전자기파가 방출된다. 이와 같이 에너지의 작용은 연속적이지 않고 전자의 불연속적 준위들에 의존한다.

50) 파울리의 배타원리(principe d'exclusion) _ 131쪽 상단
한 원자 내에서 각 전자는 동일한 양자 상태에 있을 수 없다는 것. 원자 내에서 전자의 궤도는 네 개의 양자수에 의해 결정되는데 그것은 핵으로부터의 거리(또는 에너지 준위)를 나타내는 주(principale)양자수, 궤도의 모양을 나타내는 궤도양자수, 궤도의 공간적 방향성을 나타내는 자기양자수 그리고 전자의 두 가지 스핀상태(up and down)를 나타내는 스핀양자수이다. 이 네 가지 중 하나라도 다르면 전자는 서로 다른 에너지 상태를 나타낸다.

51) 흑체복사 _ 131쪽 하단
흑체는 입사하는 모든 복사를 흡수했다가 모두 재방출하는 이상적인 완전복사체. 따라서 흑체복사는 주어진 온도에서 물체가 방출할 수 있는 복사에너지의 이론적인 최대값이다. 보통 내부에 공동을 가진 두터운 벽으로 싸인 물체에 구멍을 뚫어 전자기파를 입사시킨다. 이런 물체가 내는 빛은 온도에만 의존한다. 흑체의 온도에 따라 그것의 색이 다르게 나타난다. 플랑크는 1900년 흑체복사를 통해 전자기파를 불연속적 물리량으로 고찰하여 전자기파의 에너지가 파동이 아니라 에너지를 갖는 양자(작용양자)들로 이루어져 있다는 결론을 낸다. 진동자와 관련된 에너지는 진동수에 비례하는 양의 정수배만을 갖는다는 플랑크의 가정은 1905년 아인슈타인의 광전효과에 의해 사실로 증명되었다.

52) 슈테판-볼츠만의 법칙(Joseph Stefan, 1835~1893) _ 131쪽 하단

슈테판은 오스트리아의 물리학자로 빈 대학에서 가르쳤고 볼츠만(Ludwig Boltzmann, 1844~1906)의 선생이다. 흑체복사에 대한 연구를 하여 흑체가 방출하는 열복사에너지는 절대온도의 4제곱에 비례한다는 슈테판의 법칙 $M=\sigma T^4$을 확립했고 나중에 이를 볼츠만이 열역학 이론에 의해 정당화했기 때문에 슈테판-볼츠만의 법칙이라고도 불린다.

53) 레일리(John William Strutt Rayleigh, 1842~1919) _ 132쪽 상단

영국의 물리학자. 전기역학, 전자기학, 광학(특히 분광학) 등 다방면에 업적을 남겼고 1904년에는 기체의 밀도 연구로 노벨화학상 수상. 천문학자 제임스 진스(James Jeans)와 흑체복사 에너지의 분배를 긴 파장에 유효한 파장의 함수로 표현하는 '레일리-진스의 이론적 법칙'을 확립했다. 플랑크는 레일리와 빈(Wien)의 업적을 종합하고 여기에 양자를 도입하여 이와 관련한 일반 법칙을 수립함으로써 이를 긴 파장만이 아니라 짧은 파장에도 적용할 수 있게 했다.

54) 솔베이(Solvay) 물리학회 _ 134쪽 상단

벨기에 화학자이자 산업가인 에르네스트 솔베이(Ernest Solvay)의 후원으로 1911년부터 개최되었으며 양자역학 이론의 발표와 전개에 중요한 역할을 했다. 1927년의 학회는 상보성 이론에 관한 아인슈타인과 보어의 논쟁(신은 주사위놀이를 하지 않는다 vs 신에게 명령하지 말라)으로 유명하다. 드 브로이는 바로 이 학회에서 물질파와 파일럿 파동(pilot waves)에 관한 자신의 이론을 발표했다.

55) 파일럿 파동 _ 134쪽 각주

코펜하겐학파는 드 브로이의 물질파 연구를 발전시켜 완성한 슈뢰딩거의 방정식을 입자가 존재할 수 있는 '확률'의 파동으로 해석한다. 이에 드 브로이는 자신이 주장한 물질파를 확률이 아니라 입자 자체를 실어나르는 파동이라고 실재론적으로 해석한다. 드 브로이는 자신의 이론을 슈뢰딩거의 파동방정식에 겹쳐 놓아야 한다고 주장하면서 이를 '이중해법(double solution)의 이론'이라고 불렀는데 1927년에 이를 단순화하여 '파일럿 파동'(pilot waves[입자를 인도하는 파동]) 이론으로 명명한다. 파일럿 파동 이론에서는 입자를 파동의 움직이는 특이성으로 본다. 매우 강도가 낮은(측정불가능한) 파동에서 매우 강도가 높은 입자가 특이성으로 존재한다는 것이다. 이 이론은 물질의 이중성을 해석하는 비주류 이론으로 남아 있다.

56) 콤프턴 효과 _ 135쪽 상단

전자에 고에너지의 X선을 쪼였을 때 전자가 튀어나오면서 빛은 산란(diffusion)된다. 이때 산란된 X선이 입사된 X선보다 파장이 길어지는 현상(에너지를 잃는 현상)을 콤프턴 효과(effet Compton)라 한다. 빛의 파동 이론에 의하면 입사광선과 산란된 광선의 파장은 같아야 한다. 그러므로 이 현상은 아인슈타인의 광량자설에 비추어 입자인 광자와 전자의 충돌로 설명할 때만 가능하다. 1923년 미국의 물리학자 콤프턴(Arthur Compton, 1892~1954)이 발견하였다.

57) 쿨리지관 _ 135쪽 상단

열음극에서 나오는 열전자를 고전압으로 가속하여 마주하고 있는 대음극(양극)에 충돌시킴으로써 X선을 만들어 내는 진공관.

58) 러더포드(Ernest Rutherford, 1871~1937) 원자 모형 _ 135쪽 상단

러더포드는 금속에 알파선을 입사하여 중간 부분에서 휘어지는 것을 발견하고 원자의 중심에 커다란 핵(양성자)이 있으며 그 주위를 전자가 돌고 있는 모형을 주장한다. 그러나 고전물리학에 의하면 이 모형에서 전자는 핵 주위를 계속 돌면서 전자기파를 방출하고 에너지를 잃어 핵으로 떨어지고 결국 그것과 충돌하여 원소 자체가 없어지게 된다. 보어는 하나의 양성자와 하나의 전자로 된 수소원자를 연구하면서 전자가 정상궤도를 돌 때 안정상태가 되고 이때는 전자기파를 발생시키지 않는다고 가정한다. 전자기파의 흡수와 방출은 두 개의 정상궤도 사이를 이동(양자 도약)할 때 일어난다. 이렇게 해서 수소원자 스펙트럼의 불연속성이 설명될 수 있었다.

59) 라만 효과(effet Raman) _ 136쪽 상단

빛이 투명한 화합물로 이루어진 시료를 통과할 때, 입사한 방향과 다른 방향으로 약한 빛이 나오게 된다. 즉 산란된 빛의 일부가 입사한 파장과 다른 값을 가지는데, 이것이 라만 효과이다. 이는 빛이 광자라는 입자의 형태로 분자와 충돌한다는 것을 보여 준다. 대부분의 충돌이 탄성적이므로 보통 산란된 광자의 에너지와 진동수에는 변화가 없지만 어떤 경우에는 분자들이 광자의 에너지를 흡수하거나 광자에 에너지를 첨가해 주면서 광자의 에너지를 감소시키거나 증가시키고, 그에 따라 산란된 빛의 진동수가 감소하거나 증가하게 된다.

60) 파동의 간섭 _ 138쪽 상단

1801년 토머스 영(Thomas Young, 1773~1829)의 실험에서 유래하는데 이중슬릿에 전자빔을 쏠 경우 슬릿 뒤에 있는 스크린에 파동의 특징인 간섭무늬가 나타난다. 보어 등의 해석에 의하면 전자는 파동운동을 하지만 관찰시에만 '파동함수의 붕괴'와 더불어 입자의 성격을 나타낸다. 반면 드 브로이에서 전자는 언제나 입자의 성격을 잃지 않으면서 자신의 파동(파일럿 파동)을 내보내고 또 이 파동에 의해 실려간다. 이 파동들이 서로 간섭을 일으키며 스크린에 무늬를 나타낸다.

61) 위상/위상차 _ 138쪽 상단

위상은 파형의 임의의 지점에서의 매질의 운동 상태를 말한다. 파형에는 직선파, 평면파, 원형파, 구면파 등이 있다. 위상차는 주기와 진폭이 같은 두 파동이 진행의 경로차나 시간차에 의해 엇갈린 상태가 된 것.

62) 위상구배 _ 138쪽 중반

파동의 그래프에서 가장 높은 지점은 마루, 가장 낮은 지점이 골이며 마루와 마루, 골과 골을 위상차가 0이라 하고 마루와 골은 위상차가 반대라고 한다. 위상구배는 파동 그래프에서 수평으로 이동을 가능하게 하는 변화율을 가리킨다.

63) 양자 퍼텐셜 _ 138쪽 중반

드 브로이의 이중해법이론에서 일종의 숨은 변수로 가정된 것이며 이를 비국소적(non-local) 숨은 변수 이론이라 한다.

64) 배위공간(配位空間, configuration space) _ 139쪽 상단

고전역학에서 한 물리계의 배위공간은 이 계가 가질 수 있는 모든 가능한 위치들의 집합이다. 배위공간은 계의 일반화 좌표가 가질 수 있는 모든 값들로 이루어진 미분다양체이다. 슈뢰딩거의 확률함수는 한 입자가 아니라 모든 입자들이 가질 수 있는 모든 값들의 확률을 나타내는 공간으로 배위공간에서 그려진다.

65) 측지선(géodésique) _ 140쪽 하단

일반상대성이론에서는 물체는 에너지를 만들고 에너지는 시공간을 휘게 하기 때문에 물체의 운동은 그 물체가 지나온 시간-공간의 경로를 표현할 뿐이라고 가정한다. 물체

는 이동 경로 중 가장 작용이 작은 경로를 통해 운동한다. 이것이 측지선이다.

66) 중간자(méson) _ 141쪽 중반
핵 속의 양성자와 중성자는 중간자(1935년 일본의 물리학자 유가와 히데키가 예언하고 1949년 발견됨)에서 발생하는 강력한 힘으로 결합되어 있으며 여러 종류가 있다. 오늘날 중간자는 쿼크(quirk)와 반(反)쿼크의 결합으로 이루어진 구조를 가지고 있다는 것이 알려져 있다. 1960년대에 머레이 겔만이 발견한 쿼크는 양성자와 중성자, 중간자를 이루는 기본 입자로 간주되며 단독으로는 존재하지 않고 서로 결합되어서만 존재한다.

67) 푸리에 급수(série de Fourier) _ 142쪽 상단
모든 주기함수들을 가장 단순한 형태의 진동을 기술하는 삼각함수들의 합으로 표현한 것으로서 다양한 스펙트럼 분석에 이용된다.

68) 영의 이중 슬릿 실험 _ 146쪽 하단
이는 한 근원에서 나온 빛이 두 개의 구멍을 통과하면서 갈라지고 그것들이 서로 간섭현상을 일으키는 데서 빛의 파동성을 증명한다. 간섭무늬에서는 두 파동이 서로 중첩되어 밝아지는 부분들과 상쇄되어 어두워지는 부분들이 교차로 나타난다.

69) 시직경 _ 147쪽 하단
어떤 천구상의 별의 크기를 각도의 단위로 나타낸 것. 천체의 직경 양끝에서 지구의 관찰자에 이르는 두 직선거리들 사이의 각도를 말한다.

70) 여과성 바이러스(virus filtrant) _ 152쪽 상단
바이러스가 세균 여과기를 통과하는 데서 붙여진 이름. 바이러스는 비세포 단계 생물로서 동식물의 세포에 기생하여 증식하며 독자적으로 물질대사능력이 없어 단백질 결정체로 추출된다.

71) 유형성숙(幼形成熟, néoténie) _ 152쪽 하단
동물이 어린 상태로 성장을 멈추고 이 상태에서 번식하는 것을 말하는데 진화의 요인으로도 알려져 있다. 예를 들어 인간의 진화를 침팬지의 유형성숙으로 설명하는 이론은 상당히 인정받는 이론이다.

72) 강장동물의 구조 _ 168쪽 상단

강장동물은 오늘날 자포동물과 유즐동물로 나뉜다. 자포동물에는 히드라와 해파리, 산호 등이 있다. 해파리를 제외하고는 바위 등에 고착되어 다수의 폴립이 모여 있는 형태로 살아간다. 중추신경이 없고 산만신경계를 갖는다. 배설기가 없이 입과 항문이 동일한 역할을 하며 소화기와 순환기도 분리되지 않고 내부에 커다란 공동(체강)이 있어 여기서 소화, 순환이 이루어진다. 입주위의 촉수들에는 따끔따끔 찌르는 자포가 있다.

히드라의 구조

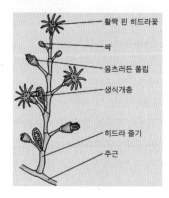

활짝 핀 히드라꽃
싹
움츠러든 폴립
생식개충
히드라 줄기
주근

73) 강장동물의 생식 _ 169쪽 상단

강장동물의 생식 방법은 매우 다양하다. 출아로 무성생식을 하거나 분열번식을 하거나 또는 유성생식을 하기도 한다. 유성생식은 암수한몸으로서 자가수정되는 경우도 있지만, 메두사 형태로 생식을 하기도 한다. 즉 생식개충들의 폴립의 일부가 위쪽에서 파인애플 이파리 부분을 수평으로 자른 것처럼 떨어져 나와 자유 상태의 메두사(암수 각각)들이 되고 이것들에 의해 생식이 이루어진다. 수정란에서는 새 군체가 나온다. 산호는 메두사 형태가 없고, 히드라와 해파리는 전자가 성체 시기를 폴립 형태로 보내는 데 반해 후자는 성체 시기를 메두사 형태로 보낸다는 차이를 가진다. 유성생식의 어떤 경우에는 폴립에서 개충이 떨어져 나와 알을 낳고 죽는데 이때 수정된 알에서 새 군체를 형성한다. 시몽동이 든 사례는 이 마지막 사례인데 자료가 흔치 않다. 반면 시몽동이 군체가 알을 낳아 거기서 메두사가 나온다고 한 것은 오류이다.

히드라의 무성생식

싹

무성생식   유성생식

히드라의 유성생식

고환

난소

74) 본능(instinct), 경향(tendance), 벌침놓기(coups d'aiguillons) _ 169 하단

일반적으로 본능은 동물의 다양한 행태들의 선천적 기반을 이루는 것으로 다음 세대에 유전되는 성향을 말한다. 경향은 특정한 방향으로 이끌리는 개체 내부의 성향으로서 종종 정념적 특징을 지니는데 유전적 특징과는 직접적 관련이 있는 것으로 이야기되지는 않는다. 한편 '벌침놓기'(169 하단)라는 현상으로 시몽동이 무엇을 말하려는지는 문맥만으로는 알기 어렵다. 이는 베르그손이 『창조적 진화』 2장에서 파브르(Fabre)를 인용하면서 막시류의 본능을 길게 언급하는 것과 관련이 있지 않을까 한다. 예를 들어 나나니벌이 배추벌레에 알을 낳을 때 배추벌레의 아홉 군데의 신경절들을 정확히 찾아 침을 쏘는데 희생이 된 배추벌레는 죽지 않고 단지 마비된다(『창조적 진화』, 261~262쪽). 알에서 깬 유충은 마비된 배추벌레로부터 신선한 영양을 공급받으며 자란다. 이러한 본능의 행태는 생식이라는 현상과 관계가 있으며 개체의 현실에서 작동하는 경향과는 무관하다. 또 생식은 생명의 창조적 현상 중의 본질적 내용을 구성하기 때문에 시몽동이 벌침놓기를 "창조적 본성의 비가역적 측면"이라고 하는 것과 관련이 있을지도 모르겠다.

75) 편형동물 _ 172 하단

편형동물은 바다나 민물에서 유영하거나 다른 생물에 기생하여 생활한다. 플라나리아, 촌충, 간디스토마 등이 있다.

76) 원생동물(Protozoa) _ 173 하단

핵과 세포질, 세포막을 가진 단세포 진핵생물로 아메바, 편충 등이 있으며 핵이 없는 원핵생물(박테리아 등)과 구분되는 동시에 핵을 가진 다세포동물인 후생동물(Metazoa)과 구분된다.

생물계통수

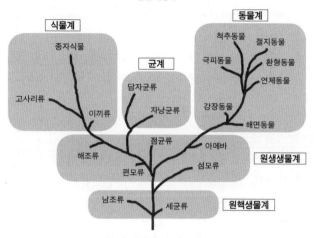

77) 라보(Étienne Rabaud, 1868~1956) _ 174 하단

프랑스의 동물학자. 인간중심주의적 태도를 비판하고 동물의 행태를 그 자체로 연구할 것을 강조하였다. 신라마르크주의에 호의적이었지만 진화론자들이 적응을 진보와 혼동하는 태도를 비판하였다. 『적응과 진화』(1922), 『변이설과 적응』(1942), 『우연 그리고 종들의 삶』(1953) 외 다수의 저작들이 있다. 시몽동은 라보의 입장에 상당부분 동조하고 있다.

78) 혜성 단계 _ 179 중반

불가사리는 서양어로 바다별(étoile de mer불, Seastar영)이다. 팔 하나가 분리되어 분리된 부분에서 나머지 팔들을 재생시키는데 여기서 나온 작은 팔들과 본래의 긴 팔이 공존하는 상태를 '혜성의 단계'(stade de comète)라고 부른다.

79) 미삭동물(Urochodata) _ 179 하단

척삭동물(Cordata 또는 척색동물)의 한 아문. 어릴 때 올챙이 모양으로 꼬리 부분에 척삭(脊索, 몸을 받치는 축)이 있으나 자라면 없어지고 거죽에 막이 생긴다. 멍게 등이 이에 속한다.

80) 해면(Eponge) _ 181 하단

몸에 많은 구멍을 가진 원시 다세포 군체생물이며 성체는 고착생활을 한다. 무성생식과 유성생식을 하는데 무성생식의 경우 출아법을 이용하거나 또는 내부에 아구(芽球)라 불리는 싹이 생겨 이것이 출아하여 개체가 된다. 이끼벌레(Bryozoaire)는 태형동물(苔形動物)문에 속하는 동물의 총칭. 모체가 죽으면서 휴면아가 분리되어 개충으로 발아하여 군체를 형성한다.

81) 역분화 _ 182 하단

성숙한 세포가 다시 이전 상태로 돌아가 분열을 시작하는 것. 암세포나 줄기세포의 분화가 이에 해당한다.

82) 주근(stolon) _ 184 상단

동물학에서 무척추동물이 출아법에 의해 새로운 개체를 만드는 수평돌기를 말한다. 식물학에서는 수평으로 땅 위를 기어가는 줄기(포복지)를 뜻하는데 땅 속을 수평으로 기는 줄기는 리좀(rhizome)이라 한다.

83) 간엽 _ 184 하단

간엽 또는 간충조직(間充組織)은 동물의 발생 과정에서 몸의 기관과 기관 사이의 빈틈을 메우는 조직이며 중배엽(中胚葉)에서 생겨나 뼈, 혈관, 심장 따위를 이룬다.

84) 해면동물 보충설명 _ 186 중간

진정후생동물(진핵다세포동물) 중에서 가장 원시적인 형태이고 바다 속의 바위 등에 고착되어 군체를 이룬다. 신경계는 물론 소화기, 배설기 등과 관련된 어떤 장기도 없이 단지 위로 큰 구멍이 뚫린 원통형을 하고 있으며 원기둥의 벽에 구멍들이 무수히 나 있어서 밖으로부터 수분을 흡입하여 그 속의 유기물을 섭취한 뒤 상단의 구멍(출수공)으로 배설물을 내보낸다. 생식은 출아법에 의한 무성생식을 하거나 암수한몸으로 체내에서 정자와 난자를 만들어 유성생식을 하기도 하고 암수딴몸으

해면동물

로서 다른 해면과 유성생식하여 수정란이 유생으로 자라면 밖으로 나온다. 해면동물은 다른 후생동물과 계통발생학적으로 커다란 차이를 보인다. 유전학적 기법을 통해 지금부터 약 7, 8억 년 전의 선캄브리아기에 현생 후생동물의 조상과 갈라진 것으로 추측한다.

85) 히드라산호류의 계통 _ 195 중간

강장동물문(자포동물문) — 히드라충강 — 히드라산호목 — 히드라산호류(의공산호류라고도 한다). 히드라산호류는 산호충강(珊瑚蟲綱 Anthozoa)에 속하는 진정한 산호보다 히드라(→히드라속)와 더 관계가 깊다. 의산호류도 마찬가지다.

86) 자포 _ 196 상단

표면에 생기는 자세포(cnidoblast)라는 특수한 세포에 의해 생성되며, 가시가 있고 돌돌 말려 있는데 종종 독소를 가지고 자극에 반응하여 바깥쪽을 공격한다.

87) 패러데이(Michael Faraday, 1791~1867) 효과 _ 201 하단

패러데이는 원자들이 전자기력선들과 자기력선들이 분포하는 역장을 이룬다고 생각하고 역장은 광파가 지나가는 매질의 역할을 한다고 믿었다. 그는 유리 안에서 빛을 편광시켜 전자석의 역선과 평행하도록 놓았을 때 편광면이 회전하는 것(이를 광활성이라 한다)을 발견했다. 편광면의 회전방향은 역선의 극성에 의해서만 변했으므로 이는 역장의 존재와 극성을 증명하는 것이며 빛의 시각적 효과와 자기력 사이의 관계를 증명하는 것이기도 하다.

88) 열전자와 열음극관 _ 202 상단

열전자(thermoélectron)는 높은 온도로 가열된 금속이나 반도체의 표면에서 방출되는 전자. 열음극관(thyratron)은 기체로 채워진 세 부분으로 이루어진 관으로 전자나 이온의 흐름을 조절하여 방전을 막는 데 사용된다.

89) 가이거-뮐러 계수관(tube compteur Geiger-Müller) _ 202 중반

이온화 방사선들(알파, 베타, 감마 입자와 엑스선)을 측정하는 기구이다. 1913년 독일의 가이거(Hans Geiger, 1882~1945)가 발명하였고 1928년 뮐러(Walther Müller, 1905~1979)가 수정하였다. 이온화 방사선이 기체가 들어 있는 가이거-뮐러관을 관통하면 기체가 이온화된다. 즉 광전효과에 의해 전자들이 방출된다.

90) 게젤(Arnold Gesell, 1880~1961) _ 205 중간

미국의 교육심리학자. 아동의 성장에서 루소의 교육이론과 다윈의 진화론 및 유전학과 발생학을 결합하여 선천적이고 자연적인 능력에 바탕을 둔 발달이론을 제창하였다. 발생학 원리에 의하면 수정란은 뇌와 꼬리를 잇는 기본축(극성)을 토대로 몸의 중심에서 말단으로 발생하는데 이를 '발달 방향의 원리'라 한다. 이 과정은 기본축의 양측에 감각기와 신경-근육 효과기들이 대칭적으로 나타나는 '측면지배의 원리'로 보완된다. 하지만 기관들의 대칭은 기능들의 비대칭을 불가능하게 하지는 않는다(손과 발 등에서 한쪽이 더 능숙하게 운동하는 경우). 게젤은 운동발달을 주도하는 원리를 '성숙(maturation)의 원리'라고 하였는데 이는 발달의 과정이 유전적 기제에 따라 예정된 순서로 진행된다는 것이다. 예를 들어 걷기는 앉기에 앞서 학습될 수 없고 또 걷기나 말하기는 상응하는 신경계의 발달에 앞서 학습될 수 없다. 또한 운동과 지각의 발달에는 시기별로 일정한 패턴이 형성된다. 이는 다양한 근육들 간의 조직화 그리고 신경적 흥분과 근육의 움직임 사이에 생기는 조직화에서 유래한다. 한편 유아는 수유나 수면 등 다양한 생리적 주기를 스스로 조절하고 성장과정이 너무 급속하게 진행되지 않도록 스스로 조절하는 능력을 갖는데 이를 '자기조절의 원리'라고 한다.

91) 린치 _ 206 상단

도로시 린치(Dorothy Wrinch, 1884~1976)는 영국의 수학자이며 러셀의 제자였고 1930년대 이후부터 이론생물학을 연구했다. 생명의 비밀을 풀기 위해 단백질의 중요성을 강조한 케임브리지 이론생물학 그룹의 일원이었으며 린치의 연구도 이에 집중되었다. 그녀는 특정한 화학결합에 기초한 단백질 분자들의 건축적 모형을 창안했다. 이 모형은 틀린 것으로 판명되었고 1953년 이후 DNA 구조가 발견되면서 생물학자들의 관심은 그리로 옮겨갔다. 하지만 린치의 모형은 많은 과학자들에게 단백질 구조의 연구를 자극하였고 왓슨과 크릭의 이중나선구조의 선구자격으로 평가받고 있기도 하다. 여기서 시몽동은 린치를 따라 염색체의 구조는 단백질 분자들의 섬유가 평행으로 배열되어 있고 이것들이 주기적인 핵산분자들의 군으로 둘러싸여 있는 망상조직이라고 하는데 오늘날에는 반대로 그것이 핵산분자 즉 DNA의 사슬과 이를 둘러싸는 히스톤단백질로 이루어져 있다고 알려져 있다.

92) 라이프니츠 급수 _ 206 하단

라이프니츠는 원주율을 계산하는 무한급수를 발견했다. 시몽동은 이 급수의 전개가 일정한 규칙에 따라 이루어지는 것을 본질의 전개에 비유하고 있다.

93) 쿠르트 레빈(Kurt Lewin, 1880~1947) _ 209 상단

유대계 독일의 행태주의 심리학자로 행태(behavior)는 환경과 인성의 함수{B=f(P, E)}라는 생각을 표현한 바 있다. 독일에서 형태심리학의 영향 아래 심리학 연구를 시작하였으나 나치를 피해 미국으로 건너간 후에는 사회심리학 연구로 관심을 넓혀 장이론을 구상하고 산업심리학의 중요한 개념인 집단역학(group dynamics)의 개념을 창안하였다. 장이론(field theory)은 물리학에서 도입된 것으로 개인의 행동과 집단의 관계를 설명한다. 장은 집단(group)들로 구성되고 부분들의 합이 아니라 전체 자체로 특징을 가지며 정적인 것이 아니라 역동적으로 변화한다. 생활공간(life space)이라고도 한다. 역동적 장 안에서 개인들과 환경은 상호의존적이며 개인의 행태는 인성(personality)과 환경(environment)의 함수이다. 따라서 장의 변화는 행동의 변화를 야기한다. 레빈은 생활공간의 구조를 위상학이라 명명하였고 장의 변화 방향을 벡터라고 지칭하였다.

94) 호돌로지 _ 209 상단

오솔길을 의미하는 그리스어 hodos에서 만들어진 단어이다. 호돌로지 공간은 아인슈타인의 상대론에 적용된 리만의 공간들을 본떠서 심리적 거리에 상대론적 의미를 부여할 목적으로 창안되었다. 생활공간 내에서 위치의 위상학적 관계들과 심리과정의 역동적 관계들을 연계시키는 개념이다.

95) 힘의 평행사변형법 _ 211 하단

네덜란드의 물리학자 스테빈(Simon Stevin, 1548~1620)이 고안한 것으로 한 점의 운동을 그 점의 양쪽에 있는 힘들의 벡터들의 합으로 나타내는 도식. 이 도식에서 점의 운동은 두 벡터들이 이루는 평행사변형의 대각선의 길이가 된다.

96) 엔텔레케이아 _ 216 중간

엔텔레케이아(현실태)는 아리스토텔레스 철학에서 가능태가 현실화되기 시작하는 에네르게이아의 단계를 거쳐 순수한 활동성을 나타내는 단계를 말한다. 아리스토텔레스에게서 영혼은 생명을 가능하게 하는 형상이며 형상의 실현은 곧 현실태이다.

97) 진동자, 동시화, 임펄스 _ 220 하단

Oscillateur(oscillator,영)는 진동자 또는 발진기를 의미한다. 진동자는 넓은 의미에서 주기적 운동을 하는 작은 운동체를 의미하는데 생물학에서 생체시계 등 다양한 현상의 이해에 이용되고, 기술공학에서는 발진기의 원리가 된다. 발진기는 전자관 또는 반도체 등을 이용하여 진동 전류를 발생시키는 장치. 발생하는 주파수에 따라 고주파 발진기와 저주파 발진기로 나뉘고, 발생하는 파형에 따라 사인파 발진기와 톱니파 발진기, [임]펄스 발진기로 나뉜다. 라디오, 텔레비전, 무선 통신, 전화 등에 널리 사용된다. 동시화(Synchronization)는 동기화, 동조현상, 연동으로 표현되기도 하는데, 2개 이상의 진동자들 또는 발진기들의 주파수와 위상을 일치시키는 것을 말한다. 임펄스는 매우 짧은 시간 동안 많은 양이 흘렀다가 곧 그치는 전류를 말한다.

98) 정현곡선, 방형, 톱니모양, 임펄스열 _ 221 중간

시간을 x축, 진폭을 y축으로 잡고 파형을 나타낼 때 정현곡선(sinusoïde, 사인곡선)은 x축 위아래서 반원이나 반타원이 규칙적으로 반복되는 구불구불한 형태, 방형이란 x축 위아래로 부드러운 네모꼴이 반복되어 나타나는 모양. 톱니모양(en dents de scie)이란 x축 위아래에 삼각형 모양이 규칙적으로 반복되는 형태이고, 임펄스 열(trains d'impulsion)은 x축 위 아래로 날카로운 모양들이 불연속적으로 솟아나 있는 형태이다.

99) 관념연합론과 형태심리학 _ 229 상단

관념연합론(연합주의 또는 연상주의라고도 함)은 영국의 철학자 흄(David Hume, 1711~1776)에 기원을 둔 경험주의 심리학의 입장이다. 흄은 정신 현상을 원자와 같이 구분되는 요소들의 합으로 설명하고 개개의 정신적 요소를 관념이라 부른다. 관념들은 유사성, 인접성, 인과성에 따라 일종의 인력에 의해 연합하며 정신은 관념들의 결합을 담는 수동적 역할에 지나지 않는다. 상대적으로 안정된 지각은 관념연합의 경험적 습관에 기인한다. 하지만 이후의 연합주의 전통에서 인과성은 더 이상 거론되지 않는다. 독일의 분트(W. Wundt, 1832~1920)는 1870년대 후반에 연합주의 전통을 이어받아 심리학 이론을 발전시켰는데 그의 입장을 구성주의(structuralism) 혹은 내성주의(introspectionism)라고 한다. 관념연합론은 형태심리학의 강력한 비판을 받고 사라진다. 형태심리학은 오스트리아 출신으로 독일에서 활동한 베르트하이머(M. Wertheimer, 1880~1943)와 그의 동료들 쾰러, 코프카의 연구로부터 20세기 초에 출현했다. 현상학의 영향을 받은 형태심리학은 의식의 경험이 언제나 전체로서 이루어지기 때문에 요소들의 결합으로 전체를 추론할 수 없다고 주장한다. 지각은 물리적 자극에 일 대 일로 대응하는 요소적 관념들의 합이 아니라 자극과 상관적으로 나타나면서도 전체성의 형태를 띤다. 형태는 사물 자체가 아니라 지각 구조에 기인하며 정보를 통합하는 원리이기도 하다. 형태들은 동일한 것이라도 인접성, 유사성, 폐쇄성, 연속성, 호소력에 따라 결합되거나 분리되어 나타난다. 학습의 원리는 단순한 습관의 형성이 아니라 인지구조의 변화를 수반한다고 본다. 형태심리학은 레빈에 의해 장이론으로 발전했고 오늘날 인지심리학의 발달에도 기여한 것으로 평가된다.

100) **자코모 비뇰라**(Giacomo Barozzi da Vignora, 1507~1573) _ 232 상단
이탈리아의 건축가이자 르네상스 건축이론가로서 『비뇰라의 다섯 개의 기둥양식에 관한 규칙들』이라는 책을 썼다. 시몽동이 말하는 『기둥양식』은 이 책을 지시한다.

101) **감각적 극성과 구배** _ 238 하단
이 맥락에서 극성은 주체가 세계 안에서 위치와 방향을 정할 때 감각의 강도에 끌리는 것을 말한다. 감각을 강도(강약의 정도)에 따라 구분한 것이 구배(gradient)이다. 곧이어 정념성에 대한 고찰에서는 자극에 따라나오는 쾌와 불쾌, 선호와 거부처럼 극단적으로 대립하는 의식적이고 무의식적인 생명적 차원을 지시한다.

102) **빛의 강도와 색깔** _ 239쪽 하단
시지각은 빛의 강도, 즉 광도에 직접 영향을 받는다. 빛의 강도는 망막에서 느끼는 광도에 관련되고 광도 차이를 느끼게 해주는 최소한의 값을 광도의 '미분적' 문턱(차이역)이라 한다. 강도의 차이는 색의 밝기의 대조를 지각하게 해 준다. 강도가 빛의 진동에서 진폭에 해당한다면 색깔은 파장에 관련되는데 인간의 눈은 전자기 스펙트럼에서 가시광선에 해당하는 매우 작은 영역만을 지각한다. 가시광선 중에서도 육안은 555나노미터에 해당하는 녹색-노란색의 파장에 최적화되어 있다.

103) **가역도형**(figures à perspective réversible) _ 240 하단
잘 알려진 토끼-오리 형상처럼 동일한 형태가 시선을 달리함에 따라 다른 형태로 보이는 것을 나타내는 심리학 용어.

가역도형

104) 잠재의식(subconscience) _ 242 하단

19세기 말 프랑스의 심리학자 자네(Pierre Janet, 1859~1947)가 발명한 개념으로 프로이트의 무의식과는 다르다. 하지만 자네의 잠재의식은 프로이트의 무의식 이론이 나오기 이전에 나온 개념이어서 시몽동에게서처럼 무의식과 의식 사이의 층을 가리키는 것이 아니라 일반적으로 무의식 전체에 상응하는 개념이라고 보면 된다. 다만 자네는 성적인 의미해석보다는 몽유병 연구와 최면요법을 통해 생리적 현상과 관련된 잠재의식을 밝히는 데 집중하고 있다. 샤르코의 제자인 자네는 살페트리에르 병원에서 샤르코와 최면요법을 통한 히스테리 연구를 함께 하였다. 프로이트도 샤르코의 강의를 들었으며 히스테리에 관한 그의 초기 연구에서 그는 '잠재의식'이라는 말을 사용하지만 최면요법을 포기하면서 이 말 대신에 무의식을 중심 용어로 사용하게 된다. 프로이트의 제자 융도 살페트리에르 병원에서 자네의 강의를 들은 적이 있다. 그의 저작에서는 무의식과 잠재의식이라는 두 용어가 혼용되고 있다.

105) 마르켈루스(Marcus Claudius Marcellus, B.C. 42~23) _ 246 중간

로마 황제 아우구스투스의 조카. 황제의 딸 줄리아와 결혼하여 아들이 없는 황제의 후계자가 되지만 병으로 일찍 사망한다.

106) 자기성 _ 246 하단

자기성(aséité)은 스콜라학파의 용어로서 자신의 존재를 어떤 다른 것에 의존하지 않고 완벽하게 자기 자신에 의해서 존재하는 개체존재자를 말한다. 기독교 신학에서는 신만이 이러한 특징을 갖는다.

107) 행복한 과오 _ 262 중간

성 아우구스티누스는 『고백록』에서 인간의 원죄가 영광스럽게도 신의 아들에 의해 대속(인간의 속죄를 위해 대신 희생한다는 기독교 용어)되었으니 인간의 원죄는 '행복한 과오'(felix culpa)라고 말한 바 있다.

108) 사이버네틱스 학회 _ 267 중간

1949년의 사이버네틱스 학회는 여섯번째 메이시 학회(Conférences Macy)에 속한다. 이 학회는 메이시(Macy) 재단의 후원하에 신경학자 워런 맥컬록(Warren McCulloch, 1898~1969)이 주도하여 뉴욕에서 1942년부터 1953년까지 지속되었으며 정신기능에 대한 학제적(interdisciplinaire) 과학을 확립하려는 목적으로 수학자, 논리학자, 인류학자, 심리학자, 경제학자 등이 참석하였다. 이는 마거렛 미드(Margaret Mead, 1901~1978), 로런스 커비(Lawrence Kubie, 1896~1973) 등이 이끄는 '인성과 문화'에 대한 연구 그룹과 위너(Norbert Wiener, 1894~1964), 맥컬록, 로젠블루스(Arthuro Rosenblouth, 1900~1970) 등이 이끄는 사이버네틱스 연구 그룹으로 나누어진다.

109) 내집단(in-group) _ 286 중간

어떤 개인이 속해 있는 집단. 개인은 자신을 이 집단과 동일시한다. 외집단(out-group)은 개인이 속하지 않은 외부의 집단들을 말한다. 폴란드 출신으로 영국에서 활동한 사회심리학자 헨리 타이펠(Henry Tajfel, 1919~1982)이 만든 용어.

▶ 용어설명(가나다 순)

항목 옆의 숫자는 이 책 '용어설명'의 쪽수임.

참고문헌

시몽동 원전

Du mode d'existence des objets techniques, Paris, Aubier, 1958; dernière
réédition corrigée et augmentée, Paris, Flammarion, 2012 (『기술적 대상들의
존재 양식에 대하여』, 김재희 옮김, 그린비, 2011)

L'individu et sa genèse physico-biologique, Paris, PUF, 1964.

L'individuation psychique et collective, Paris, Aubier, 1989.

L'individuation à la lumière des notions de formes et d'information, Paris,
Jérôme Millon, 2005; rééd. révisée, 2013 (Les deux ouvrages déjà publiés sont
regroupés dans cette édition intégrale, augmentée d'une partie sur l'Histoire de
la notion d'individu de sa thèse d'État). (『형태와 정보 개념에 비추어 본 개체화』, 황
수영 옮김, 그린비, 2017)

"L'effet de halo en matière technique : vers une stratégie de la publicité", in
Cahiers de l'I.S.E.A., (Série M, 7).

"La Perception de longue durée", in *Journal de psychologie*, 1969~1970.

Deux leçons sur l'animal et l'homme, Paris, Ellipses, 2004.

L'invention dans les techniques. Cours et conférences, Paris, Le Seuil, 2005.

Communication et Information. Cours et Conférences, Chatou, Éditions de La
Transparence, 2010.

Cours sur la Perception(1964~1965), Chatou, Éditions de La Transparence, 2006;
réédition Paris, PUF, 2013.

Imagination et Invention(1965~1966), Chatou, Éditions de La Transparence,

2008; réédition Paris, PUF, 2014.

"Mentalité technique", in *Revue philosophique*, t.131, no 3, 2006.

Sur la technique 2, PUF, 2014.

시몽동에 관한 연구

황수영, 「시몽동의 생성의 존재론에서 물질과 생명의 연속성과 불연속성」, 『철학연구』 110집, 2015. 12.

Aspe, Bernard. *Simondon. Politique du transindividuel*, Paris, Editions Dittmar, coll. "Etudes simondoniennes", 2013.

Bardin, Andrea. *Epistemology and Political Philosophy in Gilbert Simondon. Individuation, Technics, Social Systems*, Dordrecht, Springer, 2015.

Barthélémy, Jean-Hugues. *Penser l'individuation. Simondon et la philosophie de la nature*, Paris, L'Harmattan, 2005.

_____. *Penser la connaissance et la technique après Simondon*, Paris, L'Harmattan, 2005.

_____. *Simondon ou l'encyclopédisme génétique*, Paris, PUF, 2008.

_____. *Simondon*, Paris, Les Belles Lettres, 2014.

_____. *Life and Technology: An Inquiry into and beyond Simondon* (trad. B. Norman), Meson Press, 2015.

Chabot, Pascal. *La philosophie de Simondon*, Paris, Vrin, 2003.

Combes, Muriel. *Simondon Individu et collectivité*, Paris, PUF, 1999.

_____. *La vie inséparée. Vie et sujet au temps de la biopolitique*, Paris, Editions Dittmar, 2011.

Debaise, Didier. "Les conditions d'une pensée de la relation selon Simondon", *Simondon, Coordination scientifique Pascal Chabot*, Paris, Vrin, pp. 53~68, 2002.

Deleuze, Gilles. *L'individu et sa genèse physico-biologique, Revue philosophique de la France et de l'étranger*, janvier 1966.

Dittmar, Nicolas. *Phénoménologie et individuation: la vie du corps*, Paris, Editions Dittmar, coll. "Etudes simondoniennes", 2015.

_____. *Une autre subjectivité, étude sur la philosophie de Gilbert*

Simondon, Paris, Editions Dittmar, coll. "Études simondoniennes", 2013.

Fagot-Largeault, Anne. "L'individuation en biologie", *Gilbert Simondon Une pensée de l'individuation et de la technique*, Paris, Albin Michel, pp. 19~54, 1994.

Hottois, Gilbert. *Simondon et la philosophie de la culture technique*, Bruxelles, De Boeck Université, 1993.

Jugnon, Alain. *Nietzsche et Simondon. Le théâtre du vivant*, Paris, Editions Dittmar, 2010.

Montebello, Pierre. "Simondon et la question du mouvement", *Revue philosophique et de la France et de l'étranger*, 131e année, Tome CXCVI, 2006.

_____. "La question de l'individuation chez Deleuze et Simondon", in Jean-Marie Vaysse(éd.), *Vie, monde, individuation,* Hildesheim; Zürich; New York, Georg Olms Verlag, 2003.

Petit, Victor. "L'individuation du vivant. Sur une intuition simondonienne restée ignorée", *Cahier Simondon* n° 1, Paris, Harmattan, pp. 47~75, 2009.

Stengers, Isabelle. "Pour une mise à l'aventure de la transduction", *Simondon*, Coordination scientifique Pascal Chabot, Paris, Vrin, pp. 137~159, 2002.

Thom, René, "Morphologie et individuation", *Gilbert Simondon Une pensée de l'individuation et de la technique*, Paris: Albin Michel, pp. 100-112, 1994.

Revue Critique no. 816, *Gilbert Simondon : technique, image, invention*, Paris, Minuit, 2015.

Roux, Jacques(ed.). *Simondon. Une pensée opérative*, Saint-Etienne, PUST, 2002.

Gilbert Simondon, numéro spécial consacré au philosophe, *Revue philosophique de la France et de l'étranger*, t. 131, no 3, 2.

Simondon, Annales de l'Institut de philosophie de l'Université libre de Bruxelles, édité par P. Chabot, 2002.

De Boever, Arne & Alex Murray & Jonathan Roffe & Ashley Woodward (éd.) *Gilbert Simondon: Being and Technology*, Edinburgh University Press, 2012.

그 외의 저작

황수영, 『베르그손, 생성으로 생명을 사유하기 — 깡길렘, 시몽동, 들뢰즈와의 대화』, 갈무리, 2014.

Aristote, *La métaphysique*, nouvelle édition avec commentaire par Tricot, Vrin, 1986.

Bachelard, Gaston. *Essai sur la connaissance approchée*, thèse principale, Paris, Vrin, 1927.

_____. *Le Nouvel Esprit scientifique*, Paris, Alcan, 1934.

_____. *La Dialectique de la durée*, Paris, Boivin, 1936.

_____. *L'Expérience de l'espace dans la physique contemporaine*, Paris, Alcan, 1937.

_____. *La Formation de l'esprit scientifique*, Paris, Vrin, 1938.

Bergson, Henri. *Matière et mémoire*(1896), Paris, PUF, 2007.

_____. *L'évolution créatrice*(1907), Paris, PUF, première édition critique de Bergson sous la direction de Frédéric Worms, 2007.

_____. *Les deux sources de la morale et de la religion*(1932), Paris, PUF, 2009.

Deleuze, Gilles. *Le bergsonisme*, Paris, PUF, 1966.

Longo and Bailly. "Extended critical situations: the physical singularity of life", *Journal of Biological Systems*(JBS), vo. 16, 2, pp. 309~336, June 2008.

Lalande, A. "Affection"(1926), in *Vocabulaire technique et critique de la philosophie*, Paris, PUF, 1976.

Merleau-Ponty, Maurice. *La Structure du comportement*, Paris, PUF, 1942; 7e éd. en 1972.

_____. *La Phénoménologie de la perception*, Paris, NRF, Gallimard, 1945.

_____. *Le Visible et l'invisible*, publié par Cl. Lefort, Paris, Gallimard, 1964.

Miquel, P.-A. dir., *Biologie du XXIe siècle, Evolution des concepts fondateurs*, Bruxelles, édition de Boeck Université, 2008.

Parret, H. "Passion", *Encyclopédie philosophique universelle*, Paris, PUF, 1990.

Sauvagnargues, Anne. *Deleuze. L'empirisme transcendantal*, Paris, PUF, 2009.